COLHEITA SELVAGEM

Carl Hoffman

COLHEITA SELVAGEM

Uma história real sobre canibais, colonialismo e o misterioso
desaparecimento de Michael Rockefeller na Nova Guiné

Tradução de
ALESSANDRA BONRRUQUER

1ª edição

EDITORA RECORD
RIO DE JANEIRO • SÃO PAULO
2018

CIP-BRASIL. CATALOGAÇÃO NA PUBLICAÇÃO
SINDICATO NACIONAL DOS EDITORES DE LIVROS, RJ

H647c

Hoffman, Carl, 1960–
   Colheita selvagem: uma história real sobre canibais, colonialismo e o misterioso desaparecimento de Michael Rockefeller na Nova Guiné / Carl Hoffman; tradução de Alessandra Bonrruquer. – 1ª ed. – Rio de Janeiro: Record, 2018.
   :il.

   Tradução de: Savage harvest
   Inclui bibliografia e índice
   ISBN 978-85-01-11294-1

   1. Rockefeller, Michael Clark, 1938–1961 – Morte. 2. Rockefeller, Michael Clark, 1938–1961 – Viagens – Nova Guiné. 3. Antropofagia. 4. Asmat (Tribo da Indonésia). I. Bonrruquer, Alessandra. II. Título.

17-46896

CDD: 995.1
CDU: 94(594):392.8

Copyright © Carl Hoffman, 2014

Título original em inglês: Savage harvest

Todos os direitos reservados. Proibida a reprodução, armazenamento ou transmissão de partes deste livro, através de quaisquer meios, sem prévia autorização por escrito.

Texto revisado segundo o novo Acordo Ortográfico da Língua Portuguesa.

Direitos exclusivos de publicação em língua portuguesa para o Brasil adquiridos pela
EDITORA RECORD LTDA.
Rua Argentina, 171 – 20921-380 – Rio de Janeiro, RJ – Tel.: (21) 2585-2000, que se reserva a propriedade literária desta tradução.

Impresso no Brasil

ISBN 978-85-01-11294-1

Seja um leitor preferencial Record.
Cadastre-se em www.record.com.br e receba informações sobre nossos lançamentos e nossas promoções.

Atendimento e venda direta ao leitor:
mdireto@record.com.br ou (21) 2585-2002.

EDITORA AFILIADA

Para Lily

Sumário

PARTE I

1. 19 de novembro de 1961	11
2. 20 de novembro de 1961	15
3. Fevereiro de 2012	21
4. 20 de fevereiro de 1957	31
5. Dezembro de 1957	41
6. Fevereiro de 2012	53
7. Dezembro de 1957	67
8. Fevereiro de 2012	85
9. Fevereiro de 1958	89
10. Março de 1958	101

PARTE II

11. Março de 1961	109
12. Março de 2012	135
13. Setembro de 1961	151
14. Fevereiro de 2012	165
15. Novembro de 1961	175
16. Novembro de 1961	181
17. Novembro de 1961	183

18. Novembro de 1961	189
19. Novembro de 1961	199
20. Dezembro de 1961	203
21. Março de 2012	211
22. Janeiro, fevereiro e março de 1962	225

PARTE III

23. Novembro de 2012	239
24. Novembro de 2012	259
25. Dezembro de 2012	279

Por trás do livro	305
Agradecimentos	309
Comentário sobre as fontes	313
Notas	315
Bibliografia selecionada	345
Índice	349

PARTE I

1.
19 DE NOVEMBRO DE 1961

O mar estava cálido quando Michael Rockefeller deslizou do casco de madeira virado e entrou na água. René Wassing se inclinou para observá-lo, e Michael notou que René tinha queimaduras de sol e precisava se barbear. A conversa foi breve. Eles estavam à deriva — perto da costa sudoeste da Nova Guiné, há 24 horas — e não havia muito que ainda não tivessem dito.

— Realmente não acho que você deva ir.

— Não, tudo bem. Acho que consigo.

Michael fechou as mãos em concha e moveu os braços, virando-se para o outro lado. Eram 8 horas.[1] A maré estava alta.[2] Ele vestia cuecas brancas de algodão e óculos pretos de lentes grossas.[3] Tinha duas latas de gasolina vazias presas ao cinto trançado, de estilo militar.[4] Abraçou uma delas e começou a nadar em direção à costa, uma vaga linha cinzenta que mal passava de um borrão.[5] Segundo suas estimativas, estavam entre 8 e 16 quilômetros da costa. Ele moveu as pernas lentamente e fez as contas. A 1,6 quilômetro por hora, estaria lá em dez horas. A 800 metros por hora, chegaria à praia em vinte. Sem problema. O mar estava quase tão quente quanto uma banheira e era apenas uma questão de disciplinar a mente para a tarefa. Além disso, ele e René tinham o mapa de marés do litoral e ele sabia que havia algo mais a seu favor: as marés não eram constantes naquele momento.[6] Entre as 16 horas e a manhã seguinte, haveria uma maré alta à meia-noite, uma breve maré baixa às 2 horas e outra maré alta às 8 horas. O que significava que, por doze das quatorze horas entre as 16 horas e a manhã seguinte, a água o estaria empurrando em direção à costa, no momento em que estivesse mais cansado.

Não demorou muito para que deixasse de ver René no catamarã virado atrás de si. Conhecia a sensação por nadar na costa do Maine todos os verões e sabia como o litoral se afastava rapidamente, mesmo que a destinação não parecesse mais próxima. E o mar de Arafura era raso naquele ponto. Ele deveria conseguir ficar em pé e tocar o fundo lodoso quando estivesse a uns 2 quilômetros da costa. Ficou de costas e moveu as pernas, em chutes longos, lentos e constantes, puxando as latas. Podia ouvir o coração batendo e o som da própria respiração.

Ele jamais diria isso em voz alta, mas carregava consigo um senso de destino. De grandeza. Uma autoconfiança da qual sequer estava consciente. Jovens de 23 anos não pensam na morte: a vida parece eterna, como quando ele corria pelas rodovias do Maine em seu Studebaker a 130 quilômetros por hora.[7] O *agora* é tudo para alguém de 23 anos. Além disso, ele era um Rockefeller. Às vezes isso era um fardo, às vezes uma dádiva, mas o definia, mesmo quando não queria. "Não posso" não fazia parte do léxico familiar. Tudo era possível. Ele crescera sendo capaz de ir a toda parte, fazer qualquer coisa e conhecer qualquer um. Seu bisavô fora o homem mais rico do mundo. Seu pai era governador de Nova York e acabara de concorrer à presidência dos Estados Unidos. Em situações épicas de sobrevivência, a força de vontade é tudo, e a de Michael era tão grande quanto ela pode ser. Ele tinha a responsabilidade, como todo Rockefeller, de fazer coisas boas, coisas grandes, de ser alguém. "Serviço" era a palavra que a família usava.[8] Ele não nadava apenas por sua vida. Nadava por René, que precisava ser resgatado. Nadava pelo pai, Nelson. Pela irmã gêmea, Mary. Por causa dos próprios asmats, de certa maneira, pois coletara tantos exemplares de sua bela arte que queria partilhar com o pai; com Robert Goldwater, do Museu de Arte Primitiva; com seu melhor amigo, Sam Putnam; com o mundo. Ele não articulou exatamente tudo isso; apenas sabia, sentia. Assim, nadou e deu braçadas e pernadas

COLHEITA SELVAGEM

com confiança. O mundo era vasto, mas ele estava em uma bolha. Ele e o mar, o grande Arafura.

Não estava com pressa. Medo e pânico eram as coisas que matavam as pessoas, deixavam suas mentes enlouquecidas, frenéticas, e exauriam energia preciosa. Ele se lembrava disso do treinamento básico do Exército. E até sorriu um pouco, recordando como ele e os colegas de Harvard haviam revirado os olhos para a prova Widener — a exigência de que todo aluno de Harvard fosse capaz de nadar 50 metros antes da formatura, feita pela mãe do ex-aluno Harry Elkins Widener, que morrera no *Titanic*, quando doara 2,5 milhões de dólares para a nova biblioteca.[9] Era uma questão de constância. Quando sentiu câimbras nas panturrilhas e dores nos ombros, descansou, flutuando, agarrando-se às latas de gasolina e olhando para o grande céu cheio de nuvens inconstantes e semoventes. Por sorte, o vento e o mar estavam calmos e ficaram ainda mais plácidos durante a tarde.[10] Ao pôr do sol, o oceano estava tão imóvel quanto uma piscina em uma noite de verão. Ele continuou nadando. Pensou sobre a exibição que faria em Nova York. As estacas festivas de 6 metros que coletara — ninguém jamais vira algo assim nos Estados Unidos e elas superariam qualquer coisa do museu do pai. As estrelas surgiram, bilhões delas. Relâmpagos distantes iluminaram o horizonte.[11] A lua nasceu, quase cheia, e ele não ficou em total escuridão.

Continuou nadando.

Ele não tinha certeza de onde estava, mas provavelmente em algum lugar entre os rios Faretsj e Fajit, entre os vilarejos de Omadesep e Basim. Ao alvorecer, certamente haveria pessoas no litoral — elas sempre estavam lá, pescando. Ele ficou feliz pela maneira como já conhecia aquele povo. Asmat, o local mais remoto do mundo, tornara-se seu. Seu universo, o mundo alternativo que descobrira, estava se revelando, e seu nado até a costa era como um batismo no âmago de Asmat. Também daria uma ótima história. Estava escuro, como estivera há bastante tempo, quando ele viu estranhos reflexos na água.

Atrás dele, o céu se iluminou de branco, com chamas fosforescentes caindo em direção ao mar.[12] Ele as viu, mas não sabia o que eram.

Por volta das 4 horas, o céu começou a ficar ligeiramente purpúreo com as primeiras luzes do dia. Michael conseguiu sentir a mudança sutil. Nadava há dezoito horas, mas sabia que estava quase lá. Precisava apenas continuar nadando. A cintura estava ferida no lugar onde o cinto que segurava as latas roçava constantemente. Ele estava exausto, mas a alvorada renovou suas forças. Conseguia ver as árvores mais claramente agora. Eram apenas uma linha escura, mas estavam lá. Descansou novamente. Boiou novamente. Todo seu corpo doía. Estava faminto e sedento, e a água salgada fazia a pele arder. Faria qualquer coisa por um longo gole de água fresca e límpida. Estremeceu. Era melhor continuar em frente. Conforme o dia se tornava mais claro e brilhante, ele chegava mais perto. Tentou tocar o fundo e conseguiu. Por pouco. Estava recoberto de lama, escorregadia e grudenta, e era mais fácil nadar. Mas ele podia ficar em pé e descansar e saber disso fazia toda diferença. Sabia que conseguiria. Desamarrou uma das latas vazias de gasolina e a deixou flutuar para longe: era mais fácil prosseguir sem ela. Nadou, ficou em pé, nadou mais um pouco — de costas agora, a única maneira de fazer progresso, embora doesse. Estava quase a salvo. As palmeiras-nipa e o manguezal pareciam emergir diretamente da água, com uma flotilha de canoas aninhadas entre as árvores.

E homens.

2.
20 DE NOVEMBRO DE 1961

Eles o viram, cinquenta deles, descansando em oito longas canoas na cabeceira do rio Ewta.[1] Eram 6 horas.[2] O sol já se erguia acima das árvores, com o saturado brilho do início da manhã prestes a ser varrido pela inóspita luz tropical. A maré estava quase alta e não havia uma linha litorânea definida — apenas árvores e arbustos espalhados e encharcados onde a água e a terra se encontravam e onde começavam o manguezal e a densa floresta. Ali eles podiam boiar na sombra, fumar os longos cigarros enrolados na palha amarela da palmeira-nipa e mastigar pedaços de farinha de sagu após uma noite remando de volta para casa, apenas 5 quilômetros Ewta acima.

— Olhe, um *ew!* — disse Pep na língua asmat.[3] Um crocodilo!

Os homens apanharam suas lanças de 3 metros, entalhadas com farpas cruéis de 2,5 centímetros, algumas com a garra de um casuar na ponta.[4]

Eles observaram o crocodilo, que não se movia como nenhum crocodilo que já tivessem visto. Michael nadava de costas,[5] mas rolou e viu os homens e as canoas. Sentiu o cheiro da fumaça de seus cigarros e das brasas aninhadas na lama em suas popas. Ele acenou e gritou. Inacreditável. Ele conseguira!

— Não — disse Fin —, é um homem![6]

— *Wo* — grunhiram eles.

Pep, Fin, Ajim e os outros ficaram em pé, dobraram o corpo na altura da cintura e, com movimentos vigorosos, mergulharam os longos remos na água, fazendo com que as canoas avançassem em direção ao nadador. Os outros homens fizeram o mesmo em suas canoas. Elas tinham 12 metros de comprimento e eram estreitas e baixas; algumas traziam listras desbotadas verticais, ocres e brancas. Eles o cercaram. Michael sorria e ofegava, com a barba molhada e os lábios partidos e cheios de bolhas. Pep se abaixou e tentou puxá-lo, mas Michael estava exausto demais para ajudar. Fin e Pep agarraram seus braços e começaram a arrastá-lo em direção à costa. Eles o reconheceram. Em um mundo sem fotografia ou escrita, tinham memórias afiadas e já o tinham visto antes: ele estivera no vilarejo. Seu nome era Mike.

Os homens nas canoas tinham a pele escura e feições marcantes, com malares altos e buracos no nariz do tamanho de moedas. Para além do ocasional porco selvagem ou ser humano, não consumiam gordura nem óleo e não conheciam o açúcar. Não possuíam a camada de gordura subcutânea presente mesmo nos americanos magros. Eles eram puro músculo, veias e pele, com os peitos e ombros muito largos em função de uma vida nos remos. Suas cinturas eram estreitas, e seus abdomes, definidos. Estavam nus, com exceção de faixas de vime finamente entrelaçado logo acima dos joelhos e cotovelos, e bolsas de fibra decoradas com sementes de lágrimas-de-nossa-senhora e penas de casuares e cacatuas. As bolsas dos homens mais velhos e importantes pendiam sobre o peito; as dos homens mais jovens, sobre as costas. As bolsas de Ajim, Pep e Fin pendiam sobre o peito e seus pulsos esquerdos estavam cobertos por grossos braceletes de 15 centímetros de largura, uma proteção contra o poderoso impacto da corda de vime de seus arcos de 2 metros. Alguns tinham um osso de porco entalhado atravessado no septo.

Ajim olhou para Pep.

— Essa é sua chance — disse ele.[7]

Não era apenas uma declaração: era uma provocação. Ajim era o líder de um dos cinco *jeus*,[8] ou casas dos homens, que constituíam o vilarejo asmat de Otsjanep. Ele matara mais pessoas e coletara mais cabeças que qualquer um deles.[9] Era mentalmente ágil, feroz, ousa-

COLHEITA SELVAGEM

do, beligerante e cheio de extremos passionais, tendo adquirido seu status por meio do destemor e da aceitação dos riscos. Exalava o que os asmats chamavam de *tes*, carisma.

Pep não hesitou. Estava cercado por familiares e colegas do vilarejo e seu status dependia de quão ousado era, quantas pessoas matara e quantas cabeças tomara. Ele uivou, arqueou as costas e enfiou a lança nas costelas do homem branco que flutuava.[10] Michael gritou, emitindo um som profundo e pouco humano. Eles o puxaram para a canoa, com sangue esguichando da ferida. Sabiam o que estavam fazendo, pois haviam feito o mesmo dezenas de vezes, seguindo regras sagradas que determinavam cada passo do que estava prestes a ocorrer, regras que os definiam. Que os tornavam homens. Que os tornavam inteiros. Pois estavam prestes a tomar seu poder, *transformar-se* nele, e restabelecer o equilíbrio do mundo.

Os cinquenta homens remaram para o sul do mar de Arafura, enfileirados nas canoas, com os homens mais importantes na proa e na popa, os lugares de trabalho mais pesado. Seus ombros e tríceps estremeciam, o suor escorria de seus peitos e testas e suas costas brilhavam ao sol. Eles cantavam "Wo! Wo! Wo!" enquanto estalavam os remos na lateral das canoas e sopravam trompas de bambu que soavam como misteriosas buzinas de nevoeiro. Riam. Cantavam "Wo! Wo! Wo!" várias e várias vezes. Estavam cheios de adrenalina e obstinação, com o sangue quente do homem branco se misturando à água na canoa e molhando seus pés nus.

Alguns quilômetros ao sul do rio Ewta,[11] viraram à esquerda, dirigindo-se para um quase imperceptível recorte na costa. O oceano estava prateado sobre a lama negra dos longos bancos que percorriam o litoral. A selva era espessa e verde por todos os lados, com as palmeiras-nipa e as raízes do manguezal parecendo garras na água. As cacatuas comem frutos, e Pep, Fin e Ajim eram como elas, pois também comiam frutos: cabeças humanas.[12] Cabeças humanas eram os frutos dos homens e poderosos símbolos de fertilidade, sementes preciosas que desabrochavam, cresciam e morriam e das quais novos homens brotavam.

Ao entrarem na enseada — um lugar belo e deserto, enfeitado por pequenas ondas brancas, pela lama brilhando sob o sol e pela água marrom do rio; um lugar que jamais vira um motor ou um rádio; um lugar onde os espíritos se reuniam —, eles estavam prestes a adquirir uma nova e poderosa semente: a cabeça de Michael Rockefeller.

Não havia praia, apenas um breve trecho de lama macia e espessa da cor de cinzas. Eles arrastaram o homem branco para fora da canoa e deram tapas em sua cabeça.

— Essa cabeça é minha — gritou Fin, enquanto os outros se reuniam ao seu redor, gritando e provocando.[13]

Michael estava imóvel, gravemente ferido, com sangue saindo pela boca e manchando a barba molhada. Fin, Pep e Ajim ergueram seu peito, empurraram sua cabeça para a frente e, com um golpe de machado na parte de trás do pescoço, Michael Rockefeller estava morto. Ajim o virou e cravou uma faca de bambu em sua garganta, empurrando sua cabeça para trás até que a vértebra cedesse. Homem, porco, era tudo o mesmo agora — Michael era carne sagrada. Enquanto os outros reuniam galhos mortos da floresta e os acendiam com brasas da canoa, Fin fez um corte profundo do ânus de Michael até o pescoço, da lateral do tronco até a axila, através da clavícula até a garganta e descendo pelo outro lado, exatamente como seus ancestrais o haviam ensinado a destrinchar um homem. Havia sangue por toda parte, encharcando suas mãos, cobrindo seus braços e respingando em suas pernas. Também havia moscas, zunindo e revoando aos milhares.

Fin quebrou as costelas de Michael com um machado, colocou a mão sob o esterno, soltou o osso e o colocou de lado. Ajim torceu as pernas e os braços, decepou-os e então retirou as entranhas com um puxão vigoroso. Cinquenta vozes cantaram em uníssono, em um ritmo poderoso e terroso que poderia ser o próprio pulsar da lama e das árvores. Era violência sagrada. O fogo estalava, fumegante e quente, e os pedaços de carne foram colocados para assar. Quando ficaram prontos, eles retiraram as pernas e os braços tostados do fogo, separaram a carne dos ossos e a misturaram com sagu farelento e branco-acinzentado, em longos espetos para todos comerem. Suas mãos estavam escorregadias por causa da preciosa gordura, um pouco da qual guardaram em pequenas bolsas de tear.

Se aquela tivesse sido a morte normal de alguém do vilarejo, apenas alguns anos antes, eles teriam levado o corpo de volta, para o elaborado e público ritual que se seguiria. Mas os tempos estavam mudando. Aquele era um homem branco e isso tinha de ser feito agora, aqui, em segredo. Eles seguraram a cabeça sobre o fogo apenas o suficiente para chamuscar o cabelo. Fin pegou o cabelo queimado e o misturou com o sangue que haviam guardado, espalhando a mistura sobre as cabeças, os ombros e os corpos uns dos outros, incluindo os ânus. Eles estavam cobertos de Michael Rockefeller.

Quando a cabeça ficou cozida, eles a escalpelaram e cortaram o rosto da base do nariz até a nuca, e enquanto isso conversavam sobre o que Michael fizera quando ainda estava vivo.

— Ele estava comendo peixe ontem — disse Pep.

— Ele estava nadando — disse Fin —, e agora está morto.

Ajim cortou um buraco de uns 5 centímetros de diâmetro na têmpora direita de Michael, usando um machado. O objeto tinha nome, um novo nome. Chamava-se Mike agora. Eles sacudiram a cabeça até que o cérebro escorresse para a folha de uma palmeira, rasparam o interior do crânio com uma faca para pegar todos os pedaços, misturaram com sagu, enrolaram a folha e assaram no fogo. Essa comida era especial. Apenas Pep, Fin, Ajim e Dombai, o mais idoso presente, comeriam dela. Tinha um sabor rico. Era difícil se sentir saciado em Asmat, mas todos estavam satisfeitos. Finalmente podiam descansar e dormir sem medo. Enrolaram o crânio em folhas de bananeira, guardaram-no na canoa de Fin e remaram para casa.

3.
FEVEREIRO DE 2012

Chegamos à crista da onda, com o escaler de fibra de vidro de 9 metros batendo violentamente na água ao descer. Enquanto as águas do mar de Arafura se quebravam sobre mim, perguntei-me se fora assim que Michael Rockefeller morrera. As ondas eram curtas e escarpadas e minha mente entrara em um turbilhão, imaginando Michael como vítima do sagrado ritual asmat de morte e desmembramento descrito pelo *American Anthropologist* em 1959. Se tivessem matado Michael, teria sido assim.

Se o tivessem matado — era isso que eu estava lá para descobrir. Felizmente, as ondas me trouxeram de volta. Nós as escalávamos de frente, com Wilem acelerando antes que pudessem quebrar, e então desacelerando para minimizar o impacto no outro lado. Ele crescera naquelas águas e sabia o que estava fazendo, mas o barco se tornava cada vez mais instável. Começava a clarear: em Asmat, você viaja com as marés, e havíamos deixado o vilarejo de Atsj às 3h30. A lua estivera cheia, tão grande e clara que parecia um sol opaco na escuridão, criando sombras nas árvores e deixando a água prateada. O Cruzeiro do Sul estivera diretamente à frente, tão vívido quanto um cordão de luzinhas de Natal. Agora, contudo, estávamos recebendo marteladas em mar aberto, com água entrando pelas amuradas, e a beleza da noite dera lugar ao terror. Eu engatinhei até chegar à cobertura de lona, procurei às cegas por minha mochila, encontrei o saco Ziploc que continha o telefone via satélite, coloquei-o no bolso e fui encharcado por outra onda.

Eu não quisera trazer o telefone, mas, no último minuto, pensara quão estúpido seria morrer por não poder dar um telefonema. Se Michael Rockefeller tivesse um rádio quando seu barco emborcara em 1961, jamais teria desaparecido. Simples assim.

Estávamos cruzando a foz do rio Betsj, na costa sudoeste da Nova Guiné. Ali, ao norte da Austrália, o Arafura se estende por 1,6 mil quilômetros antes de atingir os pântanos da Papua indonésia. É difícil saber onde termina a água e começa a terra. O Arafura é de uma cor opalina pálida e pesado com a aluvião de uns mil rios amarronzados que correm pelas grandes montanhas no centro da Nova Guiné, pontudos dentes de serra que chegam a 4,8 mil metros de altura. Os picos prendem as pesadas nuvens tropicais carregadas de umidade e cada regato alimenta outro e mais outro, crescendo, misturando-se e curvando-se conforme a paisagem aplaina — ela aplaina rápida e subitamente e, por 160 quilômetros até o mar, não possui uma única colina, rocha ou mesmo pedregulho.

O Arafura é um oceano de marés de 4,5 metros, de grandiosas mudanças nas águas, e de um inchaço que diariamente desliza para esse charco plano. Ele inunda a terra, que se torna um mundo submerso de água e árvores pelo qual é possível navegar em uma canoa, como se estivesse flutuando por um jardim hidropônico. Manguezais com raízes emaranhadas e musgosas convivem com videiras e epífitas. Os bambus se elevam em blocos altos e verdes. As frondes das palmeiras-nipa, com sua aparência pré-histórica, chegam a 9 metros de altura e farfalham à brisa, com as negras raízes retorcidas e salientes. Paus-ferro crescem na água tão marrom e espessa quanto uma xícara de chá. Quando a maré baixa, deixa para trás grandes faixas de lama cintilante, tão fina que você afundaria até os joelhos se tentasse caminhar sobre ela. A lama é macia como cetim líquido. E fria ao toque da pele. Está viva, com saltadores-do-lodo e minúsculos caranguejos amarelos do tamanho de uma unha.

COLHEITA SELVAGEM

De cima, vista de um avião, não é nada além de um tapete verde e impenetrável, recortado por veias interconectadas de água marrom serpenteando em todas as direções. De um barco ou das margens de um rio, é tão plana que o céu está sempre imenso acima dela, semovente, cheio de camadas e formas, de trechos de azul misturados a furiosas nuvens cor de peltre. Torrenciais cortinas de chuva caem do céu, em gotas tão grandes e martelando com tanta força que é impossível acreditar que o ar tenha sido capaz de contê-las. Com frequência, chove com o sol ainda brilhando. É quente. Úmido. Às vezes, cintilantemente claro. Quieto, com os sons das folhas farfalhando e da água gotejando, do chapinhar de um peixe saltando, do guincho de uma cacatua ou do espadanar de um remo. À noite, as estrelas são grandes e brilhantes, com a Via Láctea parecendo tão branca e substancial quanto um pudim de tapioca. E mesmo nessas noites maravilhosamente claras, relâmpagos iluminam o horizonte, como se algo grandioso estivesse acontecendo — mas lá fora, não ali. O Arafura é um grande mar: às vezes, plácido, imóvel e quase azul; às vezes, selvagem e furioso, com um vento quente que o empurra constantemente contra a corrente oposta de embocaduras com 5 quilômetros de largura, criando uma turbulência efervescente. Parece primal. Bíblico. Distante de tudo.

A seu modo, Asmat é um lugar perfeito. Tudo de que se pode precisar está presente. É uma placa de Petri, fervilhando com camarões, caranguejos, peixes, moluscos, mexilhões e caracóis. Crocodilos de quase 5 metros caçam nas margens dos rios e iguanas negras como breu tomam sol em árvores desenraizadas. Na selva, há o porco selvagem; o peludo cuscus, parecido com um gambá; e o casuar, que lembra o avestruz. E também palmeira-sagu, cuja resina pode ser transformada em um amido branco comestível e cujo tronco abriga as larvas do escaravelho-capricórnio, ambas fontes importantes de nutrição. Os rios são rodovias navegáveis. Há revoadas de brilhantes papagaios vermelhos e verdes. Calaus com bicos de 13 centímetros e pescoços azuis. Cacatuas-brancas de crista sulfúrea e cacatuas-rei negras com cristas muito elaboradas.

E segredos, espíritos, leis e costumes nascidos de homens e mulheres que foram cercados pelo oceano, pelas montanhas, pela lama e pela selva por mais tempo do que se tem registro.

Até cinquenta anos atrás, não havia rodas por aqui. Nem aço ou ferro, nem mesmo papel. Atualmente, ainda não existe uma única estrada ou automóvel. Em seus 10.350 km², há apenas uma pista de pouso e, fora de Agats, a "cidade" principal, não existe uma única torre celular.

As ondas martelavam, o barco balançava e eu tentava esboçar um plano. O casco era de fibra de vidro: presumivelmente, iria flutuar. Será que eu seria capaz de ficar fora d'água por tempo suficiente para usar o telefone? Para quem eu ligaria e o que eles seriam capazes de fazer, lá nos Estados Unidos, no que, para eles, seria o meio da noite? Falando nisso, habituado a meu celular, eu sequer sabia de cor o número da maioria das pessoas. Estávamos perto da foz sul do rio, quase na costa, mas não havia realmente nenhuma costa — apenas área litorânea inundada e pântanos. Será que eu conseguiria escalar uma das frágeis árvores do manguezal? E, o mais louco de tudo, seria aquele o local exato pelo qual Rockefeller tentara navegar cinquenta anos antes?

Ele tinha 23 anos, acabara de sair de Harvard, era o filho privilegiado do governador de Nova York, Nelson Rockefeller, e passara sete meses na aventura de sua vida, que o transformara de estudante engravatado em desmazelado fotógrafo e colecionador de arte. Em um momento, seu barco estava sendo jogado de um lado para o outro pelas ondas, assim como o nosso, e, no momento seguinte, estava de cabeça para baixo. E então Rockefeller nadara até a costa e desaparecera. Sumira, sem que qualquer traço dele ou de seu corpo jamais fosse encontrado, a despeito de uma busca de duas semanas envolvendo navios, aviões, helicópteros e milhares de habitantes

COLHEITA SELVAGEM

locais percorrendo a costa e os pântanos da selva. O fato de que algo tão simples e banal tivesse acontecido com Michael fez com que o que acontecia conosco parecesse ainda mais real. Não haveria música de presságio. Uma onda ruim e eu estaria me agarrando a um barco no meio do nada.

A causa oficial da morte de Rockefeller fora afogamento, mas houvera uma miríade de rumores. *Ele fora sequestrado e mantido prisioneiro. Tornara-se nativo e se escondera na selva, voluntariamente. Fora atacado por tubarões ou crocodilos. Conseguira chegar à costa, apenas para ser morto e comido pelos caçadores de cabeças asmats.* A história crescera e se tornara mítica. Houvera uma peça off-Broadway a respeito, além de um romance, um rock popular e até mesmo uma série televisiva em três partes, nos anos 1980, apresentada por Leonard Nimoy. Eu ficara fascinado pela história desde que vira uma foto de Michael. Nela, ele estava com a barba crescida, ajoelhado, segurando a câmera de 35 milímetros sob os olhos atentos dos nativos, no que era então a Nova Guiné holandesa, na época em que trabalhava em um filme sobre as serras do grande vale de Baliem. O filme, *Dead Birds* [Pássaros mortos], fora um pioneiro e controverso exame etnográfico de uma cultura quase intocada, remanescente da Idade da Pedra, que se mantinha em constante e ritualizado estado de guerra. As montanhas, a névoa e os homens nus gritando e atacando uns aos outros com lanças e arcos e flechas haviam me fascinado e hipnotizado, assim como a ideia de contato entre pessoas de mundos tão dramaticamente diferentes. Aos 20 anos, eu tentara chegar ao que era então chamado de Irian Jaya, mas a viagem era muito dispendiosa para meu modesto orçamento à época e, em vez disso, eu acabara por um breve tempo em Bornéu. Eu tinha uma fotografia que espelhava a de Rockefeller — tínhamos mais ou menos a mesma idade e eu segurava minha câmera sob o olhar de uma criança dayak na Bornéu indonésia.

Eu era um meio judeu de classe média educado em escolas públicas, não um herdeiro de sangue azul, mas a jornada de Rockefeller ressoava em mim. Eu sabia o que ele estava fazendo e por que estava lá, ao menos em parte. Não era apenas para coletar o que na época se chamava de "arte primitiva", mas também para provar, cheirar, ver e tocar aquele mundo por si próprio. Um mundo mais velho e menos "civilizado", tão diferente quanto possível do seu. Um encontro com o Outro. E eu me perguntava se ele, como eu, queria saber o que o Outro poderia dizer sobre ele, sobre nós. Se queria não apenas interagir com eles, mas ver se aqueles homens nus em busca de cabeças sagradas que resultavam em esculturas espetaculares poderiam ser um espelho de um *self* mais jovem e elementar, um *self* anterior às complicações da tecnologia e da civilização. Ver se poderia até mesmo haver algo do Éden naquele mundo — o mundo antes que Eva tivesse provado a maçã. Para ver a si mesmo, Michael Rockefeller, antes do privilégio e das convenções sociais. Seriam eles iguais ou diferentes?

E que modo de orgulhar mais o pai colecionador de "arte primitiva" que ir até a fonte e mergulhar nela mais profundamente que o governador e candidato a presidente jamais sonhara? Michael não simplesmente compraria arte primitiva nas galerias e mercados de pulgas, ele a coletaria dos próprios criadores, a compreenderia e apresentaria ao mundo todo um novo grupo de artistas.

Passei horas olhando para aquela foto, imaginando o que Michael vira e sentira em Asmat, o que realmente acontecera com ele e se eu seria capaz de solucionar o mistério. Que ele tivesse sido sequestrado ou fugido não fazia sentido. Era possível que tivesse se afogado, salvo que estava amarrado a dispositivos de flutuação e nenhum vestígio de seu corpo fora encontrado. Quanto aos tubarões, a despeito de sua temível reputação,[1] eles raramente atacavam homens naquelas águas. O que significava que ele não perecera durante a travessia, tinha de haver algo mais. Alguém tinha de saber alguma coisa. E esse "algo mais" era o pesadelo de todo viajante: ser arrastado para um lugar do qual jamais se retorna. Tinha de haver alguma colisão, algum colossal mal-entendido. Os asmats eram guerreiros cobertos de sangue, mas

COLHEITA SELVAGEM

as autoridades coloniais holandesas e os missionários estavam na área há quase uma década na época em que Michael desaparecera, e os asmats nunca haviam matado um homem branco. Se ele tivesse sido assassinado, isso estaria no âmago do conflito entre os ocidentais e os Outros, presente desde que Colombo navegara pela primeira vez para o Novo Mundo. Eu ficava fascinado com a ideia de que, naquele cantinho remoto do mundo, os Rockefeller, com todo seu dinheiro e poder, haviam sido impotentes e ido embora de mãos vazias. Como isso era possível?

O desaparecimento de Michael era um mistério e, por sua natureza, mistérios são feridas abertas, eventos sem conclusão. Desejamos respostas e a ideia de desaparecer nos é particularmente inquietante. As grandes questões existenciais, afinal, são sobre quem somos, de onde viemos e para onde iremos. Cerimônias, de aniversários a casamentos, formaturas a funerais, são rituais que tratam dessas questões de modo público e simbólico, a fim de que possamos processá-las, lidar com elas e aceitar as mudanças da vida e a passagem do tempo. Mas Michael Rockefeller desaparecera. Embora sua família o tivesse declarado morto e realizado um funeral, além de manter uma lápide com seu nome no complexo familiar, não houvera corpo, ninguém podia dizer com certeza o que acontecera e nenhum jornal publicara um obituário.[2] Um fantasma é o espírito de um homem ou mulher que morreu, mas não pode seguir em frente, pois sua morte não foi resolvida. Eu sabia — como andarilho e jornalista que com frequência viajava para os extremos do mundo, pegava ônibus para cruzar o Afeganistão, encontrava soldados raivosos e ferrados no Congo e se envolvia em centenas de outras situações malucas — que algo saíra errado e me sentia inquieto e incomodado pelo fato de não sabermos. Michael Rockefeller era uma espécie de fantasma. Sua irmã gêmea, Mary,[3] passara a vida enfrentando o luto, a perda e a falta de desfecho da situação; uma jornada que a levara da psicoterapia às cerimônias de cura. Decidi que elucidar aquele mistério seria não apenas resolver um dos casos não solucionados mais famosos do mundo, mas também realizar um ritual, contar o fim da história, trazer conclusão para uma vida.

Comecei a vasculhar arquivos coloniais holandeses e registros dos missionários e um documento foi levando ao outro. Descobri mais do que jamais imaginara. Depois que navios, aviões e helicópteros tinham voltado para casa, novas informações haviam surgido nas semanas imediatamente após o desaparecimento de Michael e uma série de investigações ocorrera. Havia páginas e páginas de relatórios, telegramas e cartas discutindo o caso e os eventos que levaram a ele, enviadas pelo governo holandês, por missionários no campo que falavam asmat e pelas autoridades da Igreja Católica, mas nenhum deles era de conhecimento público. Homens que haviam sido participantes fundamentais dessas investigações tinham permanecido em silêncio durante cinquenta anos. No entanto, como descobri, eles ainda estavam vivos e finalmente dispostos a falar.

As ondas quebravam, o barco estremecia. O vento estava cada vez mais forte e, embora estivéssemos perto da costa, Wilem não conseguia encontrar um ritmo. As ondas eram muito agitadas, escarpadas, rápidas e próximas. Wilem e Amates Owun, meu tradutor e guia, conversaram por um momento. Em seu inglês dolorosamente lento, Amates disse:

— Muitos barcos têm problemas por aqui no inverno. Mas há um ônibus sob a água.

— Um ônibus?

Durante metade do tempo, eu não conseguia entender o que Amates dizia. Não era apenas seu inglês limitado, mas sua mente asmat, que pertencia a um mundo no qual eu jamais poderia entrar ou mesmo conhecer. Na principal cidade de Asmat, Agats, havia um pequeno mas maravilhoso museu cheio de estacas ancestrais, escudos, tambores, lanças, remos, crânios e máscaras. À noite, para mim, o

COLHEITA SELVAGEM

museu era escuro e impenetrável,[4] mas, para os asmats, estava repleto da cacofonia do canto e dos tambores dos espíritos corporificados nas esculturas. Um ônibus? Não havia um carro ou estrada em centenas de quilômetros, quem dirá um ônibus.

— Um ônibus, uma coisa com rodas que carrega pessoas? — perguntei.

Amates apontou na direção da água com o toco do indicador direito — os primeiros 5 centímetros haviam sido removidos a dentadas em uma briga no mês anterior. Seu rosto era estreito e os olhos próximos, com os lábios generosos e os malares altos característicos de seu povo. Ele perdera alguns dentes e os que estavam visíveis eram amarronzados por causa das sementes de bétele que mascava. Tinha 1,82 metro e era magro como um espeto. Olhei para onde ele apontava e vi ondas, céu, pesadas nuvens escuras e trechos de azul, mas nenhum ônibus.

— Sim — disse ele. — O Bimpu Bis. É um grande ônibus que vive sob a água bem aqui. Quando as pessoas têm problemas, ele emerge e elas viajam nele até a costa. Muitas pessoas foram salvas por ele. Michael Rockefeller não sabia sobre esse ônibus.

Acendi um cigarro de cravo — estávamos todos fumando incessantemente — e agarrei o telefone via satélite em meu bolso como se fosse um talismã. Eu não sabia do que Amates estava falando. Tremia sob os borrifos de água e estava faminto — a dieta de arroz e eventuais pedaços de peixe jamais teria calorias suficientes. Meus pés e pernas estavam cobertos de picadas vermelhas. Viramos em direção à costa, surfando rápido pelas ondas, até que surgiu uma estreita abertura no pantanoso muro verde. Assim que passamos por ela, o vento amainou e as águas se acalmaram. Senti cheiro de fumaça e urina, o cheiro de homens. Fizemos uma ligeira curva e, 90 metros à frente, vimos oito casas — com tetos e paredes de folhas de palmeira, apoiadas sobre estacas finas a 3 metros da água, com varandas de quase 1 metro de largura. Mulheres, algumas nuas da cintura para cima, e crianças se aglomeravam em uma e os homens se reuniam em outra. Ninguém disse nada; não houve saudação. Foi sempre assim durante minha primeira viagem a Asmat: ao chegarmos a um vilarejo, ninguém falava enquanto nos dirigíamos à choupana dos homens. Amarramos o barco, eu agarrei uma bolsa de tabaco e alguns papéis para enrolar, e subi em uma varanda feita de ripas de bambu amarradas com vime. Não havia um único prego. Nem água corrente. Nem eletricidade ou qualquer conexão com o universo, exceto o toque humano e a distância percorrida por um grito. Tudo estava silencioso, menos os pássaros e as vozes gritando. Os homens na varanda estavam sem camisa e vestiam shorts surrados de ginástica. Apertei suas mãos — coriáceas, ásperas e secas —, e eles tocaram o coração, em um gesto aprendido com os muçulmanos indonésios. Molhado, sujo e cansado, sentei no chão e distribuí o tabaco. Fumamos e encaramos o verde da nova manhã. Eu tinha milhares de perguntas para fazer, mas nenhuma forma de fazê-las.

4.
20 DE FEVEREIRO DE 1957

Em 20 de fevereiro de 1957, em uma cidade de concreto e aço 6 mil vezes maior que o mais populoso povoado de Asmat, um importante homem do vilarejo chamado Nelson Rockefeller apresentou ao mundo uma nova visão. Naquele dia, a temperatura na cidade chegava a 37 graus[1] e Rockefeller vestia o ápice da moda tribal de Nova York: um smoking.[2] Tinha 49 anos e mandíbula quadrada, era ambicioso e neto do fundador da Standard Oil, John D. Rockefeller. No dia em que Nelson nascera, um evento noticiado na primeira página do *New York Times*, John D. era o homem mais rico do mundo,[3] com uma fortuna estimada em 900 milhões de dólares. A riqueza e a influência política e social de Nelson seriam difíceis de compreender para a maioria dos americanos, quem dirá para uma tribo de caçadores-coletores. Em um ano, ele se tornaria governador de Nova York. Em dois, concorreria à presidência. Em 1974, seria vice-presidente dos Estados Unidos, sob Gerald Ford.

Ele tinha a fala arrastada da aristocracia do Maine e era conhecido por agarrar a mão dos eleitores e dizer "Olá, companheiro".[4] Ele "exalava uma exuberante autoconfiança, tão inabalável que deve ter sido instilada desde o berço", nas palavras de seu ex-assessor de imprensa Joseph Persico.[5] "Não uma arrogância social, mas antes a receptividade quase infantil que assumia perante tudo e todos."[6] Parecia que ele e a família eram donos de metade de Manhattan. Naquele dia de fevereiro, dentro de uma recém-reformada casa geminada de quatro andares, também de propriedade dos Rockefeller, com elegantes jane-

CARL HOFFMAN

las curvas no número 15 da West Fifty-Fourth Street — na esquina da Fifth Avenue, bem no centro da cidade e diretamente atrás do Museu de Arte Moderna —, os convidados começaram a chegar às 20h30 para uma recepção privada destinada à primeira exibição do Museu de Arte Primitiva, que abriria ao público no dia seguinte.[7]

O espaço moderno, reluzente e minimalista, que um crítico achou "tão comedido e de bom gosto"[8] que "dificilmente parece um museu", não podia contrastar mais com os objetos que exibia ou com as pessoas que celebravam sua inauguração. Alguns dos mais poderosos homens e mulheres da sociedade e do mundo das artes constavam da lista de convidados. Lá estavam Rene d'Harnoncourt, diretor do Museu de Arte Moderna;[9] Robert Woods Bliss, cuja propriedade de 22 hectares em Washington, DC, Dumbarton Oaks, é agora um museu-biblioteca pertencente à Universidade de Harvard; a socialite nova-iorquina Gertrud Mellon; Henry Luce, fundador das revistas *Time* e *Life*;[10] além de Henry Ochs Sulzberger, dono do *New York Times*.[11] E, é claro, o filho de 19 anos de Nelson, Michael. As coisas que celebravam tinham percorrido um mundo de distância. Um remo entalhado da ilha de Páscoa;[12] a longa e exagerada face de uma máscara de madeira da Nigéria; figuras de pedra pré-colombianas, astecas e maias, do México; bonecas Hopi Kachina; e um osso de rena entalhado vindo dos Pireneus, todos criados por artesãos anônimos nos recantos e fissuras do mundo. Em torno dos objetos, não havia dioramas etnográficos, descrições das choupanas, canoas e redes de pesca africanas ou mapas. Eles jaziam sobre cilindros e cubos brancos,[13] iluminados por luzes direcionais contra as paredes brancas, em um "cenário severamente simples", nas palavras do *New York Times*. Como tudo a respeito de sua apresentação dizia, deviam ser vistos como obras de arte, em e por si mesmos.

Quando os convidados começaram a mordiscar seus canapés e bebericar seu vinho,[14] Nelson os lembrou de que seu novo museu era "o primeiro [...] do gênero em todo o mundo" — o primeiro mu-

COLHEITA SELVAGEM

seu dedicado exclusivamente à arte primitiva. Enquanto um vento frio varria a Fifth Avenue do lado de fora, D'Harnoncourt e Luce se maravilhavam com a beleza das formas e linhas e ouviam o discurso de Nelson. Museus de história e etnografia, lembrou ele aos convidados, há muito exibiam objetos como aqueles, mas sempre o faziam para documentar seus estudos sobre as culturas indígenas. "É nosso objetivo suplementar suas realizações", disse ele com confiança rockefelleriana.[15] "Não queremos estabelecer a arte primitiva como um tipo separado de categoria, mas antes integrá-la, com toda sua ausente variedade, no que já conhecemos das artes humanas. Nosso propósito sempre será selecionar objetos de destacada beleza, cuja rara qualidade se iguale às obras expostas em outros museus de arte em todo o mundo, e exibi-los para que todos possam desfrutar integralmente deles."

Foi uma declaração ousada, com uma escolha de palavras explicitamente intencional. Desde que os exploradores ocidentais começaram a conquistar o mundo, haviam retornado com lembranças, que exibiam em salas especiais ou gabinetes de curiosidades. A descrição de um desses gabinetes, feita em 1599, lista seu conteúdo:[16] "um amuleto africano feito de dentes, uma capa de feltro da Arábia, um machado de pedra indígena e um talismã feito de dentes de macaco". Viajar é querer lembrar e comprar. Foi do latim "subvenire" (vir à mente) que retiramos a palavra "souvenir", como toda loja de quinquilharias de aeroporto sabe muito bem. Ainda não fiz uma viagem da qual não tenha retornado com objetos cobiçados. Minha casa é adornada com zarabatanas de Bornéu, talismãs budistas da Tailândia e um cachimbo de ópio da China, e você pode ter certeza de que cada marinheiro e capitão europeu, de Colombo em diante, guardou suvenires exóticos nos bolsos de seus casacos e nas cabines de seus navios. Mas era assim que eles eram vistos: como badulaques exóticos. Os povos nativos da África, das Américas, da Ásia e da Oceania eram compostos de selvagens imaturos, pessoas sem religião, e os objetos que criavam eram tudo, menos arte. Cada semente, folha e planta coletada durante a terceira viagem do capitão James Cook,[17] por exemplo, foi registrada individualmente, ao passo que a maioria dos artefatos humanos não foi sequer listada. Os objetos etnográficos da coleção de Sir Hans Sloane,[18] que formaram a base do Museu Britânico, foram classificados meramente como "miscelânea".

Na virada do século XX, um punhado de artistas ocidentais foi profundamente influenciado pelos primitivos. As pinturas de taitianas nuas feitas por Paul Gauguin chocaram o mundo. Pablo Picasso começou a retratar as máscaras que encontrava nos mercados de pulgas de Paris e suas figuras cubistas se parecem com as duras e exageradas formas das esculturas nativas africanas. No entanto, artistas como Gauguin e Picasso eram radicais por natureza. Uma coisa era um artista ocidental ser inspirado pelo "primitivo"; outra, bastante diferente, era objetos primitivos serem exibidos como obras de arte equivalentes às de Da Vinci ou Matisse.

A história da arte é, em grande parte, a história dos homens e mulheres que a colecionam, e não havia colecionadores mais importantes que os Rockefeller. Seu pai, John D. Rockefeller Jr., amava porcelana:[19] ao longo de cinquenta anos, gastou mais de 10 milhões de dólares para reunir o que alguns críticos chamaram de a mais importante coleção do gênero no mundo. Sua mãe, Abby Aldrich Rockefeller, era apaixonada pelos impressionistas franceses e asiáticos, e a mansão que partilhava com John D. Jr. na West Fifty-Fourth Street estava repleta de suas obras — juntamente com tapeçarias medievais, porcelanas chinesas e exibições temporárias de modernistas franceses e americanos. A influência dos Rockefeller não pode ser subestimada. A paixão de Abby levou à criação do Museu de Arte Moderna de Nova York, inaugurado em 1929, nove dias após a quebra de Wall Street. Ainda criança, Nelson foi apresentado às artes do mesmo modo que a maioria dos garotos é apresentada ao beisebol, em uma educação

COLHEITA SELVAGEM

que incluía viagens aos estúdios dos artistas mais proeminentes. Quando escreveu à mãe uma nota de Dartmouth, em 1927, sobre uma dessas jornadas, ela respondeu: "Se começar a cultivar seu gosto e seu olho ainda tão jovem, poderá ser muito bom nisso quando for capaz de colecionar."[20]

Em 1930, Nelson e sua nova noiva, Mary Todhunter Clark,[21] receberam de John D. um presente de casamento de 20 mil dólares e uma viagem de lua de mel ao redor do mundo que durou nove meses. Como aconteceria com Michael trinta anos depois, os funcionários dos Rockefeller abriram caminho, estabelecendo conexões nos níveis mais altos do governo aonde quer que eles fossem. Na Índia, Nelson até mesmo se encontrou com Mahatma Gandhi. Naquela jornada, comprou uma faca em Sumatra, adornada com uma cabeça esculpida e cabelo humano, uma aquisição que deu início a seu amor pela arte primitiva. "Comecei a ver a arte como uma ampla variedade de expressões dos indivíduos", disse ele certa vez, "indivíduos de todas as partes do mundo e de todas as idades, com sentimentos intensos e grande capacidade criativa para expressar esses sentimentos. Minha apreciação já não estava confinada às formas clássicas de arte ensinadas em nossas escolas e exibidas em nossos museus".[22] Nomeado segundo presidente do Museu de Arte Moderna naquele ano, ele tentou persuadir o conselho a organizar uma exibição de arte primitiva. Mas estava à frente de seu tempo e os conselheiros rejeitaram a ideia.

Vinte anos depois, Nelson superaria os pais. Telas de Picasso, Braque e Léger e murais de Matisse pendiam das paredes de seu apartamento em Nova York. Os jardins da propriedade da família em Pocantico Hills, chamada Kykuit, 47 quilômetros ao norte do centro de Manhattan, exibiam obras de Calder, Gaicometti, Noguchi e até mesmo uma Afrodite que se acreditava ser da lavra de Praxíteles. O interior, disse Persico, "tinha o ambiente de um museu fechado. George Washington olhava para um Gilbert Stuart original e, em uma janela arqueada, ficava um nu masculino em tamanho natural,

CARL HOFFMAN

Idade do bronze, a primeira obra importante de Rodin. Quase se esperava ver cordas vermelhas em torno das cadeiras, para impedir que fossem usadas".[23] Na casa de verão dos Rockefeller, em Seal Harbor, Maine, Nelson mantinha uma galeria separada, em um antigo desembarcadouro de carvão reformado pelo arquiteto Philip Johnson, cheia de pinturas e esculturas contemporâneas. Arte contemporânea latino-americana decorava seu rancho na Venezuela.

Em 1955, o Museu de Arte Moderna organizou uma exposição fotográfica chamada *A família do homem*. "Em todos os lugares", escreveu Carl Sandburg no catálogo da exposição, "o sol, a lua, as estrelas e o clima possuem significado para as pessoas. Embora esses significados variem, somos todos iguais, em todos os países e tribos, em nossa tentativa de ler o que o céu, a terra e o mar tentam nos dizer. Somos parecidos, em todos os continentes, em nossa necessidade de amor, alimento, vestuário, fala, adoração, sono, jogo, dança, diversão. Dos trópicos aos árticos, a humanidade vive com essas necessidades de modo parecido, inexoravelmente parecido".[24]

Os tempos estavam mudando. As artes, a política, a cultura — não havia como separá-las e o que acontecia no mundo da arte refletia o que acontecia na política global. Pessoas que haviam existido para serem dominadas, convertidas, escravizadas e exploradas em longínquas colônias estavam afirmando seu direito à independência. Os ingleses abriram mão da Índia em 1947. A Holanda cedeu todo o arquipélago indonésio, com exceção de sua metade da Nova Guiné, em 1949. O Congo belga se tornou independente em 1960, e o Quênia, três anos depois. Quando o novo museu de Nelson Rockefeller foi inaugurado, a década de 1960 estava prestes a explodir: o movimento pelos direitos civis, o feminismo, o Vaticano II e a liberalização da Igreja Católica e o Corpo da Paz. A mudança no modo de pensar sobre aqueles selvagens míticos foi perfeitamente capturada pelo timing da inauguração do museu. A avaliação do crítico de arte nova-iorquino Hilton Kramer sobre a primeira exibição do Museu de Arte Primitiva,

COLHEITA SELVAGEM

baseada quase inteiramente na coleção pessoal de Nelson, parece um manifesto pelo fim do colonialismo.

"Mais notáveis que qualquer denominador comum de forma, técnica ou origem cultural", escreveu ele, "a assombrosa abundância de ideias artísticas e a vitalidade marcam a execução de cada peça. Elas destroem até mesmo algumas hipóteses muito sofisticadas sobre o significado do que é primitivo; para este escritor, ao menos, destroem o termo em si [...] Fiquei subitamente chocado ao descobrir que, em vez de nos dizer algo, elas apenas mascaram nossa própria ignorância. Lembram-nos em que extensão nossa concepção da história deixou de fora algumas das civilizações mais brilhantes [...] Enfatizam a imperiosidade de nossas sensibilidades ocidentais e expõem um tipo de provincianismo histórico".[25]

Há, contudo, algo mais sombrio e irônico nesse amor pelo primitivo. Quem sabe que anseios e demônios internos, paixões e curiosidades jazem por trás de um Michelangelo, um Matisse ou mesmo um Hockney? Van Gogh se suicidou. Picasso tinha um apetite sexual insaciável. Quem se importa? Gostamos das cores. Podemos admirar as formas e as linhas. A vida pessoal de um artista ocidental pode informar sua obra, mas é uma expressão individual com a qual ele pode ou não se identificar, e podemos apreciar a pintura ou a escultura sem conhecer a intenção do artista ou nos importar com ela.

A arte primitiva, no entanto, é na maioria das vezes arte sagrada, com o artista individual subsumido na linguagem simbólica imediatamente compreendida pela comunidade e no poder religioso carregado por ela. Para os criadores de arte primitiva, não há separação entre forma e função. Um escudo asmat pode ter sido esculpido para parar uma flecha, mas o pênis que se projeta no topo, as asas do morcego frugívoro e as presas de javali entalhadas possuem utilidade e significado espiritual, e o espírito de um homem conhecido vive nele. Para o colecionador ocidental, o escudo asmat é uma coisa bela; para os asmats, é uma coisa de poder sobrenatural. Um asmat poderia olhar para aquele escudo e desfalecer de medo. "O espírito ancestral vive no escudo", afirmou Tobias Schneebaum, escritor e artista que passou mais de cinco anos em Asmat, "e é uma presença que concede ao familiar vivo não apenas destemor e coragem em face de todas as adversidades, mas também a onipotência de dominar o inimigo e se tornar vitorioso".[26]

Nelson Rockefeller reconheceu a beleza e a forma da faca de Sumatra que comprou durante sua lua de mel. Com seu olho refinado — e para seu crédito —, viu uma obra de arte. Mas viu apenas a superfície. Uma cabeça humana, com genuíno cabelo humano, indicam que algo muito mais profundo estava envolvido, um significado amplamente diferente para o indivíduo que a criou e para Nelson Rockefeller.

Quando a arte primitiva migrou de curiosidade etnográfica para arte em e por si mesma, a ser apreciada em um pedestal branco sob as luzes direcionais de uma casa em Manhattan, ela foi dissociada de seu significado e de seu objetivo originais. O próprio Nelson, em uma entrevista em 1965, declarou: "Meu interesse pela arte primitiva não é intelectual. É estritamente estético. Não me pergunte se a tigela que estou segurando é um utensílio doméstico ou um vaso ritual [...] Não ligo a mínima! Gosto das linhas, da cor, da textura, do formato. Não estou interessado na parte antropológica ou etnográfica. É por isso que fundei o museu: para mostrar que a arte dos povos primitivos pode ser tratada de modo puramente estético e formal."[27]

Aqueles que começaram a invadir o mundo exótico, contudo, não estavam apenas adquirindo objetos inanimados, mas sim penetrando em algo completamente diferente: um mundo potencialmente perigoso de espíritos que podiam deixá-los doentes ou mesmo matá-los, um mundo de segredos e significados cuja língua não falavam, cujos símbolos não entendiam e no qual vida e morte pendiam, literalmente, da balança.

Nas histórias de ficção científica, frequentemente há um cientista maluco que cria um portal entre nosso mundo e outro mundo distante, pelo qual o herói épico viaja. Coisas inesperadas acontecem

COLHEITA SELVAGEM

quando essas portas são abertas. Foi assim naquela noite de 1957. Nelson Rockefeller abrira uma porta para um distante pântano em Nova Guiné, um mundo no qual os espíritos vagueavam e não havia fronteiras entre vida e morte, entre o Eu e o Outro, entre o homem como comedor e o homem como comida — um mundo tão alternativo e paralelo ao universo de Manhattan quanto seria possível conceber. Algumas pessoas (provavelmente a maioria delas) se contentariam em olhar para um remo da ilha de Páscoa ou uma máscara nigeriana em um pedestal. Ou para algo que seu pai colocara em um pedestal. Mas não todas, especialmente não um menino que tinha muito a provar para o pai.

Michael Rockefeller tinha apenas 19 anos naquela noite de inauguração, e é fácil imaginar o poder que o evento exerceu sobre ele. A alegria e o orgulho de seu poderoso pai pelo novo museu, a estranha e exótica beleza dos objetos e a atração exercida por eles, a nata da elite de Nova York reunida para admirá-los. A milhares de quilômetros dali, forças começaram a ser liberadas e ligações foram estabelecidas. É difícil não nos perguntarmos se Nelson Rockefeller se arrependeu das palavras que escreveu a Robert Goldwater,[28] diretor do museu, no dia seguinte: "A noite anterior foi um evento realmente perfeito — a realização de um sonho partilhado por todos nós. A criação desse novo museu e a associação com você, que a tornou possível, são fonte de infinito prazer e felicidade para mim."

5.
DEZEMBRO DE 1957

Sete meses depois de Nelson Rockefeller inaugurar o Museu de Arte Primitiva, Pip, Dombai, Su, Kokai, Wawar e Pakai[1] mergulharam seus remos no mar de Arafura com movimentos longos e suaves. Mergulharam e remaram. Mergulharam e remaram. Estavam unidos por complexos laços familiares e anos de prática, e seus remos se moviam em uníssono.

Sua canoa, escavada no tronco de uma única árvore, mal tinha 30 centímetros de largura e 45 de profundidade, torta e instável, mas mesmo assim eles se enfileiravam em pé, equilibrados sobre pés enrijecidos e largos que jamais haviam calçado sapatos. Seus remos tinham 3 metros de comprimento, com lâminas ovais estreitas e curtas e longos cabos que terminavam em pontas afiladas. Do topo de algumas, pendiam as penas brancas da cacatua-de-crista-amarela, a insígnia do caçador de cabeças bem-sucedido. Entalhada a cerca de três quartos do comprimento do cabo, bem no nível dos olhos, estava a pequena imagem do rosto de um familiar morto. Com cada remada, eles viam o semblante no remo e se lembravam da morte do irmão, tio, primo. A canoa tinha um pênis — a proa — entalhado com um rosto invertido: a imagem dinâmica e belamente representada de um homem. A canoa levava seu nome.

Eles carregavam em suas canoas pedaços endurecidos de farinha de sagu enrolados em folhas de bananeira, arcos de 2 metros de comprimento que lançavam flechas farpadas de bambu sem plumas, longas lanças com várias rebarbas e machados com cabeças de pedra e aço. As pedras vinham das terras altas ao longo das antigas rotas de comércio, e o aço, dos missionários holandeses que haviam começado a chegar a Asmat em 1952. Não tendo como fazer fogo nos úmidos pântanos e rios, os remadores o levavam consigo: na popa de cada canoa fumegavam alguns carvões quentes sobre um leito de lama.

Mergulhando e remando. Mergulhando e remando. E, com cada remada, os remos estalavam nas laterais da canoa como a batida de um tambor. Ou de um coração.

Todos eles eram do vilarejo de Otsjanep e, em breve, a maioria estaria morta.

Se sentiam qualquer inquietude, não demonstravam. Movendo-se com eles para o sul havia 118 homens em 11 canoas,[2] todos do vilarejo vizinho de Omadesep. Alguns povoados nos pântanos e rios tinham cerca de cem pessoas, outros um pouco mais. Mas Otsjanep e Omadesep tinham mais de mil pessoas cada. Eram comunidades grandes, poderosas e profundamente tradicionais, vivendo em rios paralelos a apenas alguns quilômetros de distância. Os homens de cada vilarejo lutavam juntos, matavam juntos e protegiam suas esposas juntos — às vezes trocando-as por uma noite. Suas vidas eram tão estreitamente ligadas ao vilarejo e ao *jeu* que eles eram mais um organismo único que uma coleção de indivíduos. Mas seria errado dizer que não sentiam medo. Os asmats viviam em um complexo mundo de espíritos, mantido em equilíbrio por elaboradas cerimônias e violência recíproca e constante. Nenhuma morte *acontecia* apenas. Mesmo a doença vinha pela mão dos espíritos. Cada habitante do vilarejo podia vê-los e falar com eles. Havia espíritos no vime, nos manguezais, nas palmeiras-sagu, nos redemoinhos e em seus próprios dedos e nariz. Havia seu próprio mundo e havia o mundo de Safan, o território das almas e reino dos ancestrais, do outro lado do oceano. Ambos os mundos eram igualmente reais e, para manter afastadas a doença e a morte, era necessário apaziguar constantemente os espíritos e amedrontá-los, a fim de que voltassem para o outro lado do mar, para o lugar ao qual pertenciam e de onde não podiam fazer mal. Os espíritos frequentemente vinham à noite e, para mantê-los longe, os asmats usavam os crânios de seus antepassados como travesseiros.

As canoas de Pip, Dombai, Su, Kokai, Wawar e Pakai e as dos homens de Omadesep estavam agrupadas, deslizando sobre a água quase como se fizessem parte dela, tão naturalmente quanto outros homens caminhavam pelas trilhas. Suas canoas, seus remos, seus ornamentos, tudo viera da selva. Às vezes, eles remavam em silêncio; em outras, iniciavam uma canção, com cada palavra cantada lenta e longamente, como se fosse uma remada.

> *Ave marinha vem vindo*
> *De onde você vem vindo?*
> *Você pode me fazer companhia*

— Wo! — gritou Wawar para dar ênfase, e os seis remos estalaram nas laterais das canoas. — Wo!

> *Acreditamos em você*
> *Todos acreditam em você*
> *Pois você vive no mar.*
> *De onde você vem vindo?*
> *Vou segui-la.*[3]

Eles zombavam uns dos outros. Faziam piadas sobre mulheres. Metade de suas batalhas estava relacionada às mulheres. Os vilarejos frequentemente lutavam por causa delas e o combate estava parcialmente relacionado à obtenção de seus favores. Embora um estrangeiro tivesse dificuldades para ver até mesmo a foz dos pequenos regatos, eles notavam tudo. Em uma geografia infinita de mesmice verde e sem estações, nem mesmo uma divisão entre chuvosa e seca, eles sabiam quais palmeiras-sagu pertenciam a quem e onde o território Otsjanep, por exemplo, fazia fronteira com o território Omadesep.

Possuíam uma rica tradição oral, que haviam aprendido ainda meninos no colo de seus pais, no comprido e enfumaçado *jeu*. Como caçadores-coletores daquele mundo sem estações, não conheciam o tempo. Às vezes remavam e cantavam durante toda a noite, dormindo pela maior parte do dia, e às vezes iam dormir com o crepúsculo. Conduziam suas canoas de acordo com as marés. Pakai mencionou o vilarejo de Biwar Laut, e o grupo se lembrou de quando Biwar roubara duas mulheres de Otsjanep e eles haviam matado homens em revide, "eles" significando seus pais, irmãos, cunhados e tios. Isso ocorrera trinta anos antes, mas poderia ter sido ontem. Na foz do rio Jawor, um corte quase imperceptível na praia lodosa, estremeceram um pouco, pois o Jawor era um lugar poderoso e repleto de espíritos.

E todos eles conheciam alguma versão da história de Desoipitsj e Biwiripitsj, os primeiros irmãos do mundo, que haviam ensinado como caçar cabeças, destrinchar um homem e usar a carne e o crânio para transformar meninos em homens e manter a vida fluindo. Suas origens são desconhecidas, tanto como mito de criação asmat quanto como explicação fácil para as origens do próprio canibalismo — um assunto complexo que frequentemente provoca intensos debates entre antropólogos. Por que algumas culturas praticam algo que outras veem como um dos tabus mais fundamentais da sociedade humana? Causa e efeito, ovo e galinha, podem ser difíceis de estabelecer, mas em Asmat, ao menos, a comida — especialmente comida rica em gordura e proteína — nunca fora abundante ou regular. Com exceção do crocodilo, não havia grandes animais para comer ou caçar — mesmo os porcos selvagens não eram nativos da Nova Guiné. Não havia plantações e nenhum lugar para ir: quando os primeiros humanos chegaram à ilha, 40 mil anos antes, foi o fim da linha para eles. Os asmats competiam ferozmente uns com os outros, vilarejo contra vilarejo, por acesso às palmeiras-sagu e às áreas de pesca. O

COLHEITA SELVAGEM

antropólogo David Eyde acreditava que todos os conflitos asmats resultaram dessa luta existencial.[4] Em um estudo sobre o canibalismo em cem culturas tradicionais,[5] a antropóloga Peggy Reeves Sanday descobriu que o "estresse ecológico" estava presente em 91% das que praticavam algum tipo de antropofagia. Mesmo em seu auge, a taxa de assassinatos em Asmat dificilmente era alta o bastante para fornecer quantidades significativas de nutrientes para a população como um todo, mas poderia ser importante para os líderes guerreiros e suas famílias. Os humanos criam mitos e histórias para explicar e dar significado a suas vidas e, durante milhares de anos, os asmats criaram histórias e rituais que transcendem a nutrição básica e a alimentação e fornecem tanto gênese quanto justificativa para suas ações. Nos anos 1950, o canibalismo asmat era visto como produto colateral da caça de cabeças e seus rituais sagrados, e não como objetivo primário.

Ligada ao canibalismo, havia toda uma consciência, um mundo de opostos, e a história de Desoipitsj e Biwiripitsj revela a íntima ligação entre vítima e perpetrador, o Eu e o Outro, em Asmat. Registrada pelo padre holandês Gerard Zegwaard nos anos 1950, ela é *o* relato detalhado dos rituais associados à caça de cabeças e ao canibalismo. A história alimentou minhas visões da morte de Michael, pois, se ele tivesse sido assassinato, teria sido por conta da obediência estrita a esse roteiro.

Desoipitsj era velho e incapaz de caçar, e Biwiripitsj tinha de fazer todo o trabalho.[6] Um dia, o garoto abateu um porco selvagem. Ele decepou a cabeça e enfiou uma adaga de osso de casuar na garganta, prendendo a cabeça ao chão.

— Isso é só uma cabeça de porco — disse Desoipitsj. — Por que não trocá-la por uma cabeça humana? Isso sim valeria a pena.

Biwiripitsj não pensava assim e, de qualquer modo, onde conseguiria uma cabeça humana?

Desoipitsj estava obcecado com a ideia e insistiu:

— Você pode ficar com a minha.

Após muita persuasão, convenceu Biwiripitsj a matá-lo com uma lança, cortar sua garganta com uma faca de bambu e pressionar a cabeça para a frente até que as vértebras se partissem. Mesmo enquanto Biwiripitsj removia sua cabeça, Desoipitsj continuou a falar, descrevendo a técnica correta para destrinchar humanos e iniciar meninos na masculinidade, fornecendo instruções que tinham de ser seguidas ao pé da letra. Tempo e espaço são semoventes na história, pois ela também é um guia, um conjunto de instruções sobre como os homens e mulheres asmats deveriam agir no futuro, embora ainda não houvesse outras pessoas no mundo.

Quando voltou com os homens de uma caçada bem-sucedida, Biwiripitsj tocou sua trompa de bambu para anunciar seu retorno triunfante.

— Como vocês se saíram? — perguntaram as mulheres nas margens. — O que conseguiram?

— Eu, Biwiripitsj, estive no rio das Ilhas esta noite. Matei um homem, um grande homem. A carne está na canoa.

— Como ele se chama? — perguntaram as mulheres.

— Seu nome é Desoipitsj.

As mulheres deram vivas, dançaram, pularam e ululuaram enquanto os guerreiros remavam rapidamente em direção à terra.

Uma vez no *jeu*, Biwiripitsj teve de se sentar no chão, com a cabeça baixa em posição de vergonha. Então recebeu o nome da vítima, seu irmão mais velho Desoipitsj — o *nao juus* ou nome da decapitação. Mais tarde, tendo se tornado o homem que matara, ele poderia ser recebido pela família da vítima como se fosse ela própria.

O irmão mais velho de sua mãe segurou a cabeça sobre o fogo, o tempo suficiente para chamuscar o cabelo. Misturado com o sangue coletado da decapitação da vítima, o fluído foi esfregado na cabeça, nos ombros e no corpo do iniciado, cimentando a identidade entre ele e sua vítima.

COLHEITA SELVAGEM

O garoto, agora chamado Desoipitsj, disse-lhes para pintar seu corpo com ocre vermelho, cinzas molhadas e giz. Seu cabelo foi alongado com fibras da folha da palmeira-sagu e um pedaço de madrepérola foi pendurado em sua testa. Na parte de trás da cabeça foram colocados dois pendões de penas negras de casuar e um osso de porco entalhado foi atravessado em seu nariz. Seus braços, pulsos, panturrilhas e tornozelos foram adornados com cintos de fios estreitos de vime e, em um deles, foi encaixada uma adaga feita com o osso da coxa de um casuar. Mais tarde, quando tivesse se tornado homem e matado outros homens, a adaga poderia ser entalhada do fêmur de um humano ou da mandíbula de um crocodilo. De seu abdome pendia um búzio, em torno de seus quadris um avental de folhas de palmeira-sagu e, de suas costas, um prato de bambu. Estava vestido como um homem.

Então Desoipitsj disse aos tios maternos o que fazer com a cabeça decapitada. Eles estavam equilibrando o mundo, tornando-se o Outro.

O crânio foi pintado com cinzas, ocre e giz, e decorado com borlas de penas de casuar e contas. O nariz foi preenchido com resina e uma rede foi estendida por toda a cabeça, a fim de facilitar a fixação dos ornamentos. A cabeça decorada foi colocada entre as pernas abertas do iniciado. Essa cabeça, o fruto do homem, nutriria seus genitais, assim como o fruto nutre a árvore, criando novas árvores que são comidas pelo homem. A cabeça permaneceria por dois ou três dias entre as pernas do iniciado e ele teria de encará-la durante todo o tempo.

Após alguns dias, Desoipitsj deu aos asmats instruções para se enfeitarem e pintarem as canoas com listras de giz e ocre. Então todo mundo embarcou nelas. O menino sendo iniciado subiu na canoa de seus familiares, tendo o crânio a sua frente. Enquanto eles cantavam e remavam em direção ao mar — para oeste, onde o sol se punha e os ancestrais viviam —, ele se arqueou sobre um galho, agindo como um velho exausto. Quanto mais avançavam para oeste, mais fraco e velho ele ficava, até que teve de se apoiar no ombro de um tio. Finalmente, estava tão velho que morreu e caiu no fundo da canoa.

Um dos tios de sua mãe o mergulhou no mar, juntamente com o crânio. Ao ser retirado da água, seus ornamentos foram removidos e colocados em uma esteira mágica. Ele renascera, o filho de uma mulher nascido novamente como homem, dessa vez dos homens.

Enquanto cantavam, os homens na canoa que levava o iniciado deram a volta, virando em direção à terra, para leste, onde o sol nascia e a terra pertencia aos vivos. Primeiro o jovem agiu como recém-nascido, e então como criança que não sabia nada, nem o nome dos rios e das árvores. Gradualmente, ele aprendeu e, em cada afluente, seu nome era anunciado e ele respondia com a trompa de bambu. Retornando ao vilarejo, passou a noite com a família e foi mais uma vez enfeitado da cabeça aos pés. Após descansar um pouco, a família recolheu sagu na selva. Houve mais dança e moenda de sagu e o crânio foi pendurado no centro da casa dos homens. Finalmente, o iniciado saiu do *jeu*, carregando a esteira mágica sob o braço e o crânio ricamente adornado na mão. Os homens levavam escudos, que balançavam para cima e para baixo enquanto cantavam. Dançaram novamente e, dessa vez, o iniciado se juntou aos homens, sacudindo o crânio. As músicas que haviam sido cantadas durante a preparação da cabeça e a moenda do sagu foram repetidas.

E, mais uma vez, o crânio de Desoipitsj ordenou enfaticamente que, no futuro, eles seguissem suas instruções.

De muitos modos, o mundo asmat na época do primeiro contato europeu era invertido, uma imagem especular de cada tabu do Ocidente. Em regiões de Asmat, homens faziam sexo uns com os outros.[7] Ocasionalmente, partilhavam as esposas uns dos outros. Em rituais de vinculação, às vezes bebiam a urina uns dos outros.[8] Podiam realizar atos de profunda intimidade e submissão: certa vez, todos os homens do vilarejo de Tambor sugaram o pênis do chefe de Basim.[9] Matavam seus vizinhos, caçavam cabeças humanas, comiam carne humana e não havia nada de estranho a esse respeito para Pip e seus

COLHEITA SELVAGEM

irmãos. Foi da palavra latina para "floresta", *silva*, que retiramos a palavra "selvagem", e os homens asmats de Otsjanep remando pelo Arafura naquele dia poderiam muito bem ser personagens de alguma fantasia europeia medieval: homens que, nas palavras do historiador Kirkpatrick Sale, viviam nas florestas cheias de "monstros e criaturas infernais que sequestravam mulheres e devoravam crianças; de raças inteiras de amaldiçoados semi-humanos que eram animalescos e selvagens [...] uma grande e poderosa figura peluda, carregando uma clava de madeira, com os intumescidos genitais expostos, vestida com fiapos de folhas rançosas, muda e consequentemente irracional, possuidora dos segredos da natureza, escrava dos desejos naturais e das paixões incontroláveis, sempre se esgueirando lá fora, na escuridão arbórea — e também nos escuros e reprimidos cantos do desejo, da ansiedade e do medo humanos".[10]

Todavia, Pip e seus colegas de *jeu* não eram selvagens,[11] mas homens complexos e biologicamente modernos, com toda a habilidade manual e o poder cerebral necessários para pilotar um 747 e uma linguagem tão complexa que possuía dezessete tempos verbais. Toda sua experiência e todo seu mundo estavam ali, naquele universo constituído de árvore, oceano, rio e pântano, isolado de outros recursos, outros homens, outras ideias e outras tecnologias. Eram puramente caçadores-coletores de subsistência. Não tinham plantações e nenhuma fonte de alimento que durasse mais que alguns dias. A caça de cabeças e o canibalismo eram tão corretos para eles quanto comungar ou se ajoelhar em um tapete voltado para Meca. Não havia Empire State Building, América ou Shakespeare; bombas atômicas, foguetes, carros ou rádios; Jesus Cristo ou telefones. Eles possuíam outros símbolos, outras coisas que ordenavam seu mundo e seu lugar dentro dele. Sabiam que um pôr do sol vermelho significava que uma grande caçada de cabeças estava ocorrendo em algum lugar.[12] Que a lua mudava constantemente de forma porque estava irritada com o sol, que por sua vez recuava todas as noites para o submundo, a terra sob o mar. Que descendiam das árvores, porque tanto árvores quanto homens possuem pés, pernas, braços e um fruto no topo. Um homem era uma árvore, e uma árvore era um homem. Que eram como o morcego frugívoro, o cuscus e a cacatua-rei, pois todos caçavam e comiam a mesma coisa: frutos, de árvores ou homens. Que eram como o javali selvagem e o crocodilo, pois javalis e crocodilos matavam homens e comiam sua carne, assim como eles. E que eram como o louva-a-deus, pois o louva-a-deus também comia cabeças — no próprio ato de se reconstituir.

Sabiam que um homem que tomou muitas cabeças era poderoso, admirado por outros homens e desejado pelas mulheres. Conheciam cada maré e riacho e sabiam onde encontrar peixes e camarões e como caçar casuares e porcos selvagens com seus cães. Sabiam como fazer canoas e construir uma casa em poucas horas, com o que quer que estivesse à mão. E como entalhar a madeira e instilar vida em um pedaço inanimado de árvore, em uma linguagem de formas e símbolos que todo homem e mulher nos pântanos conseguia ler. Fora assim, afinal, que haviam surgido:[13] o primeiro homem entalhara homens na madeira e, com um tambor, os trouxera à vida. O tambor, a lança, a canoa, o escudo, a estaca *bisj* e as canções eram sua literatura.

— *Há um pássaro sobre o mar* — cantavam os homens de Otsjanep, estalando os remos nas laterais da canoa.[14]

> *E está me observando*
> *Pois estou aqui neste barco.*
> *Não empurre um vento forte em minha direção*
> *Até que eu retorne.*

A água borrifava as amuradas. O litoral era uma linha a sua esquerda — nada havia além de oceano, céu e verde. Eles se dirigiam ao vilarejo de Wagin,[15] no rio Digul, a 112 quilômetros de distância pela costa Casuarina. Para os asmats, era uma longa jornada que faria com que passassem por meia dúzia de vilarejos, todos hostis.

COLHEITA SELVAGEM

Os guerreiros de Otsjanep ainda não sabiam, mas haviam sido atraídos para uma armadilha.[16] As trapaças eram comuns em Asmat. O inimigo tinha de ser ludibriado para ser derrotado, e os espíritos tinham de ser ludibriados para serem enviados de volta a Safan, tudo para manter o equilíbrio tão essencial à vida. Otsjanep e Omadesep eram inimigos. Eles se emboscavam e se matavam há anos, e Otsjanep frequentemente era a vítima. Mas também eram vizinhos e intimamente conectados pela morte e pelo casamento.

Faniptas, por exemplo, mestre entalhador e líder de um dos *jeus* de Omadesep, possuía ligações familiares com três homens de Otsjanep. Ele era alto e tinha longas faixas de folhas de sagu trançadas no cabelo e um osso de porco entalhado atravessado no nariz. Alguns dias antes, remara pelo rio Faretsj, que na maré alta chegava a pântanos navegáveis e, ao se conectar ao rio Ewta, levava até Otsjanep, em uma viagem de duas horas.

— Olá, irmãos e irmãs — dissera ele aos homens do vilarejo. — Não me ataquem. Venham para Wagin comigo.[17]

Alguns anos antes, um contingente de famílias de Omadesep se mudara para lá.

— Há muitos dentes de cão em Wagin. Iremos até lá e ficaremos ricos.[18]

Na selva perto de Wagin, em um afluente do Digul, havia um redemoinho, e todo asmat sabia que redemoinhos eram entradas para o submundo e locais de encontro dos espíritos. Aquele portal em particular tinha um guardião,[19] um cão, e produzia *jursis* — dentes caninos. Não havia dinheiro em Asmat, e colares de dentes caninos pendurados juntos como cartucheiras tinham poder simbólico e grande valor: eram a moeda favorita na hora de se comprar uma noiva. Mas, a fim de produzir os dentes, o redemoinho exigia oferendas de crânios frescos enrolados em folhas de bananeira. Onde os homens de Omadesep conseguiriam esses crânios? Faniptas e seus companheiros do *jeu* Desep elaboraram um plano:[20] convencer

51

alguns homens de Otsjanep a acompanhá-los, matá-los e entregar suas cabeças para o redemoinho.

Não seria assim tão fácil. Um massacre mútuo estava prestes a ocorrer, o primeiro em uma série de eventos interligados que levariam à morte de Michael Rockefeller. E Pip, Dombai, Su, Kokai, Wawar e Pakai estavam remando diretamente para ele.

6.

FEVEREIRO DE 2012

Os motores do Twin Otter da Tregana Airways zuniam. Eu estava com o cinto de segurança afivelado, em um banco na primeira fila, com tão pouco espaço para as pernas que meus joelhos estavam pressionados contra o peito. O avião era velho e o piso era apenas uma lâmina de madeira compensada. Dez mil pés abaixo de nós, havia um tapete verde entremeado por tantos rios que parecia uma área de treinamento para operadores de escavadeira enlouquecidos. Os motores desaceleraram, nós perdemos alguma atitude e o avião se inclinou abruptamente para a esquerda quando uma faixa se abriu na selva abaixo: algumas casas, tetos corrugados e uma pista de relva e terra coberta com placas de alumínio da Segunda Guerra Mundial. O avião se inclinou novamente, voou baixo sobre o rio e tocou a pista. A porta traseira se abriu e o calor e a umidade invadiram a cabine. Eu mal descera os dois degraus da escada quando o Otter acelerou novamente e decolou, deixando-me sozinho em Asmat.

Eu havia levado nove dias e uma vida inteira para chegar lá.

Não sei bem quando minha obsessão pelo primitivo, como se costumava dizer, começou. Por mais clichê que possa parecer, eu tinha vívidas lembranças de assistir aos filmes em preto e branco do Tarzan em nossa velha televisão Philco. Eram algumas de minhas recordações mais antigas: eu não poderia ter mais que 4 ou 5 anos na época. Selva fechada. Tambores. Rugidos. Fogueiras. Conforme eu crescia, os temas emergiam. Eu não conseguia me subsumir a uma consciência grupal: sempre ficava de fora — ou assim me parecia. Era perseguido. Vivia brigando. No quinto ano, descobri o caratê, ensinado por um estrangeiro, em uma modalidade tradicional que era penosa e repleta de infinitas repetições, de contato físico e de brutalidade. Adorei. Eu, o garoto mirrado, o garoto que não conseguia pegar a bola, podia dar chutes no ar até que todos à minha volta tivessem desistido pelo cansaço; e agora aguentava ser atingido e suportar a dor até estar coberto de hematomas pretos, azuis e verdes e meu nariz estar inchado e sangrando. Não demorou muito para que os caras grandes e maus ficassem de joelhos.

Eu lia muito. Durante horas e horas em redes e balanços de verão e até tarde da noite. Amava a ideia de mundos e universos alternativos. Em certo momento, assisti ao épico de David Lean, *Lawrence da Arábia*, sendo jovem demais para compreender a sutileza das batalhas internas de T. E. Lawrence, mas velho o suficiente para pressenti-las e reconhecer um colega outsider.

As fantasias deram lugar às narrativas de aventuras reais. Li o verdadeiro Lawrence, *Os sete pilares da sabedoria*. Li *Arabian Sands* [Areias da Arábia], de Wilfred Thesiger, sobre suas penosas viagens com os beduínos pelo deserto Rub' al-Khali. Li os grandes clássicos de navegação, todos de homens solitários: Joshua Slocum e Francis Chichester, que, passando pelo cabo Horn ao circum-navegar a Terra sozinho,[1] ouviu um ruído, subiu ao convés e viu um avião sobrevoando o barco, no intuito de conferir seu progresso e desejar boa sorte. Em vez de uma momentânea sensação de companheirismo, sentiu apenas irritação pela interrupção de sua solidão. Ou Bernard Moitessier, que teria vencido o Globo de Ouro do *Sunday Times*, a primeira prova de navegação solitária em torno do mundo, se não tivesse ultrapassado a linha de chegada e continuado a velejar. Ele não suportara a ideia de parar e percorrera metade do mundo novamente, até o Taiti, antes de finalmente se dirigir para a costa.

COLHEITA SELVAGEM

Após a faculdade, comecei a viajar. Lembro-me de sair do aeroporto do Cairo e sentir um cheiro que nunca sentira antes, doce e pungente. Fumaça. Poeira. Um traço de frutas podres e canos de escape. Uma escuridão parcamente iluminada por lâmpadas muito débeis e muito esparsas. Um ônibus sem vidro nas janelas, enferrujado, amassado, com o motor tossindo e cuspindo fumaça cinzenta, e um homem charmoso e persuasivo, de dentes estragados, insistindo que o hotel para o qual eu e minha namorada nos dirigíamos estava fechado. Acabamos em uma amigável espelunca na praça Tahrir e jamais amei um lugar tanto quanto amei o Egito. Deixei o medo para trás. Em Luxor, passamos horas na margem do Nilo, negociando com o capitão de uma faluca para conseguir não as três horas normais de passeio, mas sim uma viagem de cinco dias até Assuã, bela e repleta de refeições com tomates e peixes do Nilo e estranhos fogos de artifício queimando na popa dos barcos durante a noite.

Depois do Egito, quis mergulhar no mundo, mas não nas partes normais, e sim nas frestas e cantos empoeirados. A América me parecia plastificada. Controlada. Eu queria os tambores, os uivos e as fogueiras dos filmes do Tarzan. O medo e a solidão dos navegantes de longas distâncias. A paixão e o fausto dos beduínos de Thesiger e Lawrence. Sudão. Congo. Índia. Afeganistão. Ártico. Sibéria. Bangladesh, Mali e Indonésia. Durante duas décadas, percorri o mundo. Eu gostava de sabores intensos. E isso significava os intensos sentimentos e emoções da nossa humanidade: amor, ódio, violência, dor e sofrimento, físico e emocional. Eu gostava da ideia de remover as camadas de todas as coisas que imaginava nos civilizarem. E, como outsider, frequentemente me sentia menos alienado naqueles distantes lugares aos quais ninguém esperava que eu pertencesse, aos quais era óbvio que eu não pertencia e provavelmente jamais poderia pertencer.

Tudo isso me conduziu à ideia de que sociedades tribais tradicionais, vivendo na selva, poderiam me mostrar a raiz de algo. De quem somos. Os antropólogos modernos há muito abandonaram a concepção de que existe algum caminho constante e linear do primitivo ao civilizado e agora desconsideram até mesmo a noção de que culturas modernas e tecnicamente avançadas sejam mais "civilizadas" que sociedades como as dos asmats, com todas as suas complexidades. O museu de Nelson Rockefeller, ao trazer a arte de tribos iletradas e isoladas ao mesmo nível de qualquer coisa produzida pelos excessivamente educados ocidentais, foi um passo nessa direção. Mas sonhos infantis custam a morrer. Primitiva, tribal, chame do que quiser: eu desejava ver uma humanidade anterior à Bíblia, ao Corão, à culpa e à vergonha cristãs, anterior às roupas e aos talheres. De fato, um mundo como o descrito por Kirkpatrick Sale, habitado por selvagens medievais, homens possuidores dos segredos da natureza, um lugar onde os desejos naturais ainda reinassem. Um mundo no qual um garoto vestido de lobo pudesse dançar com criaturas que rangiam seus terríveis dentes e davam seus terríveis rugidos.

Pelo caminho, descobri o livro de Tobias Schneebaum sobre os asmats. Vivendo em um dos lugares mais remotos do mundo, longe de qualquer coisa moderna, eles mantiveram viva minha ingênua e possivelmente idealizada esperança de encontrar esse mundo puro e sem filtros. Schneebaum rolara na lama com eles, viajara em suas canoas e dormira com seus homens. Eu não era homossexual, mas todo o restante de sua experiência ressoava em mim, e foi através dele que ouvi a história de Michael Rockefeller pela primeira vez.

E agora, finalmente, eu estava lá.

Eu passara meses profundamente mergulhado na história de Asmat, imerso em documentos dos missionários e dos arquivos coloniais holandeses. Fora um processo lento. Eu me sentara com o padre Hubertus von Peij durante uma fria noite de inverno em Tilburg, na Holanda, inclinado sobre seu mapa desenhado à mão, e passara horas em Tenerife, uma das ilhas Canárias, ouvindo Wim van de Waal, um ex-oficial de patrulha holandês que estivera em Asmat em 1961

COLHEITA SELVAGEM

e participara do caso Rockefeller. Ambos haviam fornecido nomes e datas que eu e meu pesquisador holandês pudéramos verificar. Essa trilha de documentos jamais havia sido publicada e ilustrava uma vívida narrativa que, surpreendentemente, era bastante direta. Para entender o que acontecera a Michael, contudo, eu tinha de conhecer Asmat; desvendar sua história também era algo pessoal.

Chegar até lá fora uma questão diferente. Vários websites ofereciam fotos e breves informações, mas tudo tão antigo ou vago que se revelava inútil. O Google Maps mostrava uma imensa vastidão verde. Não havia nada a fazer senão ir até lá e descobrir por mim mesmo. Eu não tinha feito reservas ou planos; possuía apenas um nome: um tal de "sr. Alex", que supostamente era dono de um hotel em Agats, falava inglês e podia facilitar a viagem.

Eu voara de Washington, DC, para Londres, Singapura e Jacarta e então embarcara em um voo noturno para Jayapura (ex-Hollandia, capital da antiga Nova Guiné holandesa), onde recebera permissão para viajar pelo interior de Papua. Michael também havia chegado por Jayapura, assim como a maioria dos administradores coloniais, e eu imaginara comungar com seus fantasmas em meio aos antigos prédios coloniais. Mas a estratégia indonésia para sufocar o movimento papuásio pela independência fora inundar o território com indonésios, o que tornou os papuásios minoria em sua própria terra. Jayapura era apenas outra grande cidade indonésia, lotada de motocicletas, carros, minivans e edifícios de concreto, e era difícil avistar um único nativo.

Eu voara até Timika, uma cidadezinha maluca, quente e cheia de poeira, onde esperava embarcar em um barco até Agats. Exceto que não havia barcos. Não havia nem mesmo um rio: o "porto" ficava a 49 quilômetros de distância. Eu fora até lá mesmo assim, com um taxista chamado Ainum, um indonésio de Makassar, e encontrara cargueiros de madeira com itinerários indeterminados e um navio que partia a cada duas semanas. Segundo Ainum, havia um avião às quintas-feiras e aos sábados, mas só um lugar para conseguir a passagem: o aeroporto. Timika era o lar da mina Grasberg, a maior mina de cobre e terceira maior mina de ouro do mundo, operada pela subsidiária de uma companhia americana, a Freeport-McMoRan. O terminal internacional era novinho em folha, moderno, brilhante e perfumado, com ousadas declarações de compromisso ambiental da Freeport em cada parede e relógios que mostravam o horário local em Jacarta, Londres e Nova Orleans. O terminal doméstico, do outro lado do estacionamento, era um barracão, com o piso de concreto coberto de sementes alaranjadas de bétele, pontas de cigarro, canudos de plástico, copinhos vazios de iogurte e embalagens rasgadas. O banheiro tinha vazamentos. Mas, ao menos, havia papuásios. Homens e mulheres negros e baixos, com camisetas esfarrapadas e pés descalços e calosos, exalando odores de seus corpos.

O voo de quinta-feira estava lotado. Ainum me disse para não me preocupar: ele tinha um amigo no aeroporto e conseguiria uma passagem. O que fez, chegando ao meu hotel com um bilhete em nome de outra pessoa. Custou-me o dobro do valor nominal.

De volta ao terminal quatro dias depois, encontrei o mesmo caos e as mesmas multidões. Temperatura em torno dos 37 graus. Dois papagaios vermelhos e verdes amarrados um ao outro e empoleirados em um banco. As mulheres tinham pequenos pontos negros tatuados no rosto e os homens usavam barba, mas nenhum deles era asmat, como percebi depois. Ninguém tinha a menor ideia de onde estava o avião, muito menos de quando chegaria. Sentamos para esperar. Eu me sentia fraco e febril e tinha cólicas estomacais. Três horas depois, o avião apareceu. Fizemos fila, nos espremmos na cabine e, quarenta minutos depois, chegamos a Asmat.

Pousamos no vilarejo de Ewer, o único lugar em milhares de quilômetros quadrados com solo seco suficiente para aterrissar um avião. Coloquei a mochila no ombro e segui os outros passageiros por um instável passadiço em direção ao rio, passando por algumas casas.

COLHEITA SELVAGEM

Vi um grande e comprido *jeu*, uma casa dos homens. Eles estavam agachados na varanda. Eu não conseguia processar: tudo aquilo poderiam ser fotografias em um livro. No fim do dilacerado píer de concreto, com vergalhões aparentes aqui e ali, estavam amarradas lanchas de fibra de vidro de cores vibrantes, vermelhas, amarelas e verdes. Entreguei minha mochila a um homem indonésio, embarquei no minúsculo barco e partimos com três outras pessoas, todas indonésias.

Eu não sabia para onde estava indo nem quanto tempo levaria para chegar lá. Percorremos um rio de 400 metros de largura, com selva densa de ambos os lados e as outras lanchas atrás de nós. O rio se alargou ainda mais: estávamos perto do mar, o grande e vasto Arafura, e um escaler na direção contrária passou por nós, com os passageiros agitando as mãos em um frenético movimento para cima e para baixo, apontando. A mensagem rapidamente ficou clara ao chegarmos à foz — havia um turbilhão de ondas, redemoinhos e correntes à frente. O capitão desacelerou, mas mesmo assim fomos atingidos pelos borrifos. Ele navegou até a margem oposta, atravessando a turbulência, e viramos à esquerda no rio Asawets. Quinze minutos depois, chegamos a Agats.

Parecia o fim do mundo que conhecemos. Quase dois quilômetros de docas instáveis e palhoças sobre estacas, suspensas sobre garrafas de plástico, embalagens de macarrão e pacotes de cigarros de cravo flutuando na água. Dezenas de crianças, magras e nuas, pulavam no rio turbulento e marrom. Uma rampa de madeira aos pedaços chegava até a água. Um homem descalço agarrou minha mala. Eu o segui cegamente e, alguns minutos depois, chegamos ao Hotel Pada Elo: quatro quartos de madeira compensada, sem janelas, em torno de um pátio de barris de petróleo cheios de água da chuva e roupas penduradas no varal. Uma jovem vestindo jeans me levou até meu quarto — duas camas de solteiro e um buraco no chão, sobre o rio, servindo como banheiro. Sem água corrente. Sem eletricidade. Uma cacatua se empoleirava na borda de um barril, encarando-me com olhos negros e líquidos.

— Estou procurando o sr. Alex — disse.

Ela meneou a cabeça e deu de ombros. Não falava inglês.

Então os céus se abriram e eu desabei. A chuva caiu, muito mais intensa do que eu julgava possível, e minha febre chegou às alturas. O quarto era escuro e sufocantemente quente. Um exército de formigas desfilava para cima e para baixo nos pés da cama e a água pingava do teto, formando um pequeno rio no piso. Durante dois dias, o temporal castigou o teto corrugado enquanto eu tossia e me revirava na cama. O que estava fazendo ali? O que estava buscando? Como exploraria o lugar, se sequer conhecia a língua?

Então acordei para uma cacofonia de galos e uma luminosidade intensa que penetrava as frestas na porta, nas paredes e no teto. Refresquei-me com a água de um balde e fui para fora. O vapor emanava dos musgosos e precários passadiços de madeira sobre o onipresente tapete de milhares e milhares de garrafas plásticas vazias. Havia barcos por toda parte — canoas, escaleres e lanchas coloridas —, lotando os córregos e riachos. Agats tinha 7 mil habitantes, mas nem uma única rua ou carro. Ao longo da margem, lojas se alinhavam sobre os passadiços, lotados de comerciantes javaneses, bugineses, torajas, indonésios e oportunistas de todo o arquipélago. A praça e o campo de futebol eram feitos de pranchas de madeira sobre o humo. Era a fronteira da república em crescimento, o país nativo da Indonésia, um destino manifesto tão poderoso quanto fora nos Estados Unidos cem anos antes. Quando Michael Rockefeller chegara a Agats, ela era o centro administrativo holandês, com um punhado de padres e freiras holandeses e oficiais coloniais, perto do vilarejo asmat de Sjuru. Ele fora hóspede do governo holandês. Agora não havia nenhum outro rosto ocidental à vista e Agats crescia dia após dia, com Jacarta despejando dinheiro na região e pagando aos funcionários públicos seis vezes mais do que receberiam em Java.

COLHEITA SELVAGEM

O mercado, contudo, estava cheio de asmats. Homens negros de peitos largos e mulheres esguias e de cabelo curto vendiam moluscos e caranguejos enrolados em folhas de palmeira, cordões de tubarões de 60 centímetros, arraias e peixes-gato lutando por ar e pedaços de uma estranha substância branca, o cerne da palmeira-sagu, o alimento mais importante dos asmats. Eu estava me aproximando: o puro mundo asmat estava em algum lugar lá fora.

Após uma hora vagueando, descobri outro hotel. Este tinha quartos com banheiro, lençóis, janelas dando para um pátio de lama negra e, o melhor de tudo, um recepcionista que falava um pouquinho de inglês. Quando pedi um guia, ele sacou o celular, fez uma chamada e, alguns minutos depois, surgiu Harun.

Ele era asmat, inescrutável e quieto. Falava em um sussurro, com os olhos baixos e o braço esquerdo em um gesso sujo.

— Sou guia — apresentou-se. — Muitos turistas vêm para Asmat.

— Quantos? — perguntei.

— Talvez uns quatro neste ano — respondeu ele.

Eu disse que queria conseguir um barco e explorar os rios e vilarejos da região, mas não mencionei Rockefeller, embora tivesse um plano: fazer um reconhecimento geral e então rumar para o sul, passando pelos vilarejos que visitara e que haviam sido proeminentes em sua história, terminando em Omadesep e Otsjanep.

Peguei o mapa da rota de Michael durante suas duas viagens e mostrei a Harun.

— Uma semana ou duas, não tenho certeza — disse eu. — Quero apenas explorar um pouco.

Harun concordou com a cabeça:

— Posso levá-lo a qualquer lugar.

Discutimos os preços. Ele disse que seu braço doía, pois caíra do passadiço durante a escuridão da noite. Ele iria ao hospital e retornaria em algumas horas.

O que fez com dois outros homens, Amates e Wilem.

— O médico disse que não posso viajar por causa do meu braço, mas meus amigos irão levá-lo.

Amates parecia tenso, com uma postura rígida. Suava em bicas, com as pernas perdidas dentro de largas calças plissadas, e sua boca parecia uma caverna escura e feia. Tinha um carbúnculo infeccionado no pescoço e não parava de tocá-lo. E então havia o dedo amputado, com o toco ainda inchado. Wilem era o oposto. Gordo para um asmat, usando chinelos de dedo, short de ginástica e uma camiseta de listras vermelhas e brancas, tinha um certo ar altivo. O inglês de Amates era lento e laborioso:

— Sou de Biwar Laut — disse ele. — Frequentei a universidade. Dou aulas de inglês. Esse é Wilem, ele pilota barcos.

Barganhamos mais um pouco, decidimos um valor e estava feito. Eles forneceriam comida, combustível, tudo.

Nós nos afastamos das docas um pouco depois das 6 horas, na manhã seguinte, em um escaler estreito de 9 metros impulsionado por um motor Johnson de 15 cavalos. O ar ainda estava parado na embocadura de 800 metros do rio Asawets. Havia cinco pessoas a bordo: eu, Amates e seu irmão Filo, Wilem e seu assistente Manu. Carregávamos 200 litros de combustível, uma pilha de arroz e macarrão instantâneo, água e tabaco e cigarros de cravo suficientes para causar câncer em toda Asmat: uma carga de centenas de dólares. Seguimos pela margem esquerda, passamos por Sjuru, o vilarejo asmat original perto do qual Agats fora construída (agora repleta de lixo, palhoças e fumaça), e viramos à esquerda, entrando no rio Famborep.

Em um segundo, estávamos cercados por barcos, grandes comerciantes litorâneos e todos os cheiros e ruídos de Agats e Sjuru; no seguinte, tudo era silêncio, água e verde. O Famborep nem chegava a ter 6 metros de largura, um mundo alagado de videiras, epífitas dependuradas e manguezais musgosos. A água escura refletia as árvores e o céu acima, enquanto faixas de sol atravessavam a folhagem, com o rio inundando a terra até onde era possível enxergar. Os pássaros chamavam. Tudo era belo e etéreo, remoto. Não havia lixo ou nada feito pelo homem — parecia o mesmo que fora no início dos tempos.

Amates apontou para um monte de folhas dignas de uma história do dr. Seuss.

— Uma árvore de sagu — disse ele. — Dormi ali certa vez. Estava vindo de Biwar e voltando para a escola em Agats.

Ele tinha 32 anos e seis filhos, sendo esperto o bastante para ter sido enviado para um colégio católico em Agats e uma universidade em Bali. Mas não tinha emprego nem dinheiro e, mesmo com Biwar Laut estando a apenas algumas horas de lancha rio abaixo, não ia para casa havia cinco anos. Era longe e caro demais.

Entramos no rio Banduw:

— É um lugar de crocodilos.

Ziguezagueamos, chegamos ao rio Jet e viramos para o norte. O rio se alargou e as coisas começaram a fazer sentido: por que havia pessoas ali e por que os poucos ocidentais que chegaram tão longe haviam se apaixonado tão completamente pelo lugar. Asmat era etérea. Deslumbrante. Um estranho e fecundo universo profundamente afastado das garras do mundo. A mata era cerrada, mas os rios eram como rodovias e evitavam que ela parecesse nauseante, opressiva. Era um Éden inundado, cheio de pássaros, peixes, água fresca e um céu gigantesco e sempre em movimento. Passamos por vilarejos cujo cheiro era possível sentir antes de chegarmos a eles, cheios de fumaça, risos infantis e canoas descansando nas margens enlameadas. Outras canoas eram conduzidas por remadores em pé, com fumaça saindo dos carvões na popa.

Quatro horas depois, chegamos a Atsj, um dos maiores e mais desenvolvidos vilarejos depois de Agats. No caminho havia brisa constante, mas o sol nos castigou assim que paramos, amarramos o escaler às estacas e entramos na casa de madeira sem pintura que pertencia à irmã de Amates. A varanda da frente estava cheia de homens e mulheres de camiseta e bermuda. Uma mulher magra e de cabelo curto correu para fora.

— Ah, ah, ah! — gritou ela, agarrando Amates pelo cotovelo, pelo braço, abraçando e apertando, movendo-se para frente e para trás, soluçando e esfregando o rosto coberto de lágrimas nos braços e bochechas dele, em uma dramática explosão de emoção que terminou tão rapidamente quanto começou, com ela simplesmente dando meia-volta e se afastando. Foi meu primeiro vislumbre do modo de ser asmat, repleto de intensos extremos emocionais e da própria consciência do *self* que está inextrincavelmente ligada ao canibalismo — embora eu ainda fosse levar muito tempo para entender isso.

A casa tinha quatro cômodos, paredes de tábuas nuas e dois sofás de veludo vermelho. O maxilar de um porco estava pendurado sobre a porta. Um arco de 3 metros e muitas flechas de bambu pendiam de um prego no canto. Bacias plásticas cheias de água da chuva lotavam a varanda traseira. Uma rede de pesca feita à mão cobria uma das paredes. Atrás dela, mais cômodos, escuros, sem janelas e enfumaçados, com um fogão de barro cheio de brasas e panelas escurecidas. Tios, primos e sobrinhos — Amates identificou cada um deles como "meu irmão", um deles sendo albino — estavam por toda parte, deitados, sentados ou acocorados no chão. Perto do fogão, uma mulher pegou punhados de sagu branco-rosáceo, pressionou-os em moldes, cobriu com folhas de bananeira e colocou no fogo. Após alguns minutos, retirou os moldes do fogo e desenformou os bolos retangulares em um prato de estanho. O sagu estava quente e tinha um gosto que lembrava nozes, mas era seco como areia e achei difícil imaginar sobreviver apenas dele. Embora vivesse em Atsj, a família de Amates era de Biwar Laut.

— Esse sagu veio da mata de Biwar Laut — disse ele. — Não de Atsj. Se fôssemos até a mata de Atsj para pegar sagu, haveria disputas, brigas. Seria muito ruim.

COLHEITA SELVAGEM

Enquanto as horas passavam e ninguém se movia, senti um inquietante deslocamento de tempo e espaço. Atsj tinha um hotel, lojas, pequenos restaurantes dirigidos por indonésios, mesquitas e uma grande doca de concreto. Estávamos em uma casa com teto de metal corrugado e aqueles incongruentes sofás de veludo. Uma TV descansava no canto, reverentemente coberta com plástico transparente. Mas o alimento principal permanecia sendo o sagu cozido no fogo, que ainda vinha de uma fonte da qual era impossível se desviar. Eu viajara por todo o mundo e sempre me sentira muito bem-vindo: geralmente sou objeto de atenção, com as pessoas curiosas e fascinadas pelo lugar de onde vim e pelas razões para eu estar em seu meio, como se eu fosse uma pequena porta de passagem para o mito dos Estados Unidos. Ali, contudo, ninguém me fazia perguntas. Eu me sentia um fantasma, uma sensação que só se intensificaria conforme penetrasse mais profundamente no território. Ninguém falava inglês, com exceção de Amates, e não havia nada a fazer, exceto ficar sentado, ouvindo e observando as pessoas suando, fumando e conversando. Eu sentia um muro que não podia atravessar e cujo outro lado não conseguia ver, com exceção de algumas poucas pistas tentadoras, e sequer sabia em que consistia esse muro ou o que havia do outro lado. Aquela não era a Asmat que Michael Rockefeller conhecera. Camadas haviam sido adicionadas, camadas de cristianismo e cultura indonésia, mas quanto havia mudado, quem eles realmente eram e o que pensavam eu não podia dizer. Pelo menos por enquanto.

Para ir ao banheiro, tive de sair por uma porta de madeira, caminhar por uma prancha de 3 metros de comprimento sobre a lama, oscilar sobre um tronco de 7 centímetros em ângulo inclinado até outra casa cheia de pessoas cozinhando e sentadas no chão, atravessar outra prancha, e então chegar à latrina de madeira, com um buraco sobre o regato.

Quando escureceu, Filo preparou arroz e macarrão instantâneo à luz de velas e os céus se abriram, despejando dramáticas rajadas de chuva que retumbaram sobre o telhado e fizeram com que uma fina névoa caísse pelos beirais. Retirei-me para o quarto principal, que havia sido destinado a mim: um cômodo sem mobília cheio de redes de pesca, um machado, um arco, muitas flechas e pinturas coloridas e hiperbólicas de Jesus. Enchi meu fino colchão inflável sob a oscilante luz das velas e me deitei, exausto.

7.
DEZEMBRO DE 1957

Enquanto os 124 homens de Otsjanep e Omadesep remavam para o sul ao longo da costa, na direção de Wagin, Pip e Faniptas sabiam que, ultimamente, pessoas estranhas vinham aparecendo, surgindo do outro lado do mar, como que por mágica. Em 1957, porém, esses seres ainda eram vagas aparições, com pouco impacto em suas vidas, e eles não pensavam nos homens brancos. Os guerreiros permaneciam perto da costa,[1] mas, ao se aproximarem de Digul, o tempo virou. Nuvens escuras e baixas cobriram o céu e o vento criou cristas de espuma no mar. Teve início uma furiosa tempestade de inverno, erguendo o Arafura em ondas baixas e encrespadas que ameaçavam inundar as canoas. A água entrava pelas bordas. Os homens já não conseguiam se equilibrar, avançar ou evitar que as ondulações atingissem as canoas. Torrentes de chuva gelada caíram das baixas nuvens cinzentas. Devido à violência da tempestade, foram obrigados a atracar no vilarejo litorâneo de Emene.[2]

Em Nova York, críticos de arte celebravam a unicidade humana, nossa comunalidade no amor, nos jogos, nas danças e em cada pôr do sol. Em Asmat, homens que em breve seriam laureados como alguns dos maiores artistas do mundo atacavam uns aos outros com espadas, machados, arcos e flechas. Sob a chuva gelada, Emene atacou os homens de Omadesep e Otsjanep. Eles lutaram frente a frente, uivando e gritando, cobertos de lama. Foi horrível, mas também glorioso, já que eram guerreiros. Morreram um homem de Omadesep e quatro de Emene,[3] e os homens de Omadesep e Otsjanep se espalharam pelo pântano.

Pela manhã, encontraram as canoas destruídas.[4] Faniptas os liderou de volta para o norte. Eles avançaram pela lama, abrindo caminho para casa, atravessando um território hostil atrás do outro. Em Baiyun, seis morreram, três de Omadesep e três de Baiyun.[5] Perto de Basim, os homens de Omadesep se voltaram contra os próprios companheiros de viagem de Otsjanep, planejando matá-los. Pip foi golpeado na barriga com um machado de aço e caiu na lama.[6] Everisus Birojipts ainda era criança, com 6 ou 7 anos de idade, e viu Pip tombar.

— Pai — disse ele, encarando o homem morto —, vi os olhos de Pip se abrirem. Talvez ele não esteja morto.[7]

— Ele está morto, sim — disse o pai de Birojipts. — Não se preocupe.[8]

Não estava.[9] Três horas depois, pressionando sua ferida, ele se levantou e abriu caminho na direção do rio Ewta e de Otsjanep, seu lar. Sozinho, movia-se mais rapidamente, ultrapassando os demais.

A foz de cada rio pertencia ao vilarejo situado corrente acima. No Ewta, Pip encontrou seus familiares e eles imediatamente remaram de volta ao vilarejo,[10] onde contou sobre a traição de Omadesep. Os guerreiros pintaram cruzes no peito e círculos em torno das pernas e braços usando ocre e cinzas pretas, adornaram a cabeça com faixas de pele de cuscus e colocaram no nariz conchas curvas que pareciam presas de javali, para dar-lhes força e poder. Queriam parecer ferozes, a fim de despertar medo no coração dos oponentes. Tornaram-se os animais que viviam na selva, comedores de frutos, comedores de homens. No *jeu*, tocaram tambor e cantaram durante toda a noite,[11] com o suor escorrendo do peito, braços e pernas, enchendo o ar com seu cheiro e lhes concedendo força e bravura adicionais. Eles dançaram, gritaram e uivaram, levando-se aos limites do destemor. Dançaram com seus arcos e flechas e com suas lanças. Eram lanças retas com rebarbas de 3 centímetros e de até seis pontas — que se quebravam na carne da presa. Logo antes do amanhecer, pegaram seus escudos de 1,80 metro, intrincadamente esculpidos com os símbolos da floresta e da caça às cabeças — morcegos frugívoros, presas de javali e

COLHEITA SELVAGEM

louva-a-deus — e encimados por um falo no formato de um homem. Carregavam cal moída (um elemento feminino que deixava os homens quentes) para jogar para cima, amedrontar os oponentes e parecer exatamente o que eram: criaturas selvagens da floresta. Duzentos homens em vinte canoas remaram silenciosamente Ewta abaixo,[12] sob a primeira luz da manhã, e esperaram na estreita foz do rio.

Que os asmats tenham permanecido intocados pelo restante do mundo por tanto tempo é notável. Uma coisa é viver nas profundezas da floresta, 1,6 mil quilômetros rio acima de um tributário do Amazonas. Mas Asmat ficava na costa, seus rios eram largos como rodovias e os europeus navegavam por lá havia séculos. Os portugueses chegaram à ilha em 1526,[13] e os espanhóis, alguns anos depois. Em 1595, os holandeses enviaram uma expedição às Molucas — 1.450 quilômetros a noroeste de Asmat —,[14] com o objetivo de assegurar o suprimento de especiarias. Em breve, fundaram a Companhia Holandesa das Índias Orientais, que passou a governar o arquipélago indonésio. Mas Nova Guiné era um imenso mistério, com o litoral quente e enevoado e um interior impenetrável, composto de montanhas escarpadas e vales, principalmente na costa sudoeste.[15] De fato, ela permaneceu fora do controle dos governos por mais tempo que qualquer outra costa não ártica do mundo. Não havia plantações. Os asmats não possuíam grandes mamíferos para domesticar ou caçar, não tinham recursos minerais e suas águas eram tão rasas e agitadas pelas marés que se tornavam difíceis de navegar. O lugar parecia indomesticável. Quando Jan Carstenz desembarcou em 1623, "os nativos atacaram sem aviso", escreveu Gavin Souter em sua história da Nova Guiné, "estraçalharam um homem, mataram oito com flechas e lanças e feriram os outros sete".[16]

O capitão James Cook parou na entrada do rio Cook — agora Kuti — em 1770 e enviou dois botes rio acima, onde seus homens encontraram canoas cheias de asmats armados com lanças, arcos e envolvidos em nuvens de fumaça branca — a cal jogada no ar —, que acharam ser pólvora. "Suas armas eram dardos ordinários de 1,20 metro, feitos de um tipo de junco e com ponta de madeira de lei. O que nos pareceu mais extraordinário foi algo que tinham e que causava um clarão de fogo ou fumaça, muito parecido com o disparo de uma pistola ou arma. A ilusão foi tão grande que as pessoas do barco realmente acharam que eles tinham armas de fogo."[17] Quando o encontro terminou,[18] vinte homens de Cook e um número desconhecido de asmats estavam mortos, então Cook não sentiu necessidade de ficar por lá ou encorajar outros a retornar.

Em 1800, o governo holandês retirou o arquipélago do controle da Companhia Holandesa das Índias Orientais e, um século depois, começou uma série de incursões pelos rios da costa sudoeste de Papua, fazendo muito pouco contato com os asmats. Em 1902, sob pressão das autoridades inglesas, cujos territórios estavam sendo invadidos por guerreiros marinds vindos da parte holandesa da ilha, os holandeses estabeleceram um posto policial em Merauke, 240 quilômetros a sudoeste de Asmat.[19] A capital colonial holandesa, Hollandia, 480 quilômetros ao norte, do outro lado das altas montanhas, ficava tão distante que poderia estar em outro planeta.

Os asmats existiam em seu próprio mundo, como se os estrangeiros fossem apenas espíritos ocasionais passando por lá. Quando a Segunda Guerra Mundial atingiu o Pacífico, grandes batalhas tiveram lugar na costa norte, culminando em amplas bases americanas em Hollandia e na ilha de Biak. Os japoneses estabeleceram brevemente um posto no que se tornaria Agats e mataram 22 homens em um único dia, mas tiveram pouca influência sobre o restante dos asmats.[20]

Após a guerra, em 1947, o padre católico holandês Gerard Zegwaard chegou a Mimika, uma região cultural e linguisticamente diferente de Asmat, em terras muito mais firmes a noroeste. Zegwaard pertencia à Ordem do Sagrado Coração, uma irmandade missionária que trabalhava no Pacífico desde o fim dos anos 1800. Os padres da ordem eram cultos, devotos e muito durões. Eles praticavam a autoflagelação, açoitando as próprias costas com um chicote cheio de nós. Além do holandês nativo, falavam latim, inglês, francês e alemão. Eram versados na filosofia de Aristóteles, Tomás de Aquino e Nietzsche. Zegwaard tinha 28 anos quando chegou, com um senso de fascinação e curiosidade típico dos antropólogos, e não demorou muito para conseguir uma barba desgrenhada e um bronzeado intenso. Ele fumava cachimbo e mergulhava totalmente na cultura asmat, participando de cerimônias e caça às cabeças, fato que nenhum homem branco jamais vira — e registrava tudo em seus diários.

Os ataques podiam ocorrer a qualquer momento, em qualquer lugar.[21] Os vilarejos se moviam constantemente, com os maiores e mais poderosos estendendo seu alcance ao destruir os vizinhos menores e se apropriar de seus campos de caça, pesca e coleta de sagu. Batalhas face a face entre guerreiros eram poucas. Quando canoas de dois vilarejos em guerra se encontravam nos rios, os homens berravam e gritavam insultos, chamando os oponentes de esposas ou mulheres. Então sacavam seus arcos, disparavam flechas para cima ou diretamente na água e jogavam punhados de cal uns nos outros. Porém, estando em números iguais, havia pouca razão para lutar.

Muito preferíveis eram as emboscadas súbitas nos vilarejos ou a captura do homem, mulher ou criança com o azar de ser pego desprevenido.[22] Vilarejos inteiros ou grupos de casas de homens pescavam e coletavam sagu juntos, de modo que ficassem protegidos. Guerreiros formavam um cordão acima e abaixo de onde o grupo trabalhava e outros acompanhavam as mulheres até a selva para colher sagu. Isso, é claro, frequentemente deixava os idosos e as crianças sozinhos, e eles também eram uma presa justa.

Mesmo entre vilarejos em guerra, algumas pessoas relacionadas por sangue ou laços familiares, como Faniptas de Omadesep, podiam transitar em segurança e eram recebidas como hóspedes.[23] Pela troca de crianças, pelo casamento ou pela tomada do nome dos que matavam, sempre havia alguma conexão que mantinha os habitantes de diferentes vilarejos capazes de viajarem e se comunicarem entre si. Mas os asmats eram oportunistas e trapaceiros e, às vezes, os visitantes eram mortos de qualquer forma durante o sono, ou recebiam presentes e eram assassinados ao partir, ou se viam atraídos para ciladas como a viagem a Wagin.

As emboscadas aos vilarejos estavam associadas a cerimônias destinadas a restituir a ordem em um mundo de opostos, incluindo a criação de elaboradas estacas de madeira escavadas em uma única árvore de manguezal que podiam chegar a 6 metros, conhecidas como *bisj*.[24] Cada estaca representava uma coluna de ancestrais empilhados uns sobre os outros e levava o nome da pessoa no topo. Canoas, cobras e crocodilos eram esculpidos na base, enquanto símbolos da caça às cabeças se estendiam por uma protuberância de 90 centímetros no topo. As estacas eram perturbadoras, vivas e, com frequência, sexualmente sugestivas.

Para os asmats, os ancestrais estão envolvidos em cada aspecto da existência.[25] As esculturas são signos memoriais para esses ancestrais e para os vivos, significando que suas mortes não foram esquecidas, que a responsabilidade de vingá-las ainda está viva e forte e que os vivos não devem ser punidos se elas ainda não foram vingadas. *Bisj* vem da palavra *mbiu*, espírito ou alma dos mortos, e a estaca *bisj*, mais que qualquer outro objeto, é uma personificação da pessoa morta, cujo espírito vive em seu interior. A estaca é um símbolo de sua presença, uma lembrança da obrigação de vingá-lo e, tendo tanto pênis quanto vagina, um símbolo de fertilidade. Morte em vida e vida em morte, opostos inextricáveis de um mundo unificado.

No oeste, fica Safan, lar dos espíritos dos ancestrais.[26] O homem nasce, vive e morre em Asmat e então entra em um nível secundário da existência terrena, uma espécie de limbo. A fim de passar por ele e chegar a Safan, precisa da ajuda dos vivos. Eles devem celebrar com festivais *bisj*, que podem durar sete meses, começando quando

COLHEITA SELVAGEM

os guerreiros atacam uma árvore do manguezal como se fosse um homem. Eles gritam e disparam flechas antes de cortar a árvore e levá-la para o vilarejo, como fariam com um homem morto em batalha. Somente um grande homem pode financiar tal processo — os entalhadores precisam ser alimentados, por exemplo, e muita comida é necessária para toda a celebração.

O término da estaca normalmente dá início a uma nova rodada de ataques. A vingança é obtida, o equilíbrio é restaurado, novas cabeças são tomadas — novas sementes para nutrir o crescimento dos jovens — e o sangue das vítimas é esfregado na estaca. No fim do banquete e da celebração *bisj*, o espírito na estaca está completo e pode retornar para ajudar os vivos. Homens e mulheres então se entregam ao sexo, e as estacas são deixadas para apodrecer nos campos de sagu, fertilizando a própria palmeira e completando o ciclo. Se nenhuma rememoração fosse feita, nenhuma celebração *bisj* tivesse lugar e nenhuma nova cabeça fosse tomada, a vida e a felicidade não poderiam fluir para a existência humana, vindas do mundo ancestral.

Em geral, os ataques ocorriam logo antes do amanhecer.[27] Após uma noite de planejamento, os atacantes se dividiam em três grupos: os líderes, que davam conselhos; os arqueiros, que iniciavam o ataque; e os lanceiros e escudeiros, que se encarregavam das mortes. De canoa, os guerreiros se aproximavam tanto quanto possível e cercavam o vilarejo. Os líderes, todos guerreiros mais velhos e eminentes, ficavam na retaguarda. Os arqueiros rastejavam para a frente, entre o vilarejo e o rio, e os lanceiros ficavam entre o vilarejo e a selva, pois todas as casas asmats possuem portas traseiras ocultas.

Um dos atacantes faria barulho.

— Quem está aí? — perguntaria alguém nas casas.

— Seu marido, Sjuru! — responderiam, usando o nome do vilarejo atacante.

Então haveria pânico. Mulheres e crianças tentariam escapar para a selva ou para as canoas. Às vezes, eram poupadas, com as mulheres sendo tomadas como esposas se houvesse redução feminina no vilarejo atacante e as crianças sendo adotadas. Assim que uma vítima se via subjugada, era empurrada e espancada, especialmente na cabeça, enquanto seu algoz gritava: "Minha cabeça, minha cabeça venceu o ataque!" O nome da vítima era descoberto, se já não fosse conhecido. Preferivelmente, se houvesse tempo, ela não seria morta de imediato, mas levada de canoa e obrigada a se sentar com as mãos e o peito sobre uma estaca.

Na confluência dos rios, as vítimas eram decapitadas (às vezes, até mesmo por mulheres — a esposa de um importante caçador de cabeças também podia se tornar importante) e soavam as trompas em seu retorno ao vilarejo, para as cerimônias e banquetes.

Quando Zegwaard chegou a Mimika, em 1947, isso ocorria há tanto tempo quanto asmats conseguiam lembrar. Em 1928, dez canoas com cem asmats a bordo chegaram ao vilarejo de Atuka, em Mimika, perto de um posto avançado holandês.[28] Os atukas fugiram e os asmats limparam o vilarejo, particularmente de qualquer coisa feita de aço. Eles quebraram carteiras e bancos da escola para retirar os pregos, que achataram e transformaram em ferramentas de entalhar. Em 1947, os ataques haviam se tornado tão selvagens que até 6 mil asmats fugiram de seus vilarejos para escapar da violência.[29] Terminaram na vizinha Mimika, onde Zegwaard os encontrou pela primeira vez. Era uma crise de refugiados, e o governo holandês os obrigou a retornar a seus vilarejos. Zegwaard e o residente holandês, o oficial encarregado local, começaram a fazer viagens regulares pelos pântanos e rios.

Zegwaard permanece sendo a maior autoridade sobre os asmats em seu estado puro, na época do primeiro contato prolongado com os europeus, e seus textos pintam um retrato sangrento. "Existe a tendência de minimizar o que ouvimos sobre a violência na cultura asmat", escreveu ele. "Frequentemente sinto que os oficiais do governo são muito céticos sobre as 'histórias selvagens' que ouvem sobre

COLHEITA SELVAGEM

os asmats. Não os culpo, pois também tive essa impressão inicial ao conhecer os asmats apenas em situações de contato superficial. Como mencionei antes, eles são tão bons atores que podem fornecer uma impressão favorável e sugerir que as coisas 'não estão realmente tão ruins'."[30]

"A língua asmat", continua ele, "tem uma abundância de palavras para conceitos como 'luta', 'discussão', 'briga', 'assassinato' e 'caça às cabeças'. Qualquer conflito entre duas pessoas normalmente se agrava até envolver as famílias imediatas, então os clãs e, finalmente, todo o vilarejo. Um conflito com um vilarejo aparentado ou amigo em geral envolve uma batalha importante. Os asmats lutam com todas as armas que possuem: porretes, arcos e flechas, lanças, remos etc. Tentam manter certo equilíbrio nos conflitos com vilarejos aparentados ou 'amigos', mas tudo é permitido em lutas ou combates com os que não são aparentados ou inimigos. Alguns exemplos do período posterior à Segunda Guerra Mundial servirão para esclarecer esse estado de coisas. Dois homens de Sjuru foram mortos por flechas de Jasakor durante uma discussão sobre tabaco e mulheres. Outros seis homens de Ewer foram mortos, assim como cinco homens e uma mulher do vilarejo de Sjuru. Em 1950, duas crianças foram espancadas até a morte em um conflito sobre uma mulher. Isso foi contraposto pela outra parte. [...] Sei de três homens mortos em Jamasj em 1952 e outros três em março de 1953. Foi vingança pelas mortes do ano anterior. As batalhas podem continuar durante horas e até mesmo dias, sem pausa. Se um homem sente que foi injustiçado de qualquer maneira, ele silenciosamente espera pelo momento da vingança. Às vezes, isso significa esperar pela oportunidade e local adequados para o assassinato. Esse padrão de vingança por meio dos filhos foi usado como explicação para a escassez de crianças em Asmat quando fiz o censo por lá. Conheço um caso similar de morte infantil por vingança em Erma, em 1952. A criança foi assassinada porque seus pais haviam colhido sagu na área alheia. Os pais da criança, por sua vez,

CARL HOFFMAN

vingaram-se em um homem de Joni, que era parente do homem que matara seu filho. Esses conflitos (frequentemente culminando em morte) são a razão mais comum para a divisão em clãs (ou seja, unidades *jeu*) ou pela desintegração das unidades do vilarejo. A história de quase todo *jeu* se inicia a partir de um conflito."

No vilarejo de Sjuru em 1947 e 1948, Zegwaard registrou "61 mortes conhecidas, resultantes da sempre presente violência. Desse total, 56 foram vítimas da caça às cabeças, sendo comidas por seus inimigos e dando nome, na morte, a seus 'assassinos'. Assim, a população total de Sjuru foi reduzida de 675 para 614 pessoas durante um período de dois anos — um decréscimo absoluto de 10% e um decréscimo anual de 4%".[31]

Calculando a média para os vilarejos de Sjuru, Ewer, Ayam, Amborep e Warse no mesmo período de dois anos, Zegwaard extrapolou que "podemos presumir um decréscimo populacional de aproximadamente 2 a 3% ao ano, devido à morte por violência". É uma das maiores taxas de assassinato já registradas em qualquer lugar do mundo. Nos anos em que Washington, DC, era conhecida como capital do assassinato nos Estados Unidos, sua taxa era de menos de 1%.

Em 1952, Zegwaard organizou uma reitoria em Sjuru e, logo em seguida, o governo abriu um posto de polícia adjacente, que chamou de Agats. A pacificação dos asmats começara, embora tenha sido um processo longo e lento que levou mais de vinte anos. Um punhado de oficiais e padres percorria os rios em canoas e lanchas para fazer contato, usando anzóis, machados e tabaco, no qual os asmats rapidamente se tornaram viciados. Para um povo com nada além de madeira, conchas e algumas pedras que vinham das terras altas, esses objetos eram revolucionárias peças de tecnologia. Descascar palmeiras-sagu, sua principal fonte de alimento; escavar canoas; e entalhar escudos, tambores e estacas *bijs* — as tarefas mais essenciais de suas vidas — eram atividades feitas com pedra. Um pedaço de aço era tão transformador quanto um trator.

COLHEITA SELVAGEM

Embora em número reduzido, os brancos causaram um impacto difícil de compreender. Eles entraram em contato com um povo para quem os mundos visível e invisível estavam conectados em uma vasta unidade, uma consciência formada puramente pelo mundo físico em torno de si: a selva, os rios, o céu, a lama e eles mesmos. E, para a maioria dos asmats, isso significava seu vilarejo, seus campos de caça e coleta, os vilarejos vizinhos e o território de guerra. O que podiam ver constituía todo o universo. Qualquer coisa fora desse imediato tangível tinha de vir do mundo espiritual — era a única explicação compreensível.[32] Esses espíritos eram onipresentes, sempre invejando os vivos e querendo retornar e causar problemas. Quando ocorria uma morte no vilarejo, as mulheres rolavam na lama, cobrindo seus corpos com ela, para que o espírito do falecido não pudesse cheirá-las ou encontrá-las.[33] Um avião era *opndettaji* — uma canoa dos espíritos passando no céu —, e os homens brancos eram superseres que, misteriosamente, vinham da terra além-mar, do mesmo lugar onde viviam os espíritos.[34] A chegada de estranhos significava uma invasão de almas reencarnadas; seus ancestrais, que nunca estavam felizes com seu destino e sempre queriam retornar, sendo agressivos em relação aos vivos. Os asmats os recebiam com medo e, frequentemente, com agressividade, armados com lanças, arcos, flechas e crânios, de modo a impressionar e amedrontar os espíritos invasores, uma vez que a visão dos próprios crânios escavados deveria fazê-los fugir.

Esses novos superseres também eram ricos. Pregos e cabeças de machado feitas de aço eram maravilhas de valor incalculável, fabricadas com o mais raro e valioso recurso que Asmat já vira. Um navio inteiro de metal era algo inimaginável. Que fortuna! As criaturas que carregavam essas maravilhas possuíam um poder imediato e espantoso.

Para os homens asmats, as esposas eram sacrossantas: haveria violência e vilarejos inteiros se dividiriam em caso de adultério. Mesmo assim, eles também praticavam *papisj* — a partilha de esposas entre

CARL HOFFMAN

homens relacionados —, uma prática que pretendia ser tão pertur-
badora e má que assustaria os espíritos, mandando-os de volta para
Safan.[35] *Papisj* ocorria em tempos de estresse no vilarejo e, na quase
totalidade das vezes, a chegada de padres ou oficiais do governo
naqueles anos precipitava uma maciça troca de parceiros sexuais.

Em 1955, Zegwaard voltou a Merauke e foi substituído pelo padre
holandês Cornelius "Kees" van Kessel, que era alto e magro, com um
rosto fino e barba comprida e desgrenhada. Tinha um desejo intenso
de viajar e sonhara em ser missionário desde os 7 anos de idade. Aos
12, entrara no seminário e, em 1947, fora enviado à Nova Guiné.[36] Oito
anos mais tarde, estabelecera-se no sul de Asmat, no vilarejo de Atsj,
um dos mais poderosos e violentos do território.

"A missão não tinha barco a motor", escreveu ele em uma biografia
não publicada, "e toda a bagagem foi embarcada em dez canoas. O
telefone da selva funcionou muito rapidamente: em Siretsj, recebemos
uma extensiva escolta de todos os líderes até Atsj. Perto do vilarejo,
a grande armada entrou em formação especial, de acordo com o
protocolo asmat. Com exceção do calmo espadanar dos remos, nenhum som fora feito até então. Mas, próximo a esse local, um cantor
começou um hino solene, interrompido por um grande grito de todo
o grupo e ecoado pelo vilarejo. Quando chegamos à frente das casas,
as mulheres jogaram cal no ar".[37]

Van Kessel construiu uma casa, viajou de canoa pelos rios e se
assegurou de manter os carregamentos chegando. E, é claro, aprendeu
a língua. "Em cada vilarejo, deixei um ou dois [machados], mas em
Atsj distribuí centenas [...] para distraí-los e evitar que saíssem para
caçar cabeças. Diariamente, eu tinha de trocar comida e objetos de
arte para acalmar sua fome por facas e facões, lâminas de barbear,
anzóis e tabaco!"[38]

Van Kessel era um homem incomum, de grande coração. Era profundamente devoto, mas sua fé fora construída sobre a ideia de que os
homens são bons, o mundo e a vida são belos e cheios de maravilhas

COLHEITA SELVAGEM

e Deus é uma presença cálida e amorosa que tolera as excentricidades e imperfeições humanas.[39] Ele acreditava de forma inequívoca no paraíso.[40] Adorava charutos — sua família na Holanda o mantinha abastecido de sua marca holandesa favorita, La Paz.[41] Ele achava que a religião não devia ser imposta, e convertia lentamente.[42] Acreditava em conhecer os asmats e, por isso, conversava com eles, comia com eles, dormia com eles e era lento na revelação de seu Deus. Era uma figura impressionante, um branco magrelo de bermuda e chinelo, com uma barba revolta e o toco de um charuto entre os lábios. Frequentemente usava listras brancas e ocres no peito, braços e pernas, penas brancas na barba e, às vezes, até mesmo uma faixa de pele de cuscus em torno da cabeça careca. Era um espírito livre e alegre e, por isso, os asmats o amavam e seus superiores se desesperavam. Eles estavam constantemente em conflito. Van Keesel tinha problemas com autoridades e sempre dizia o que pensava. Os arquivos da Ordem do Sagrado Coração estão cheios de cartas de seus superiores, torcendo as mãos de aflição em função daquela criança esfuziante que se recusava a ser disciplinada. Ele chegou a ser repreendido por não batizar um número suficiente de pessoas, por dizer o que pensava e por não seguir as ordens dos oficiais na Holanda que, em sua opinião, nada sabiam sobre as realidades do lugar e da cultura.[43]

Van Kessel era padre pelas melhores razões, as razões corretas, um otimista romântico que, anos depois, apaixonou-se, deixou o sacerdócio e se casou — e, ainda assim, permaneceu próximo da Igreja, sem jamais vacilar em sua fé. A divisão entre ele e seus superiores teria sérias repercussões quando Michael desaparecesse.

Lentamente, os padres começaram a inserir papuásios laicos nos vilarejos, a fim de atuarem como catequistas, conversarem com os asmats sobre cristianismo e avisarem à Igreja e ao governo sobre caça às cabeças. Todavia, alguns vilarejos eram mais receptivos que outros, com Otsjanep sendo particularmente arredio. Seu primeiro contato com estranhos não fora bom. Em outubro de 1953, um grupo de caçadores de crocodilos chineses indonésios, empregando moradores de Omadesep como guias, atacara um grupo de mulheres de Otsjanep que pescavam perto da foz do rio Ewta.[44] Os caçadores chineses haviam matado seis mulheres e duas crianças, quatro delas a tiros — a primeira experiência de Otsjanep não apenas com Outros, mas Outros carregando armas de fogo. Quando o oficial holandês F. R. J. Eibrink Jansen visitou Otsjanep em 1955 para investigar os assassinatos, seguiu-se um clássico desentendimento cultural. Embora estivesse viajando em benefício do vilarejo, Eibrink Jansen navegou rio acima para seu primeiro contato oficial com Otsjanep com uma patrulha policial fortemente armada, acompanhada por um grupo de guerreiros de Omadesep. Os homens de Otsjanep viram o holandês branco, as armas e os inimigos de Omadesep e surtaram: os policiais foram cercados no estreito rio por centenas de guerreiros bem armados, aos gritos e jogando punhados de cal no ar. Eibrink Jansen teve o bom senso de dar meia-volta e recuar. "Eu poderia tê-los derrotado", disse ele a van Kessel no dia seguinte, "mas teria ferido dezenas de inocentes. Assim, decidi voltar sem sequer estabelecer contato."[45]

Dois meses depois, o próprio van Kessel visitou Otsjanep pela primeira vez. "Fomos recebidos muito calorosamente. Mas estávamos desarmados e, é claro, não tínhamos escolta policial."[46] Ele retornou em 15 de abril de 1956, foi "calorosamente recebido" e deixou dois catequistas, mas eles fugiram após 24 horas: "Os habitantes do vilarejo ficaram muito entusiasmados com o tabaco dos catequistas, que interpretaram mal seu invasivo entusiasmo e saíram correndo!"[47]

A matança em Asmat continuou. Em setembro de 1956, Omadesep matou quatro moradores de Otsjanep, aumentando o número de mortes que ainda não haviam sido vingadas para dez.[48]

Van Kessel viajou para Amborep e descobriu que o vilarejo acabara de "rebater um ataque de Jasokor e Kaimo, e Jasokor tinha algo em mente".[49] Ele correu até Jasokor e encontrou o vilarejo vazio, com exceção de dois catequistas, "que me disseram, de modo lacônico, que 'as pessoas saíram para atacar Damen'. Assim pressionado, corri até Damen, mas cheguei tarde demais: as casas ainda estavam queimando e os moradores lamentavam seus mortos — oito homens, oito mulheres e oito crianças que haviam sido assassinados e embarcados nas canoas de Jasokor, para o canibalismo ritual".

No vilarejo de Ajam, em maio, 28 homens e meninos, visitantes provenientes de Japaer, foram massacrados, e Van Kessel quase foi pego pela onda de violência.[50] "Remando no Asawetsj [sic] em direção a Ajam, fui recebido por uma chuva de flechas da armada de Japaer. Eu viajava com três canoas de Atsj e os guerreiros de Japaer nos perseguiram. Ao jogar tabaco no rio, diminuí a velocidade de meus perseguidores (tabaco grátis faz milagres!) e, finalmente, eles deixaram de nos seguir ao chegarmos perto de Ajam, onde havia intensa força policial. Desse modo, escapei de um destino incerto, pois Japaer ainda estava repleto de sentimentos de vingança em relação a todos."

Van Kessel manteve uma lista da violência.[51] Em 1955, trezentos mortos. Em 1956 foram 120, incluindo quatro moradores de Otsjanep mortos por Omadesep e dois por Basim. Em 1957, duzentos assassinatos. E isso somente no sul de Asmat, sendo impossível saber de quantas mortes ele sequer tinha conhecimento.

Em outubro de 1956, Van Kessel passou a contar com a presença de seu colega, o padre Hubertus von Peij. Ele tinha 26 anos e era ministro recém-ordenado da Ordem do Sagrado Coração, assim como Van Kessel. Também ouvira o chamado ainda muito novo, querendo ser padre desde os 12 anos. Poderia ter ido para o Brasil, para as Filipinas ou qualquer outro lugar da Indonésia, mas escolhera Nova Guiné.[52] Queria aventura. "Ouvimos histórias", justificou ele. "Elas me atraíram." Após quatro meses aprendendo malaio em Merauke, seu superior, Zegwaard, acompanhou-o até Ajam, para onde Von Peij foi alocado. "Ajam era muito ruim", disse ele quando o encontrei, vivo e bem de saúde aos 84 anos, em Tilburg, Holanda, "e havia muita matança como vingança aos ataques da década de 1940". Mais de dez anos podiam ter se passado, mas, como Von Peij resumiu: "Eles nunca esquecem. Nunca."

Zegwaard instalou seu subordinado em Ajam e disse: "Agora vou embora."[53] E foi. "Eu não tinha rádio nem telefone. Não podia me comunicar com ninguém." Von Peij permaneceu três anos em Ajam e outros dois em Atsj. Era muito mais conservador que Van Kessel. Enquanto este parecia um homem da selva, com pinturas de guerra e penas na barba, Von Peij jamais se tornou nativo e aparentava ser o que era: um missionário branco, sempre limpo e barbeado, vestindo bermuda e camiseta brancas. Ele tentou visitar cada vilarejo de sua paróquia uma vez por mês e enviou a eles catequistas papuásios que não pertenciam ao povo asmat para "testemunhar os acontecimentos e, se necessário, relatar ao governo". Tornou-se fluente na língua asmat. E, como Van Kessel, não teve pressa para batizar. "Tínhamos muito tempo e eles não eram capazes de entender."

E assim, naquele dia perto do fim de 1957, os homens de Otsjanep se esconderam no emaranhado verde na foz do Ewta para vingar o assassinato de Dombai, Su, Kokai, Wawar e Pakai, os homens mortos por Omadesep um dia antes.[54] Eles estavam conscientes dos superseres entrando em seu mundo. Conheciam Van Kessel e Von Peij, aceitando sua ocasional presença no vilarejo porque, com o tempo, haviam passado a conhecê-los; queriam o tabaco e as ferramentas modernas que traziam e aceitavam os homens do governo e da polícia que os acompanhavam. É justo dizer, no entanto, que naquele momento eles eram presenças enevoadas na periferia de suas consciências. Os asmats de Otsjanep não haviam mudado ainda. Seu senso de propósito e o próprio equilíbrio de seu mundo foram construídos em torno da guerra, da caça às cabeças e dos rituais. Ali, naquele momento, esperando pelos homens de Omadesep, eles cumpriam seu propósito como homens. Atacar. Lutar. Restaurar o equilíbrio em um mundo dualístico. Se pudéssemos perscrutar o interior de suas mentes, filmar o que viam, sentir o que sentiam e nos transformar neles, poderíamos entender essa necessidade. A violência era o próprio tecido de suas vidas: ela os tornava inteiros e os constituía, fornecia-lhes identidade e, literalmente, os nutria, ajudando a fazer com que o sêmen fluísse e o sagu crescesse. E, a partir dela, eles criavam escudos e lanças, tambores, máscaras e estacas *bisj*. Era sua linguagem, sua arte, sua expressão simbólica e criativa — ironicamente, a mesma "arte" que começava a chamar a atenção de colecionadores ocidentais como Nelson Rockefeller.

Quando os últimos retardatários de Omadesep passaram pelo rio a caminho de casa, vindos da luta litorânea da viagem a Wagin, os homens de Otsjanep atacaram em massa, chocando-se contra eles em canoas habilmente conduzidas.[55] Os homens exaustos de Omadesep, sem suas canoas, estavam vulneráveis. Otsjanep gritou e berrou; nuvens de cal irromperam sobre a água; trompas de bambu foram soadas; e os remos foram batidos contra a lateral das canoas. Os guerreiros massacraram suas contrapartes de Omadesep com flechas e lanças, sem remorso. O rio ficou vermelho de sangue. Eles golpearam a cabeça dos cativos, arrastaram-nos para suas canoas e os amarraram às traves para que pudessem ser decapitados. Dos 124 homens dos dois vilarejos que haviam partido juntos para Wagin alguns dias antes, apenas onze sobreviveram.

Van Kessel chamou o incidente de Massacre Silvestre, pois ocorreu no fim de dezembro.*[56]

---

* Referência ao papa Silvestre I, falecido em 31 de dezembro de 335. [*N. do E.*]

8.
FEVEREIRO DE 2012

Wilem me acordou às 3 horas. Na ponta dos pés, desviei dos corpos adormecidos no chão da escura sala de visitas, subi no barco e, em alguns instantes, estávamos a caminho, aproveitando a maré vazante. Ainda era noite profunda e algumas lanternas emitiam pontos de luz amarelos na margem oposta, mas o céu estava vivo com um trilhão de estrelas e a lua cheia brilhante espalhava longas sombras das árvores pelo rio, que chegava facilmente a 1,6 quilômetro de largura. O Cruzeiro do Sul era uma seta apontando o caminho. Estávamos com sono, silenciosos, perdidos em nossos próprios sonhos, enquanto os morcegos voavam sobre nossas cabeças e Amates distribuía cigarros.

Após uma hora, o céu começou a clarear e cruzamos o rio até a margem oposta, pois as ondas haviam encrespado e o escaler começara a trepidar. A manhã estava cinzenta, ainda sem sol, quando entramos no Arafura. O vento aumentou, vindo do sul, e prosseguimos a 400 metros da costa, cruzando a foz do Betsj, na mesma rota que Michael Rockefeller seguira naquele dia fatídico. O sol nasceu, a intensidade do vento e das ondas aumentou, o barco começou a jogar, e então agarrei meu telefone via satélite e corremos em busca de abrigo no rio Aping.

Nas embocaduras de rios e pequenos riachos, frequentemente há uma ou duas choupanas — bivaques construídos como campos temporários de pesca. Foi o que pensei ao ver aquele grupo de cabanas. Mas, secando-se no interior de uma delas, enquanto Filo fervia água para o arroz e eu me esticava no chão de bambu coberto de perfumadas folhas de palmeira, Amates disse que aquele era um vilarejo permanente, separado de Omadesep, que, por sua vez, separara-se de Biwar Laut há muito tempo.

— Por quê? — perguntei.

— Problemas com mulheres — respondeu ele.

Comemos, fumamos, cochilamos e espantamos moscas. Quando Wilem decidiu que o vento amainara o suficiente, seguimos em frente, chegando ao rio Fajit e ao vilarejo de Basim no início da tarde. Basim era bastante espalhado, com um punhado de lojas no passadiço frontal. O dia estava terrivelmente quente e não havia vento. Como sempre, subimos à doca cercados por homens, mulheres e crianças esfarrapados e silenciosos, que nos encaravam. Amates murmurou algumas palavras e seguiu em frente. Quando me dei conta, havíamos tomado a casa do professor, de quatro cômodos de madeira, em frente à escola básica.

Inicialmente, esses vilarejos pareciam ter sido destituídos de algo, como se estivessem aguardando, vazios, sem razão de ser. O *jeu* de Basim estava vazio e arruinado, embora magnífico do modo como são todos eles: grandes, compridos e amarrados com vime, sem pregos. Mas não havia entalhes em nenhum lugar e, se as pessoas não estivessem coletando sagu ou pescando, ficavam apenas sentadas. Imóveis. Aguardando. Com exceção das crianças, que brincavam desenfreada e turbulentamente, fazendo muito barulho, subindo em palmeiras, cobrindo-se de lama e pulando no rio marrom. O som de um vilarejo Asmat é o som de um playground lotado de crianças rindo, gritando e brincando.

Naquela noite, estávamos sentados no chão quando um homem mais velho entrou na choupana. Ele era magro e pequeno, com 1,70 metro e uns 65 quilos, queixo proeminente, nariz grande e olhos fundos. Veias saltavam de seu pescoço e têmporas. Tinha um furo no nariz. A camiseta de poliéster estava manchada e cheia de pe-

COLHEITA SELVAGEM

quenos buracos, exibindo a imagem de um papuásio com conchas no nariz e a palavra NOSESLIDE! Uma bolsa de tecido adornada com lágrimas-de-nossa-senhora e penas de cacatua pendia de seu pescoço, sobre o peito — um sinal de sua importância. Tinha os olhos inquietos e falava rapidamente, com uma voz que parecia cascalho rolando sobre o vidro, exsudando uma selvageria que eu ainda não vira em Asmat.

— Este é Kokai. Ele é meu irmão mais velho, meu papa, o chefe de Pirien — disse Amates, querendo dizer que aquele era o líder de Pirien, que levava o nome de um dos *jeus* que se separara violentamente de Otsjanep, a fim de formar um novo vilarejo, em algum momento após o desaparecimento de Rockefeller.

— Ele tem uma nova esposa em Basim e vem para cá com frequência — continuou Amates.

Kokai se sentou conosco no chão e Amates trouxe tabaco e papel para enrolar. A oportunidade era boa demais: confessei a Amates que estava interessado em algumas velhas histórias de Otsjanep e Omadesep, especialmente o ataque holandês em 1958, como retaliação às mortes durante a viagem a Wagin. De fato, em função de minhas visitas aos arquivos governamentais holandeses, eu tinha os relatórios coloniais feitos na época, descrevendo os eventos.

— Quantos anos ele tem? — perguntei a Amates.

Eles conversaram enquanto eu esperava.

— Ele não sabe — disse Amates. — Talvez uns 60 e poucos.

— Ele se lembra de alguma história sobre um ataque holandês, homens sendo mortos?

Amates falou com Kokai da maneira que logo se tornaria familiar para mim: indireta e prolixamente, com uma pergunta de dez palavras levando dez minutos para ser feita. Quando Amates terminou, Kokai olhou para mim. Enrolou um cigarro longo, usando dois pedaços de papel. A vela tremeluziu. Estava quente, minhas pernas doíam em função do chão de madeira e eu não me sentava em algo macio desde que levantara do meu colchão de ar, às 3 horas. Então Kokai começou a falar.

— Ele se lembra — disse Amates. — Ele era criança e viu acontecer.

A história se desenrolou em um redemoinho confuso, com Amates interrompendo para traduzir. Eu aprenderia que os asmats são esplêndidos contadores de histórias, em um mundo sem televisão, filmes ou mídia gravada de qualquer tipo. Kokai fez a pantomina de usar o arco. Bateu nas coxas, no peito e na testa e então passou as mãos pela cabeça, ilustrando a pancada na nuca. Seus olhos se arregalaram para demonstrar medo e ele fez mímicas com os ombros e braços para mostrar que estava correndo, depois se esgueirando e então rastejando pela selva. Enquanto isso, segurava o cigarro entre o dedo médio e o polegar, batendo o indicador na brasa para derrubar as cinzas. Ouvi os nomes Osom, Faratsjam, Akon, Samut e Ipi, além de uma história que foi o segundo elo na cadeia de eventos cercando o mistério de Michael Rockefeller. O que até então fora apenas páginas datilografadas em um empoeirado arquivo holandês subitamente ganhou vida.

9.

FEVEREIRO DE 1958

Em 6 de fevereiro de 1958,[1] quando entrou na embarcação governamental *Eendracht* com destino a Otsjanep, o sol queimava com tanta intensidade que Max Lapré ficou tonto. O barco tinha 9 metros de comprimento, calado baixo, proa alta e um convés curvo que terminava a apenas 30 centímetros da linha d'água. Na proa, havia uma pequena cabine com duas vigias e um toldo branco cobria o convés aberto. Lapré era rijo e musculoso. Com ele, havia onze policiais papuásios[2] vestindo uniformes cáqui de estilo militar e carregando rifles Mauser M98 e uma submetralhadora Schmeisser.[3] Lapré ainda portava uma arma reserva.

Ele estava com medo.[4] Atrás do *Eendracht*, seguiam três canoas com guerreiros de Atsj[5] e, ao olhar para eles remando nus sob o sol, Lapré não conseguia se livrar de uma incômoda sensação de pequenez: ele era um ponto branco em um mundo negro e profundamente estranho. Mesmo assim, era seu país, sua selva, seu pântano. Aquelas pessoas eram suas para governar e domesticar, e ele estava determinado a ensinar aos nativos uma lição sobre o poder do governo civilizado.[6]

Os dias do colonialismo podiam estar no fim, mas Lapré, o novo controlador que assumira o governo de Asmat em 1956, era um homem de outra era. Seus familiares haviam estado nas Índias Orientais holandesas desde os anos 1600 e ele nascera em 1925, na ilha de Sumatra.[7] Seu pai fora soldado do Exército Real das Índias Holandesas.[8] Quando tinha 3 anos, a família se mudara para Malang, na ilha Celebes.[9] Lá, Max crescera em uma comunidade tão insular quanto somente um grupo de colonos pode ser, um lugar onde as pessoas dependiam umas das outras contra a maioria e brindavam ao aniversário da rainha. Ainda mais porque, a partir da década de 1930, a comunidade se viu ameaçada quando os indonésios passaram a se agitar pela independência e o Japão começou a se expandir pelo Pacífico. Anos depois, Max lembraria seu primeiro encontro com soldados japoneses durante uma entrevista: "Havia essa loja japonesa na área chinesa de Malang. Eram prédios realmente compridos e, nos fundos, sempre havia algum tipo de área habitacional, com um pátio. Continuei avançando, indo cada vez mais longe nos fundos da loja. Lá no fim, no pátio, os japoneses faziam uma reunião. Vestiam uniformes e suas espadas samurais estavam encostadas nas cadeiras. Eles me viram e eu fugi. Fiquei com medo."[10]

Mesmo assim, os holandeses ficaram chocados quando o Japão invadiu Singapura em 1942. O pai de Lapré foi enviado para o front e seu filho de 17 anos jamais se esqueceu das palavras que lhe disse: "Vá até lá e lhes ensine uma lição."[11]

Em vez disso, William Lapré pisou em uma mina terrestre, foi retirado de sua cama no hospital e levado como prisioneiro. Só veria a família novamente em 1946. Com a intensificação da guerra, os Lapré perderam sua fonte de renda e seus criados e as escolas holandesas fecharam. Max se tornou um pequeno mascate, vendendo relógios, tecidos, roupas e produtos de beleza para as prostitutas. O pai de sua namorada foi executado. Ele foi espancado por soldados japoneses em 1944 e levado para um campo de trabalho. Sua cabeça foi raspada e ele foi obrigado a cortar árvores com um machado cego, dormindo em um celeiro de madeira e recebendo uma magra dieta de chá, uma xícara de milho pela manhã, e mais milho e vegetais crus à noite. Enfraqueceu por causa da disenteria e teve sonhos alucinantes: sua mente parecia estar flutuando para longe do corpo.

A disenteria pode ter salvado sua vida, pois ele foi transferido para o hospital e libertado do campo de trabalho para viver com os avós. Quando a guerra terminou, contudo, seus problemas não terminaram junto, pois os indonésios queriam a independência. Casas e carros foram apropriados pelos republicanos indonésios. Holandeses foram apedrejados e espancados com pedaços de pau. Os criados dos Lapré, de volta ao trabalho, foram impedidos de entrar na casa. Max foi preso novamente, dessa vez por jovens indonésios com metralhadoras e espadas, e levado para uma prisão em Malang. Um dia, um prisioneiro começou a cantar o Wilhelmus, o hino nacional holandês, e todos os prisioneiros se uniram a ele. Foram atingidos por uma chuva de pedras e paus. Quando um metade indonésio, metade europeu tentou persuadi-los a se tornarem cidadãos indonésios, eles o vaiaram.

Depois de ser libertado em junho de 1946, Lapré foi para a Holanda.

Dez anos depois, estava de volta, trabalhando para o governo na última colônia holandesa no Oriente. Uma morte aqui e outra ali podiam ser ignoradas, mas o recente massacre entre Omadesep e Otsjanep fora longe demais. A Holanda era um país civilizado tentando conseguir algo de sua metade da Nova Guiné e era hora de intervir. Ele sentia animosidade pelos asmats? Em entrevistas posteriores, diria que não.[12] Mas crescera como colonialista, como soberano, e então sofrera anos de abuso e fora expulso do único mundo que conhecia. Tinha qualquer conhecimento da cultura asmat? Importava-se com isso? Não há evidências, em seus relatórios ou textos, de que tivesse qualquer empatia por eles e parece ter assumido seu cargo com um plano em mente. Após conhecê-lo, Van Kessel lamentou que estivesse "planejando governar Asmat com mão forte".[13]

Logo depois de sua chegada a Asmat, o pequeno vilarejo de Atembut tomou uma cabeça de Biwar Laut, em retribuição por dois homens e duas mulheres mortos três anos antes, durante uma visita a Biwar.[14] Lapré correu até o vilarejo, que encontrou deserto. Mesmo assim, decidiu ensinar uma lição. Pôs fogo no *jeu*, destruiu todas as canoas que encontrou e esvaziou a metralhadora no ar, em uma ação que van Kessel chamou de "desproporcional".[15]

Quando ouvira pela primeira vez sobre a luta entre Omadesep e Otsjanep, Lapré simplesmente despachara um policial chamado Dias, ele mesmo um vira-lata colonial, metade indonésio, metade holandês. Dias e uma força policial chegaram a Omadesep em 18 de janeiro de 1958.[16] Prenderam onze pessoas, confiscaram todas as armas que conseguiram encontrar e queimaram canoas e ao menos um *jeu*. Relatos, porém, informavam que Otsjanep não seria tão flexível. Temendo problemas, ele enviou três policiais papuásios com uma bandeira holandesa e alguns machados de aço para o vilarejo. Os policiais retornaram rapidamente. Otsjanep não queria nada com o governo e estava disposto, nas palavras de Lapré em seu relatório oficial, "a usar violência para deixar isso claro.[17] A bandeira holandesa não foi aceita".

O próprio Lapré foi até lá dez dias depois. Primeiro parou em Atsj, onde pediu ajuda — uma ação curiosa, uma vez que os vilarejos mal se conheciam e canoas de guerreiros de Atsj dificilmente seriam uma influência calmante em Otsjanep. "Talvez eles tenham visto a viagem como uma oportunidade de tomar a cabeça de alguém", admitiu Lapré, falando dos remadores de Atsj.[18] "Com essas pessoas, nunca se sabe — e eles adoram lutar." Novamente, ele enviou três papuásios com uma bandeira e, mais uma vez, eles retornaram, relatando que a bandeira fora rejeitada e que Otsjanep estava "completamente armado e esperando por eles".

Anos mais tarde, Lapré diria que fora até Otsjanep apenas para "investigar" e ver se podia encontrar alguém que "identificasse os perpetradores".[19] Se isso fosse verdade, contudo, ele deveria ter esperado que as coisas se acalmassem. Deveria ter chegado desarmado, em uma canoa com Von Peij ou Van Kessel e levando tabaco.

COLHEITA SELVAGEM

De fato, em 1958 nenhum homem branco jamais fora atacado pelos asmats, que temiam os estrangeiros em seu meio ou encaravam com tolerância os poucos que chegavam sem armas e carregando anzóis, machados e tabaco — como Van Kessel.

Esse quase sempre foi o caso nos primeiros estágios do contato com povos tribais. Quando Cristóvão Colombo chegou ao Novo Mundo em 1492, escreveu em seu diário, em 16 de dezembro: "São as melhores e mais gentis pessoas do mundo. Tornaram-se tão nossos amigos que ficamos maravilhados [...] Trocaram e deram de presente tudo que tinham, de boa vontade. Enviei um bote para recolher água e eles de muito bom grado mostraram a meus homens onde havia água e carregaram os barris cheios até o bote. São muitos gentis e sem conhecimento do mal. Não matam nem roubam. Vossa Alteza pode acreditar que, em todo o mundo, não há gente melhor nem mais gentil."[20]

Quatrocentos anos depois, Tobias Schneebaum chegou à última missão da Amazônia peruana. Disseram-lhe que lá fora, atrás da missão, havia tribos não contatadas que esmagavam a cabeça dos inimigos e atacavam qualquer estrangeiro que tentasse estabelecer contato. Mas Schneebaum tinha uma curiosidade insaciável e profunda afinidade com os povos indígenas — eles não o assustavam. Certa vez, ele saiu da missão e entrou sozinho na selva. Após quatro dias de caminhada, viu um grupo de homens na margem do rio. Se estivesse armado, temeroso ou em um grande grupo, sabe-se lá o que teria acontecido. Mas Schneebaum se rendeu completamente: ele tirou a roupa e andou nu a seu encontro. A resposta dos violentos selvagens? Eles o abraçaram, tocaram e beijaram, maravilharam-se com ele e o levaram até seu vilarejo, onde o forasteiro viveu durante meses.[21]

Inevitavelmente, esses encontros pacíficos iniciais entre brancos e nativos rapidamente se tornavam violentos. A colisão cultural era grande demais e o desequilíbrio de poder era muito extremo, entre

CARL HOFFMAN

homens que não conheciam nada além de seu mundo imediato e homens que achavam saber de tudo. Não eram, afinal, apenas pessoas com tecnologias diferentes, mas sim pessoas vivendo em mundos completamente distintos — e os brancos invariavelmente não tinham a menor pista sobre esse outro mundo. Não podiam ver os espíritos, não sabiam que eles existiam e eram cegos, surdos e mudos aos símbolos e significados das culturas que penetravam.

Nos anos 1930, os exploradores começaram uma série de jornadas a pé até as terras altas do que é hoje Papua-Nova Guiné, quase sempre em grandes grupos de vários brancos e com extensos séquitos de carregadores e policiais, todos portando armas de fogo modernas. E a resposta era sempre a mesma: os papuásios ficavam petrificados, acreditando que os brancos eram fantasmas, espíritos dos mortos. As pegadas das botas das criaturas brancas, para aqueles acostumados a ler rastros, indicavam um ser que tivera seus dedos cortados e os padrões implicavam algum tipo de esqueleto.[22]

Essas criaturas deviam ser evitadas, afastadas de suas casas ou aplacadas com batatas-doces e porcos, e os relatos contam uma longa história de um mal-entendido após o outro. Quando os australianos Jack Hides e Jim O'Malley entraram no Grande Planalto Papuásio, em 1935, o povo etoro achou que tinham vindo do espaço. "Pulamos de surpresa", relatou um etoro que testemunhou sua chegada. "Ninguém jamais vira algo assim ou sabia do que se tratava. Quando observaram as roupas dos *sowelo* — europeus — e dos outros, acharam que eram como as pessoas que vemos em sonhos: 'devem ser espíritos em plena luz do dia, à vista de todos'."[23] Cerca de cinquenta guerreiros etoros apareceram eventualmente, armados com arcos e flechas. Eles saltaram e berraram e, para dispersá-los, Hides deu um assobio alto, usando dois dedos.[24] Naquele momento, dois mundos — três, na verdade, o mundo dos brancos, o mundo dos etoros e o mundo dos espíritos, além de uma quarta dimensão que Hides não podia ver e que não sabia existir — colidiram. Para o australiano, era apenas

COLHEITA SELVAGEM

um som, um ruído alto para chamar a atenção dos nativos. Para os etoros, era algo totalmente diferente: o som que uma bruxa faz ao se aproximar. Quando a crescente série de incompreensões culturais chegou ao fim, Hides e seus carregadores tinham atirado três vezes, matando duas pessoas.

Quando Lapré tentou entrar no rio Ewta, a geografia não ajudou. O Ewta é estreito: 23 metros na foz durante a maré cheia, diminuindo rapidamente para metade disso rio acima. A 275 metros da foz, eles encontraram uma frota de canoas de guerreiros fortemente armados de Otsjanep. Guincharam e bradaram, nas palavras de Lapré, mas recuaram quando ele se aproximou. Ele os perseguiu por algum tempo, mas ficou nervoso e decidiu recuar.

Não querendo arriscar, Lapré aumentou sua força. Em 6 de fevereiro, despachou uma força policial móvel de Merauke para a foz do rio Faretsj, onde ela se uniu a Dias e outros dez policiais e, juntos, com quatro canoas cheias de guerreiros de Atsj, eles chegaram novamente à foz do Ewta.[25]

Estavam no meio da tarde e a maré estava subindo, mas o rio ainda estava raso demais para a lancha. Eles esperaram, com a tensão aumentando no calor da tarde. Finalmente, no fim do dia, havia água suficiente para seguir em frente e eles entraram no que deve ter parecido o âmago da escuridão. Enquanto o Ewta se estreitava para 9 metros de largura, as margens se aproximavam, com um emaranhado de palmeiras-nipa, juncos e mangues saindo da lama negra. E então começou a chover, um torrencial dilúvio tropical. Lapré se sentia inseguro, assustado. Onde Van Kessel teria aparecido de bermuda e chinelo, sentado no fundo de uma canoa nativa, ele subia o rio em uma lancha motorizada cheia de policiais uniformizados e portando armas. Ainda pior, liderava um grupo de guerreiros de Atsj, inimigos históricos de Otsjanep. Por trás de cada árvore, ele acreditava que um guerreiro selvagem se escondia, com a preocupação de como sair dali: àquela altura, o Ewta era estreito demais para permitir uma volta rápida.

Lapré resolveu assumir o timão.[26] Levaram uma hora se arrastando em direção ao vilarejo. Com aquele calor. Com as árvores e videiras dependuradas, todas úmidas e gotejando. Por uma passagem estreita e sinuosa. Com o som do motor sendo absorvido pelo muro verde. Era uma viagem agonizantemente lenta para um confronto armado com homens nus, cobertos de pinturas de guerra e adornados com penas, presas de javali, dentes caninos, conchas e ossos de porco nos narizes, que não seguiam convenções em relação a prisioneiros e eram tão diferentes quanto um ser humano podia ser.

A preocupação de Lapré se mostrou autorrealizável. Após uma hora, eles contornaram uma curva no rio e o mundo se abriu. A clareira estava cheia de homens e Lapré não viu mulheres, crianças ou cães — "sempre um mau sinal". Os moradores do vilarejo estavam tão assustados quanto ele, talvez mais.[27] As notícias viajavam velozmente pela selva e eles sabiam o que acontecera em Omadesep: as canoas destruídas e os homens presos. Sabiam sobre as armas e sobre a violência de que elas eram capazes. Mas estavam confusos. Não tinham ideia do que Lapré e sua patrulha fariam, o que eles deviam fazer e nem mesmo quem ou o que ele realmente era. Eram orgulhosos e independentes em seu mundo, e Lapré podia até mesmo ser um fantasma. O que fazer?

Um grupo se aproximou pela esquerda, no que Lapré acreditou ser uma capitulação.[28] À direita, porém, havia um grupo armado com arcos, flechas, lanças e escudos. Lapré olhou para a esquerda e para a direita, igualmente inseguro sobre o que fazer. Mulheres e crianças saíram das casas e fugiram para a selva. Atrás dos lares, um terceiro grupo de homens começou o que ele descreveu como "danças guerreiras". Lapré e alguns policiais foram para a esquerda enquanto Dias e seus homens, para a direita. Alguns homens de Otsjanep fugiram e os guerreiros armados recuaram para a orla da floresta.

COLHEITA SELVAGEM

— Saiam! — gritou Lapré por meio de intérpretes. — Saiam e joguem suas armas!

Alguns guerreiros se adiantaram e tentaram sair correndo. Os policiais de Lapré tentaram detê-los.

Então, pandemônio. Um homem saiu de uma casa segurando algo na mão e correu na direção de Lapré. O que estava segurando?

Tiros foram disparados de todos os lados. Bang. Bang. Bang. Um asmat chamado Faratsjam foi atingido na cabeça e a parte de trás de seu crânio explodiu.[29] Quatro balas atingiram Osom: no bíceps, em ambas as axilas e no quadril. Akon foi ferido na altura da cintura e Samut no peito. O queixo de Ipi desapareceu em um instante sangrento. Como nas histórias de encontros similares nas terras altas, os moradores do vilarejo se lembrariam de cada detalhe dos danos causados pelas balas, de tão chocantes que lhes pareceram, com a violência parecendo ágil, feroz e mágica, especialmente para pessoas acostumadas a combates um a um e ferimentos de lanças e flechas, que quase nunca matavam de imediato.

Os asmats entraram em pânico e correram em todas as direções, desaparecendo na selva.

— Parem de atirar! — gritou Lapré.[30]

Ele fez uma busca rápida, encontrou dois mortos e ateou fogo nas canoas maiores. Logo antes do anoitecer, ele e seus homens voltaram para o barco e começaram a descer o rio.

A explicação de suas ações para Van Kessel: "Chovia demais e aquelas pessoas agiam de modo estranho."[31]

Lapré passou a noite na costa e retornou ao Ewta às 5h30 no dia seguinte.[32] O rio, no entanto, estava bloqueado. Durante a noite, os homens de Otsjanep haviam derrubado árvores no rio, tantas que Lapré levou seis horas para percorrer os poucos quilômetros até o vilarejo. Otsjanep estava deserto, mas eles ouviram cantos e tambores vindos da selva. Lapré não os perseguiu.

Nos dias seguintes, ele visitou os vilarejos vizinhos. Basim, a apenas alguns quilômetros de distância e estreitamente relacionado a Otsjanep por laços de sangue e casamento, estava deserto. Ele achou Buepis "bastante inquieto". Na foz do Fajit, fez contato com um poderoso chefe chamado Betekam, que realizara a proeza de se casar com cinco mulheres de cinco vilarejos diferentes, adquirindo não apenas poder e prestígio, mas livre acesso a todos eles. Lapré deixara cinco mortos e um ferido em Otsjanep, segundo Betekam, e os habitantes locais foram hostis porque não queriam abandonar "os velhos costumes e a caça às cabeças".[33] Os moradores estavam com medo e não queriam retornar. Lapré ofereceu um acordo, a ser negociado por intermédio de Betekam: ele deixaria Otsjanep em paz se eles retornassem para o vilarejo e devolvessem as cabeças de Omadesep que haviam tomado.

Não há evidência de que alguma cabeça tenha sido devolvida a Lapré e suas ações não impediram a caça às cabeças em Otsjanep ou qualquer outro lugar de Asmat. Ele admitiu que, provavelmente, apenas forçara os vilarejos a penetrarem mais fundo na selva, afastando-se do governo. Quando visitou Otsjanep três meses depois, muitos dos moradores fugiram e os homens se esconderam debaixo das casas, "esperando para ver onde o gato pularia", como escreveu em seu relatório de patrulha.[34] "O curso dos eventos certamente é lamentável, mas, por outro lado, tornou-se claro para eles que a caça às cabeças e o canibalismo não são apreciados por uma instituição governamental que lhes é totalmente desconhecida e com a qual tiveram apenas contatos incidentais. É bastante provável que aquelas pessoas agora compreendam que fariam melhor em não resistir à autoridade. Sua atitude de resistência intencional, que encontrou expressão na rejeição dos itens de contato e da bandeira holandesa [...] é ainda mais reprovável. [...] Por mais lamentáveis que tenham sido as casualidades, elas são preferíveis ao lento, mas inexorável recuo do vilarejo para a selva, sem que nada pudéssemos sobre isso. Neste último caso, cada

COLHEITA SELVAGEM

grão de respeito seria perdido e, eventualmente, haveria ainda mais casualidades em função dos ataques para caçar cabeças."

Suas palavras, dado o povo sobre o qual escrevia, são absurdas. Para nós, ocidentais, elas fazem sentido: uma análise direta de um povo resistindo ao governo e exigindo uma lição. Mas a bandeira holandesa? Uma instituição governamental? A regra da lei? Para os asmats, o ataque de Lapré foi algo totalmente diferente, uma experiência profundamente inquietante, muito mais que a simples imposição da lei racional: foi a confusa aparição de superseres, os espíritos que eles passavam a vida apaziguando, enganando e afastando e que surgiram para matá-los com armas quase supernaturais. Para um católico, seria como se anjos ou demônios surgissem em carne e osso, a fim de atacá-los... pelo quê?

E quanto aos espíritos dos cinco mortos por Lapré? Eles estavam lá fora, vagueando, causando problemas, assombrando o vilarejo e fazendo as pessoas adoecerem, tão reais na morte quanto haviam sido em vida. Os caçadores de crocodilos chineses haviam matado oito pessoas. Omadesep matara mais quatro. Lapré acrescentara outras cinco. Dezessete homens, mulheres e crianças estavam mortos. O mundo estava fora de equilíbrio, uma ferida aberta supurando no vilarejo todo santo dia, ainda mais porque Lapré era um homem branco. É difícil imaginar a consternação causada. Como explicar isso? Como lidar com isso?

10

MARÇO DE 1958

Max Lapré não operava em um vácuo. Se o mundo dos asmats e de Otsjanep estava em turbilhão, assim também estava o mundo mais amplo em torno da Nova Guiné. Dias depois do ataque a Otsjanep, o novo embaixador americano na Indonésia, William Palfrey Jones, apresentou suas credenciais ao presidente indonésio Sukarno durante uma cerimônia em Jacarta. Flashes espocaram quando os dois ergueram suas taças de champagne cheias de suco de laranja (sendo muçulmano, Sukarno não bebia álcool) e brindaram à saúde do líder indonésio e do presidente Dwight D. Eisenhower.[1] Jones reiterou a posição de sua nação: a de que não tinha intenção de interferir na política interna da Indonésia e estava interessada em ajudar o país a manter sua independência duramente conquistada.

Os comentários de Jones eram mais específicos do que pareciam. As ilhas do arquipélago indonésio possuíam uma profunda e complexa cultura que fora subjugada pelos holandeses por tanto tempo quanto qualquer pessoa, ou seus avós e bisavós, conseguia lembrar. Em 1928, Sukarno afirmara que uma Indonésia unida e independente era tudo. Segundo Jones, "Sukarno percebeu que príncipe e mendigo, nobre e cule, muçulmano e cristão, todos podiam ser unidos na apaixonada busca por um único objetivo. Esse objetivo era a liberdade, ou *merdeka*, uma palavra que se tornou o grito unificador da causa."[2] Em 17 de agosto de 1945, nos dias finais da ocupação japonesa, o movimento nacionalista indonésio proclamou a República da Indonésia.

CARL HOFFMAN

Mas a Holanda queria sua colônia de volta e avançou com tanques e artilharia aérea. Somente após quatro anos de guerra e negociações, por meio de uma Comissão das Nações Unidas, a Holanda desistiu de sua reivindicação. Durante as negociações, contudo, os holandeses insistiram em manter a Nova Guiné Ocidental — a metade holandesa da ilha, a oeste. A Indonésia era muçulmana e a Nova Guiné era melanésia e animista — um lugar separado, de acordo com o argumento holandês. Sukarno deixou de lado a questão da Nova Guiné e um acordo foi assinado, criando a República da Indonésia em 1950 e estipulando que haveria negociações sobre a Nova Guiné um ano depois. Mas, com o nascimento formal da república — um país com 150 milhões de habitantes espalhados por milhares de quilômetros —, a Holanda voltou atrás, ignorando o acordo de manter discussões posteriores a respeito das reivindicações indonésias sobre a Nova Guiné, sendo então apoiada pela Inglaterra, pela Austrália e pelos Estados Unidos. As palavras de Jones eram um cuidadoso número de equilibrismo em relação à soberania indonésia, a Papua-Nova Guiné e à precária posição do próprio Sukarno diante do Partido Comunista Indonésio (PKI).

Quando chegou a vez de Sukarno falar durante a cerimônia, sua escolha de palavras foi igualmente específica. Ele enfatizou a política externa independente da Indonésia — que não desejava tomar o partido de nenhum dos principais blocos mundiais — e a importância de "completar a revolução ao efetivar o retorno da Irian Ocidental" (a colônia holandesa na Nova Guiné).[3] Para Sukarno, o "retorno" de Papua era *a* questão fundamental; em sua opinião, sem ele, a Indonésia permaneceria dividida e não seria livre.

Entre 1954 e 1957, a Indonésia submeteu quatro resoluções sobre o assunto à Assembleia Geral da ONU, mas nenhuma passou. Em retaliação, em 1956, Sukarno nacionalizou as empresas holandesas e expulsou dezenas de milhares de holandeses que ainda viviam na Indonésia, aprofundando o antagonismo entre os dois países.

COLHEITA SELVAGEM

Para o povo da Holanda, manter a colônia papuásia era uma questão puramente emocional: nenhum recurso natural valioso fora descoberto e a colônia custava muito mais do que produzia.[4] Mas o Exército indonésio e o Partido Comunista estavam empenhados em uma luta por dominação, e o presidente Sukarno se mantinha no poder dançando entre os dois — e distraindo ambos ao alimentar o fervor nacionalista em relação à ocupação da Nova Guiné Ocidental e da Malásia inglesa. Percy Spender, ministro australiano de Relações Exteriores, temia que a Indonésia se mostrasse "um vizinho hostil e agressivo".[5] O país parecia instável e à beira do colapso econômico. O comunismo se espalhava pelo Sudeste Asiático e o PKI crescia em força, ganhando 27% dos votos nas eleições locais de 1957.[6] Uma teoria dizia que o colapso econômico seria a abertura pela qual o PKI esperava, parte do temido "efeito dominó": Vietnã, Camboja, Tailândia e Indonésia. Uma Indonésia comunista seria ruim, mas ainda pior seria uma base comunista na Nova Guiné, separada da Austrália apenas pelo Arafura.

Repelido pelo Ocidente ao buscar ajuda militar, em 1956, Sukarno fez visitas oficiais a Moscou e Pequim, retornando com 100 milhões de dólares em créditos da União Soviética e garantias mais modestas de auxílio da China. Entretempos, os ingleses, que ainda mantinham um território na ilha de Bornéu, temiam que a transferência da Nova Guiné Ocidental para Sukarno estabelecesse o precedente para a tomada de seu território. A posição americana oficial sobre a questão era neutra, um número de equilibrismo para evitar fortalecer o PKI e aplacar a Austrália e a Inglaterra.

A Holanda sabia que não poderia ficar com sua colônia para sempre, mas esperava fazê-lo por mais dez anos. "A Nova Guiné era a criança abandonada do governo holandês", disse Wim van de Waal, o patrulheiro holandês alocado em Asmat em 1961 e que agora vive nas ilhas Canárias.[7] "Mas à época era tudo que tinham e, em função da crescente pressão política interna, eles precisavam *fazer* algo a respeito. Os holandeses não queriam falar sobre isso, mas o governo sabia que tinha de impulsionar seu desenvolvimento, a fim de mostrar que a Holanda era capaz de liderar os papuásios na direção da independência." E foi por isso que a presença missionária e governamental no que já fora um canto esquecido do império se intensificou durante os anos 1950. Apesar das palavras de Jones a Sukarno, em 1957, a política americana era de se opor, "pelas medidas apropriadas, a qualquer tentativa feita pela Indonésia de orientação comunista de se apoderar da Nova Guiné".[8]

Os holandeses estabeleceram conselhos regionais eleitos em toda a ilha, esperando criar uma elite que pudesse governar o país em 1970, quando pretendiam declarar a independência da Nova Guiné Ocidental. "É essencial para a Holanda que, ao chegar o momento da independência, um número suficiente de habitantes nativos qualificados esteja disponível para assumir a maior parte da administração", declarava um documento holandês de 1960.[9] Era uma tarefa difícil, uma vez que todos, com exceção de um punhado de membros da elite, encontrados exclusivamente em Hollandia e Biak, ainda viviam na Idade da Pedra. Como esperar que canibais caçadores de cabeças governassem a si mesmos? Foi por isso que Max Lapré jamais foi censurado pelos assassinatos em Otsjanep e que os oficiais holandeses podiam repetidamente dizer aos visitantes que a caça às cabeças desaparecera, mesmo enquanto ela ainda florescia. E, considerados os trezentos anos de ocupação colonial da Indonésia e sua relutância em abrir mão do território explorado, é fácil compreender a necessidade de Lapré, ao subir o rio Ewta em direção a Otsjanep, de lhes ensinar uma lição.

Enquanto Michael Rockefeller começava seus preparativos para ir até a Nova Guiné, em 1961, Sukarno, após se sentir cada vez mais esnobado pelo Ocidente, gastava milhões de dólares em armas russas e ameaçava tomar a Nova Guiné Ocidental à força. Com a eleição de

COLHEITA SELVAGEM

John F. Kennedy, a política de Washington mudou: seus conselheiros defendiam que a Nova Guiné deveria ser entregue à Indonésia para apaziguar os comunistas e manter Sukarno afastado do Bloco Oriental — em direta oposição à política da Holanda, da Inglaterra e da Austrália.

O ministro do Exterior holandês, Joseph Luns, criou o que ficaria conhecido como Plano Luns.[10] Os holandeses se retirariam de Nova Guiné e encerrariam sua soberania em troca de uma administração da ONU e de uma "comissão de estudo de Estado membro", que supervisionaria a administração e organizaria uma eleição para decidir seu status final, criando um Estado independente que estaria politicamente alinhado ao Ocidente e seria favorável aos interesses comerciais holandeses. Walt Rostow, conselheiro de segurança nacional de Kennedy, opôs-se ao plano. Devolver Nova Guiné Ocidental a Sukarno, escreveu ele a Kennedy, era o único modo de evitar que a Indonésia fosse "jogada nos braços" da União Soviética.[11] Ele também disse que os Estados Unidos deveriam ser honestos com os holandeses e lhes dizer que, para um punhado de papuásios da "Idade da Pedra", a autodeterminação não fazia sentido.

Foi nesse emaranhado político que se envolveu Michael Rockefeller. Ele não era apenas outro universitário ocidental com uma mochila nas costas; era filho de um dos mais ricos, poderosos e influentes homens americanos, que apenas alguns meses antes concorrera à presidência e cuja família doara o terreno para a instalação da própria ONU. O Plano Luns deveria ser formalmente apresentado às Nações Unidas em setembro de 1961. Os holandeses fariam o que fosse necessário para manter a felicidade de Michael — e de seu pai; eles precisavam de aliados americanos, de qualquer forma e onde quer que pudessem consegui-los. Forneceriam apoio logístico e a consultoria de um antropólogo do Gabinete de Assuntos Nativos da Nova Guiné Holandesa tão logo ele chegasse a Asmat, e assim sua assistência teria profundos efeitos na história de seu desaparecimento.

PARTE II

11.
MARÇO DE 1961

"Por mais incrível que pareça, finalmente estou na Nova Guiné", escreveu Michael Rockefeller em 29 de março de 1961 em uma carta a seu melhor amigo, Sam Putnam.[1] Ele voara de Boston a Tóquio, via Nova York, com a decolagem atrasando em uma hora porque o radar nova-iorquino estava com problemas e lhe dando "taquicardia ao pensar que poderia perder a conexão". O voo para Tóquio estivera quase vazio e ele dormira esparramado em quatro assentos. Há diferentes tipos de viajantes e as pessoas se acomodam de modos distintos às novas culturas. Quando chego a um país estrangeiro, comemoro com uma grande refeição. É um ritual, ousadamente realizado no novo local, e Michael fez o mesmo, consumindo avidamente a cultura japonesa com uma "maravilhosa" refeição de tempura.

De Tóquio, ele voou para Biak, uma ilha na costa norte da Nova Guiné e base de um antigo campo aéreo do corpo aerotransportado do Exército norte-americano, local onde os holandeses mantinham um esquadrão de aviões para proteger sua colônia. Lá, conheceu Karl Heider, um estudante de Harvard que se formara em Antropologia. Quando Heider chegara, um dia antes, desapontara a aglomeração de oficiais holandeses que esperavam para dar as boas-vindas ao filho do governador de Nova York.[2] Os dois passaram o dia caminhando pelo calor e pela umidade de Biak e partiram para Hollandia em um DC-3. Michael estava empoleirado na cabine, maravilhando-se com os sinuosos rios amarronzados que desembocavam na costa norte da Nova Guiné, quando o piloto cutucou suas costelas e apontou para a janela: o motor direito morrera.[3] Michael voltou aos trambolhões até seu assento, Heider agarrou seus documentos e bens mais valiosos e o avião voltou em segurança até Biak.[4] Eles chegaram em Hollandia no dia seguinte.

Michael estava indo não para Asmat, mas para o Grande Vale de Baliem, nas terras altas da ilha. Era alto e magro, de queixo quadrado e bem-barbeado como o pai, com grossos óculos de armação preta. Crescera na casa da família no centro de Manhattan e passara os fins de semana na propriedade Rockefeller no condado de Westchester, Nova York. Como Abby fizera com Nelson, Nelson fizera com Michael, levando-o para visitar negociantes de arte nas tardes de sábado; uma espécie de ritual entre pai e filho que educara seu gosto.[5] Sua irmã gêmea, Mary, lembrava-se de como os dois amavam assistir o pai rearranjando suas obras. E, quando ele tinha 11 anos, a mãe finalmente descobrira por que estivera chegando tão tarde da escola: encontrara uma pintura de que gostara pela janela do segundo andar de uma galeria dos Velhos Mestres na Madison Avenue, tocara a campainha, e o proprietário, Harry Yotnakparian, o deixara ficar por lá, desde que não atrapalhasse.[6]

Ao fim de seus quatro anos em Harvard, nas palavras da namorada de Sam Putnam, Michael era "um espírito silencioso e artístico".[7] E estava dividido. Embora sua apreciação pela arte tivesse sido alimentada desde o dia em que nascera, o pai esperava que fosse como ele: que fizesse carreira nas empresas da família, no ramo bancário ou das finanças, e satisfizesse as paixões artísticas no tempo livre. Michael se formara *cum laude* em Harvard, tendo bacharelado em História e Economia, mas desejava algo mais, uma forma diferente de ser. Ele viajara por todo o mundo, trabalhando no rancho do pai na Venezuela durante um verão e indo ao Japão em 1957, estando cercado não apenas pela arte, mas pela arte primitiva. Não se sabe de onde vem o desejo de viajar, se é inato ou inspirado por experiências, livros ou mesmo objetos — mas Michael indubitavelmente o possuía.

COLHEITA SELVAGEM

Imagine crescer cercado por objetos que foram desejados por seu pai e falavam de lugares muito distantes. Imagine não apenas apreciar o mesmo tipo de objetos, como também querer ir até sua fonte, para encontrá-los e levá-los para casa. Conforme a graduação se aproximava, Michael e Putnam faziam planos. Eles eram amigos desde a escola preparatória em Phillips Exeter, onde Michael fora diretor de arte do livro escolar do ano e Sam, editor. Agora queriam ir para longe e viver uma grande aventura antes que Putnam tentasse a faculdade de Medicina e Michael entrasse no que parecia uma inevitável carreira executiva — uma última farra, como disse a então namorada de Putnam daquela época.[8] Putnam se envolvera com cinema e conhecia Robert Gardner, que dirigia o Centro de Estudos Cinematográficos de Harvard e era fascinado pelos registros etnográficos.[9] Ele queria fazer um filme sobre um povo neolítico não contatado e "empregar a arte do cinema na observação humana de um grupo remoto e aparentemente alienígena"; um filme "sobre o mundo fora de mim mesmo que também revela a mim e a meu mundo interior".

Em 1959, começara a procurar o projeto certo quando um primo distante lhe contara sobre uma obscura tribo da Nova Guiné cuja cultura era baseada na guerra ritual.[10] Gardner entrara em contato com Victor de Bruyn, chefe de assuntos nativos da Nova Guiné holandesa, que dissera que seu governo não apenas estava interessado no filme, como poderia ajudar a financiá-lo.[11] Em seguida, conversara com a antropóloga Margaret Mead; com Robert Goldwater, diretor do Museu Nelson Rockefeller de Arte Primitiva; e com Adrian Gerbrands, vice-diretor do Museu Nacional de Etnologia da Holanda, que recentemente começara a fazer trabalho de campo em Asmat. De Bruyn sugerira um filme sobre as tribos danis vivendo no Grande Vale de Baliem, e o governo holandês eventualmente contribuíra com 5 mil dólares para a expedição.[12]

De certas maneiras, os danis eram mais isolados que os asmats. Embora os encontros com ocidentais na costa sudoeste de Asmat tivessem sido poucos e esparsos, ao menos se sabia que as florestas e os pântanos eram habitados. Mas qualquer um que olhasse para o interior da Nova Guiné veria apenas as altas e recortadas montanhas que correm por sua espinha dorsal. E, se viajasse rio acima a partir da costa, esses rios eventualmente se estreitariam e se transformariam em corredeiras nas laterais das escarpadas montanhas. Lá em cima, havia apenas o ermo selvagem. Nos anos 1930, exploradores e caçadores de ouro australianos começaram a desbravar as terras altas do lado australiano da ilha. Então, em 1938, um americano chamado Richard Archbold, em uma expedição financiada pelo Museu de História Nacional dos Estados Unidos, sobrevoou o Grande Vale de Baliem. Ficou pasmo. Em vez de montanhas escarpadas e desabitadas, encontrou um vale verdejante. No lugar das comunidades isoladas e esparsas da costa, descobriu um ambiente pastoril densamente povoado, um mundo de fios de fumaça, intrincados jardins suspensos, canais de irrigação, muros de pedra, pontes e choupanas — e quinhentas pessoas, nuas com exceção de saias de capim e capas penianas, que achavam ser as únicas da Terra. Os danis do Grande Vale de Baliem foram a última grande civilização não contatada.

Em 1960, havia por lá alguns poucos missionários protestantes, um pequeno contingente de oficiais holandeses, um campo de pouso e pouca coisa mais. Os Estados Unidos e a União Soviética enviavam foguetes para o espaço, mas os oficiais holandeses vivendo na "cidade" de Wamena não tinham água corrente nem eletricidade.[13] Pouco contato fora feito nas extremidades norte e sul do vale. Os danis não eram caçadores de cabeças nem canibais, mas promoviam uma cíclica guerra de vingança com seus vizinhos imediatos que intrigou Gardner. Ele, como a maioria dos observadores fascinados pelos povos indígenas, sentia que poderiam oferecer insights sobre os seres humanos em estado não corrompido e queria observá-los e filmá-los durante alguns meses, com o intuito de pesquisar a propensão humana à violência e à guerra.[14]

COLHEITA SELVAGEM

Ele começou a pensar em incluir escritores e fotógrafos para registrar o projeto em outras mídias. Certa tarde, durante um almoço em Martha's Vineyard, na casa da dramaturga Lillian Hellman, conheceu o escritor Peter Matthiessen e o convidou para ir ao Grande Vale de Baliem.[15] "Ele disse que eu seria pago", disse-me Matthiessen, "e isso era muito importante para mim". Gardner costumava fumar na escadaria externa do Museu Peabody, em Cambridge, onde conheceu Karl Heider.[16] Quando Michael o procurou, Gardner pressentiu uma possível fonte de financiamento e lhe ofereceu a oportunidade de ser engenheiro de som do projeto.

Era a aventura perfeita, e Michael convidou Sam Putnam para se unir a eles alguns meses depois, no fim de seu primeiro ano na faculdade de Medicina de Harvard. Michael se dedicou, aprendendo tudo que podia sobre registro de som e pedindo a Gardner para praticar com o novo gravador Nagra da expedição durante a Convenção Nacional Republicana de 1960, na qual seu pai esperava ser indicado para a presidência.[17] Antes que pudesse ir, contudo, havia a questão do serviço militar. Michael recebeu seis meses na reserva do Exército e foi recomendado para treinamento em reparo de teletipos. "A princípio fiquei aterrorizado", escreveu ele a Gardner do campo de treinamento básico em Fort Dix, Nova Jersey, "e me imaginei em Fort Leonard Wood, Oklahoma, ou Fort Jackson, Kentucky".[18] Em vez disso, escreveu uma carta "emocionada" ao capitão, "descrevendo minha profunda incompetência para o campo recomendado". Claramente, ser filho do governador de Nova York tinha seus benefícios, e ele foi enviado para Fort Devens, perto de Harvard, para receber treinamento como "analista de tráfego de códigos". "Ao menos será um bom treino de datilografia."[19] Mesmo assim, o Exército lhe ensinou "as vantagens de um cotidiano altamente ordenado. Recebi todo tipo de dicas úteis para a vida de campo na Nova Guiné, da construção de bivaques a cursos de primeiros-socorros, navegação terrestre etc. Além disso, estou em excelente forma".[20]

Isso foi em novembro de 1960. Gardner sabia do interesse de Michael pela arte e, algumas semanas depois, ajudou-o novamente, apresentando-o a Adrian Gerbrands, um etnólogo que vivia em Nova Guiné. Gardner contou a Gerbrands que Michael ficara animado com seu trabalho em Asmat e "muito interessado em conhecê-lo e visitar a área". Seria possível em meados de maio, durante uma pausa nas filmagens nas terras altas? "Posso assegurar que ele sabe como se cuidar e não será um fardo."[21]

Em 2 de abril, Michael finalmente chegara a Wamena e estava empolgado. "O voo foi espetacular", escreveu ele a "Sambo".[22] Ele voara "sobre o lago Sentani, florestas, montanhas, os grandes e impenetráveis pântanos do interior e mais montanhas e, finalmente, o vale de Baliem se abriu como uma súbita cavidade, gigante e fértil a minha frente. Como fomos enganados pelas fotografias que vimos! O Baliem possui uma magnífica vastidão, decorada pelo verde da relva e pelo azul das montanhas circundantes. As cores estão sempre mudando com a luz. As montanhas chegam [...] a mais de 3 mil metros de todos os lados e são constantemente escondidas e alteradas pelas nuvens que as envolvem. O vale é recortado pelo rio Baliem e seus afluentes, por colinas e picos rochosos e pelas barreiras feitas pelos ndanis. O clima é como o do Maine no auge do verão. Só que o sol é melhor".

Alguns dias depois, eles levaram centenas de quilos de equipamentos, a pé e de barco, para a parte norte do vale, onde acamparam ao lado de um pequeno riacho na base de um paredão de rochas com pinheiros esparsos.[23] Era um lugar bonito, ligeiramente elevado, mas mesmo assim protegido, longe o bastante dos complexos familiares dos danis para que a expedição obtivesse o tão necessário espaço pessoal, mas perto o bastante para que se envolvesse em tudo. Matthiessen e Eliot Elisofon, fotógrafo da revista *Life*, logo se juntaram a eles, e Matthiessen teve uma forte primeira impressão de Michael.[24]

"Ele era muito, muito jovem e um pouquinho mimado. Citava o pai constantemente."

Foi uma época mágica. O Baliem era tão belo quanto Michael o descrevera, com milhares de tons de verde mudando conforme a passagem das nuvens e cercado por picos recortados em todas as direções.[25] A 1,8 mil metros de altitude, as temperaturas eram baixas, com noites frias, nenhuma umidade e poucos mosquitos. Quando Michael chegou, os danis estavam intocados, com os homens nus — exceto por uma camada de gordura de porco e longas capas cobrindo os pênis em ereções estilizadas — e as mulheres usavam folgadas saias de capim e bolsas contendo uma criança ou porco pendendo das testas e atravessadas nas costas. De certa forma, era o melhor de dois mundos: ter acesso ao primitivo, mas ser capaz de recuar para um campo cheio de colegas urbanos. A equipe partilhava refeições civilizadas na tenda do cozinheiro — omeletes, suco de laranja e café pela manhã — e bebia Heineken à noite, com os danis reunidos ao redor, maravilhados com suas roupas, espelhos e câmeras.[26] Durante o dia, os visitantes se espalhavam pelos vilarejos para ver e registrar. Michael achou os danis "emocionalmente expressivos" e fantásticos de se observar.[27] "Polik, o guerreiro", escreveu ele, "pavoneia-se com uma lança de 4,5 metros e um enfeite inacreditável na cabeça.[28] Seu rosto, frequentemente espiando por entre o cabelo que chega aos ombros, está sempre escurecido com carvão e banha de porco e é a epítome da selvageria neolítica".

Quando chegavam notícias de batalha, todos se reuniam em um planalto relvado que era terreno neutro e no qual os moradores dos vilarejos em conflito gritavam uns com os outros, corriam atrás uns dos outros e, ocasionalmente, lutavam. A brancura da equipe de filmagem garantiu imunidade quando os danis se acostumaram com sua presença, permitindo que eles permanecessem durante as batalhas — como se uma equipe de cinegrafistas tivesse permissão para testemunhar e registrar as principais batalhas da Segunda Guerra

Mundial com impunidade. Eles chegavam tão perto que, um dia, uma flecha atingiu Michael na perna e todos tiveram o cuidado de manter o incidente em segredo.[29] Era um estranho tipo de guerra, contudo, comparado à destrutiva violência do mundo muito mais desenvolvido. "Eles partiam para a guerra com um conjunto de regras muito mais civilizadas que as nossas", disse Matthiessen. "Uma morte bastava."[30]

Michael trabalhou duro, registrando os sons, as músicas e os combates e tirando fotografias, que adorava. Ele "fotografava freneticamente", em suas próprias palavras, expondo dezoito rolos em um único dia.[31] Às vezes era demais e, certa noite, a equipe o criticou por deixar de registrar eventos sonoros importantes. "Michael se afastou em lágrimas", disse Matthiessen. Depois daquela noite, ainda de acordo com Matthiessen, cresceu e trabalhou duro, mas era "desorganizado. Bagunceiro. Esquecia das coisas".[32]

Michael dividia uma barraca com Heider, que passou a conhecê-lo bem. "Mike era muito discreto e modesto", lembrou Heider, "embora, é claro, todos soubessem quem era e quem era seu pai. Ele não ocupava muito espaço e era de fácil convívio. E paciente".[33] Os danis se mostraram para ele. Enquanto Elisofon, o profissional, montava poses para as fotos, Michael apenas observava em silêncio, fotografando o que via.[34] Durante as noites, Heider ficava pasmo ao observar o membro mais abastado da equipe remendando velhas meias do Exército.[35] Mas Michael era ambicioso e começava a pensar seriamente em fotografia. No fim de abril, escreveu ao amigo Sam com uma ideia: publicar um livro sobre os danis. "Parece-me que há uma grande oportunidade para nós se você conseguir organizar as coisas com a faculdade. As fotos devem ser boas o bastante para formar a base de um ensaio fotográfico sobre a cultura ndani, a ser publicado em livro. Certamente é uma ideia vaidosa e louca e seria muito difícil realizá-la bem. Diga-me o que acha".[36] E acrescentou um pós-escrito: "Mantenha esse assunto confidencial, pois só falei com você e não falarei com mais ninguém até que seja algo definitivo."

COLHEITA SELVAGEM

Há pessoas que não gostam de se envolver com aranhas, sujeira e homens nus cobertos de banha de porco, mas Michael Rockefeller não era uma delas. Era especialmente agradável estar entre pessoas que não ligavam para o fato de ele ser um Rockefeller e sequer sabiam o que significava aquele nome. Com o passar das semanas na Nova Guiné, o lar começou a se dissolver em abstração, a perder seu domínio. Os bens materiais começaram a não ser tão importantes. Havia algo liberador no intenso foco em um único projeto. O que era importante estava bem ali: um mundo de corpos nus e suados, de banquetes e choupanas enfumaçadas, de porcos e banha de porcos Ali, ao menos, ele estava livre das convenções sociais. De ser um Rockefeller.

Quando maio chegou, Michael começou a planejar sua viagem com Putnam para Asmat. No Baliem, ele era o membro mais jovem de um grupo sob a liderança de Gardner; pela primeira vez, seguiria sozinho e com agenda própria. "O pai de Michael o colocara no conselho do museu", disse Heider. "Michael queria levar uma grande coleção para Nova York e Asmat era a escolha óbvia."[37] Seu objetivo era uma viagem curta, de duas a quatro semanas, como reconhecimento para uma viagem mais longa depois que as filmagens tivessem terminado. Mas ele raramente era uma entidade solitária mergulhando sem recursos no desconhecido. Era parte da expedição de Harvard que recebera apoio do governo e era um Rockefeller — sem mencionar o fato de pertencer ao conselho diretor do Museu de Arte Primitiva. Foi tratado como VIP em todos os lugares que visitou fora do vale de Baliem.

Michael escrevera a Robert Goldwater sobre sua futura viagem e sugerira a possibilidade de também coletar obras ao longo do rio Sepik, na Nova Guiné australiana. "Coletar ao longo do Sepik [...] precisa de alguma reflexão e discussão", respondera Goldwater. "Como você sabe, houve várias expedições para lá nos últimos anos e, do que vimos, a área já não parece muito promissora."[38]

Contudo, ele apresentara Michael a oficiais australianos, providenciara uma carta de recomendação e dissera estar "ansioso para ver o belo grupo de objetos que você nos trará".[39] O Departamento de Assuntos Nativos da Nova Guiné Holandesa indicara um antropólogo para ser seu guia e companheiro de viagem. René Wassing tinha 34 anos, um grande bigode e panturrilhas musculosas. Trabalhava do outro lado da ilha, em Hollandia, e nunca estivera em Asmat. Os dois se encontraram na capital e, em 20 de junho, voaram até Merauke, onde almoçaram com o residente F. R. J. Eibrink Jansen, o mais importante oficial governamental na área, controlador holandês e líder do conselho regional.[40] À tarde, abasteceram-se de comida na loja chinesa local e partiram às 5 horas no *Tasman*, de propriedade do governo, dirigindo-se para o norte ao longo da costa, onde Wassing registrou que encontraram mares turbulentos.

No início da manhã do dia 22, chegaram ao posto governamental de Pirimapun, onde viram seus primeiros asmats e suas canoas, algumas com proas delicadamente entalhadas, atracadas na lama. Não havia muita coisa no agrupamento: uma doca e algumas poucas choupanas de sapé pertencentes a Wim van de Waal, um patrulheiro holandês de 21 anos, magro e loiro, que supervisionava a construção de uma pista de pouso; Ken Dresser, um médico e missionário protestante canadense; além de um punhado de policiais papuásios.

Van de Waal era o oposto de Lapré. Ele se formara tarde no ensino médio, aos 20 anos, e antes de poder ingressar na faculdade, tivera de cumprir os dois anos de serviço militar que, em sua opinião, eram uma perda de tempo.[41] O irmão de seu melhor amigo fora patrulheiro na Nova Guiné, uma alternativa exótica e excitante ao serviço militar.

Dos trezentos candidatos ao posto, dezesseis foram selecionados e Van de Waal estava entre eles. Viajara da Holanda para a Nova Guiné no fim de 1959. Após nove meses em Hollandia aprendendo malaio e tendo aulas sobre governo colonial, fora enviado para Pirimapun, em outubro de 1960. "Era um 'distrito de exploração', uma das áreas

COLHEITA SELVAGEM

mais selvagens de toda Nova Guiné", disse ele, que praticamente não recebia instruções. "'Faça contato', disseram-me, 'e pouco a pouco eles passarão a confiar no governo'."[42] Ele também devia construir uma pista de pouso, pois somente em Pirimapun havia solo suficientemente seco. Não tinha equipamento, nem mesmo um carrinho de mão. Por um mês de trabalho, pagava aos trabalhadores um machado, uma faca, um pouco de linha de pesca e alguns anzóis. Uma vez por mês, um barco de suprimentos chegava ao local. Ele tinha um rádio e um gerador, que ligava duas vezes por dia para relatar que ainda estava vivo.

Van de Waal adorava. Não havia muito a fazer, exceto "mover um pouco de areia" para a pista de pouso e vaguear de canoa por pequenas distâncias.[43] Como agente do correio, ele enviaria cartas com datas estranhas, como 35 de setembro de 1960. Após alguns meses, pediu a um carpinteiro de Merauke para criar um catamarã com duas canoas escavadas conectadas por uma plataforma encimada por uma cobertura de sapé. Usando um motor de popa, ele tinha liberdade: podia ir aonde quisesse e dormir no barco. Vagueou por toda a região, subindo e descendo os rios e fazendo contato. Oficialmente, não existia mais caça às cabeças. Foi isso que Michael ouviu, assim como seu pai e sua irmã, ao chegarem ao local um ano depois. Era o que precisava ser dito a todos, dada a situação política de Papua e a necessidade holandesa, ao preparar o país para a independência, de apresentá-la como membro produtivo da comunidade internacional no período de uma década. "Mas ainda havia caça às cabeças", disse Van de Waal, "e, às vezes, até mesmo ataques devastadores". Como haveria nos anos seguintes:[44] em 1970, o missionário americano Frank Trenkenschuh chegou aos vilarejos de Sogopo e Ti um dia depois de os guerreiros terem matado cinco homens e uma mulher e, já em 1980, Schneebaum ouviu histórias de caça às cabeças e assassinatos nas áreas mais remotas de Asmat.[45]

Mesmo assim, Van de Waal viajava sem defesas, com apenas um cozinheiro e um garoto como ajudante.[46] Ele tinha um punhado de

CARL HOFFMAN

policiais papuásios em Pirimapun, mas sempre os deixava para trás. Possuía um revólver, que nunca retirou da caixa. Por que Van de Waal, Gerbrands e homens como Zegwaard, Van Kessel e Von Peij foram capazes de viajar e mesmo viver entre pessoas tão ferozes e combativas? Para os asmats, cada contato era facilitado pelo pagamento constante: em tabaco, no qual haviam se viciado, machados de aço, anzóis e linha de pesca. Lembrando-se de seu primeiro encontro com exploradores australianos nas terras altas da Nova Guiné nos anos 1930, um homem koiari disse: "Não sabíamos de onde as criaturas tinham vindo, se dos céus, de debaixo da terra ou da água. Pensávamos que podiam ser *remo* [espíritos], mas nunca tínhamos visto *remo* antes. [...] Estávamos com muito medo e achávamos que, eventualmente, eles voltariam e acabariam conosco. Mas, ao mesmo tempo, gostávamos das coisas boas que traziam consigo, como fósforos e facas."[47]

O amor dos asmats pelos produtos ocidentais era acompanhado por seu medo das armas de fogo. Seu poder estava presente em todos os confrontos entre os nativos e os ocidentais armados. Os asmats eram guerreiros ferozes e destemidos no campo de batalha, mas flechas de bambu e lanças de madeira eram como brinquedos, se comparadas ao poder de fogo das armas modernas. Os combates com brancos armados na Nova Guiné foram muito parecidos com os ocorridos com os conquistadores nas Américas. Em uma história contada por Jared Diamond em *Armas, germes e aço*, quando Francisco Pizarro encontrou o imperador inca Atahualpa na cidade peruana de Cajamarca, em 16 de novembro de 1532, seus 168 homens estavam no meio do território inimigo, cercados por 8 mil soldados incas.[48] A batalha não durou muito: em minutos, Atahualpa foi capturado e milhares de nativos foram mortos ou tomados prisioneiros, sem nenhuma perda espanhola. Quando o inglês Charlie Savage chegou a Fiji, em 1808, "ele remou sua canoa até o vilarejo de Kasavu, parou a curta distância da cerca e atirou nos habitantes indefesos. Suas vítimas foram tão numerosas que os sobreviventes empilharam os corpos para se esconder atrás deles [...] Tais exemplos do poder das armas de fogo contra nativos desarmados podem ser multiplicados infinitamente", escreveu Diamond.[49]

De fato, uma investigação da patrulha Strickland-Purari, uma exploração das terras altas da Nova Guiné australiana financiada pelo governo, relatou em 1935 que "a patrulha abriu fogo contra os nativos em ao menos nove ocasiões".[50] Cinquenta e quatro homens foram mortos a tiros de rifle, "sem nenhum membro da patrulha sendo morto ou seriamente ferido durante as escaramuças". Os nativos aprenderam depressa que eram praticamente impotentes em face da pólvora.

Os asmats fizeram o melhor que puderam para aplacar os ocidentais e se desviar deles. Todo o cosmos asmat era composto de violência recíproca, entre homens ou vilarejos e entre homens e espíritos.[51] Não eram apenas os outros homens que ficavam sedentos por vingança, mas também os espíritos. Se não fossem aplacados, podiam atacar um vilarejo tão destrutivamente quanto inimigos humanos, fazendo com que homens, mulheres e crianças adoecessem. Certamente, nos anos iniciais de contato europeu, e provavelmente durante muito tempo depois, os asmats nunca tiveram certeza do que eram os intrusos brancos. Espíritos ou homens? Atacá-los não significava apenas uma retaliação física como a de Max Lapré, mas também se arriscar a algo ainda mais assustador: uma retaliação espiritual.

Embora Zegwaard, como branco solitário percorrendo os rios em meados da década de 1950, tivesse simplesmente aparecido nos vilarejos logo após os ataques, com o passar do tempo os asmats foram espertos o bastante para esconder as práticas que os padres e administradores coloniais desaprovavam. Como observou Lapré em seus relatórios, eles simplesmente penetravam ainda mais fundo na selva para realizar suas cerimônias, que eram parte integral de seu lugar no mundo. É fácil celebrar nossa humanidade partilhada — afinal, somos todos seres humanos que amam, desejam, temem, sentem, sonham e lamentam — e ignorar nossas diferenças, esquecendo que elas são poderosas e fundamentais para a maneira como vemos uns aos outros, o mundo e nosso lugar nele. Ambos apertamos mãos. Ambos sorrimos. Ambos comemos juntos, rimos e olhamos para o mesmo rio e para as mesmas palmeiras e ambos temos de nos esconder no mato para urinar. Mas o que cada um de nós percebe e acredita e aquilo a que damos importância pode ser profundamente diferente. Toda a cultura asmat era construída sobre a reciprocidade; Lapré pode ter insistido nas leis holandesas e no poder do governo, mas, após a sangrenta luta no Ewta entre Omadesep e Otsjanep, Faniptas dera uma de suas filhas a Dombai como oferta de paz. É quase impossível conhecer o poder de uma estaca *bisj*, o significado de uma canção, a sacralidade de um crânio ou a importância de dar presentes de sagu para o *jeu* e seus anciões. E assim, pessoas como Wim van de Waal e Michael Rockefeller foram capazes de coletar, fotografar e escavar a cultura asmat, viajar com eles e conviver em seu meio, sem realmente compreender seu mundo e as dimensões invisíveis de sua realidade.

Durante algumas horas, Van de Waal mostrou seu pequeno reino a Michael e Wassing e os apresentou a Van Kessel, que estava construindo uma casa em Pirimapun.[52] O padre e Michael conversaram brevemente — uma conversa que o deixou animado e determinaria o restante de sua breve vida. Van Kessel, escreveu ele a Goldwater alguns dias depois, fora o "primeiro homem branco" a explorar a área sudoeste de Asmat, na costa Casuarina.[53] Tinha profunda experiência com os asmats e recomendara que Michael prestasse atenção ao sul. "Por várias razões, acho que ele se provará meu contato mais valioso [...] e parece disposto a me ajudar a coletar objetos para o Museu de Arte Primitiva. Pode ser particularmente valioso, pois conquistou a confiança dos nativos na área e provavelmente possui mais acesso às boas peças do que eu jamais teria." Michael pediu que Goldwater enviasse uma carta a Van Kessel, estabelecendo sua conexão com o museu. Van Kessel era exatamente o que Michael precisava: o missionário sabia como facilitar o contato, falava asmat e conhecia o poder de seu mundo sagrado. Se tivessem viajado juntos, o destino de Michael poderia ter sido muito diferente. Em vez disso, seria a caminho de se encontrar com ele que Michael desapareceria.

Michael e Wassing foram embora ao meio-dia, chegando a Agats na mesma noite. Michael passou a noite na confortável casa de um oficial holandês. Na manhã seguinte, seguiram a mesma rota que eu seguiria cinquenta anos depois, passando Warse e chegando a Atsj tarde da noite, viajando em canoas nativas. O padre Von Peij não estava, e eles dormiram no escritório do correio. Pagavam a cada remador um pedaço de tabaco e alguns metros de linha de náilon por dia.

Pela manhã, avançaram na direção de Amanamkai, onde viviam Gerbrands e David Eyde, um antropólogo americano de Yale. Lá, Asmat os engoliu. Gerbrands os levou ao *jeu* Aman, que acabara de ser reconstruído e estava no meio das celebrações de inauguração. "Houve algo misterioso em minha chegada primeiro a Baliem e, agora, a Asmat", escreveu Michael em seu diário. "Ambas coincidiram com importantes cerimônias."[54] O *jeu* era enorme, com mais de 30 metros de comprimento e dezesseis lareiras alinhadas na parede dos fundos, cada uma pertencente a um grupo familiar diferente e marcada com uma estaca esculpida. O chão era frio ao toque, flexível e coberto com cascas de palmeira-sagu. A luz no interior do *jeu* era mágica: escuridão entremeada por raios de sol e fumaça espessa. O *jeu* estava lotado de homens suados, com um semicírculo de tocadores de tambor sentados ou em pé em torno da lareira central, que pertencia a todo o grupo, e cercados por homens que dançavam como casuares: pulando para cima e para baixo e sacudindo os joelhos para os lados. Um dos homens começava a cantar, em um lamento melódico, e os outros se juntavam a ele. Era hipnótico, primitivo, poderoso e sobrenatural, um universo alternativo intocado pelo tempo ou pela tecnologia, um mundo romanceado e reverenciado, ainda apenas insinuado nas brilhantes e esterilizadas exibições do museu de seu pai. Agora era sua vez de explorar, desvendar e coletar.

A dança e os tambores prosseguiram por horas, durante todo o dia e o início da noite, quando chegou uma canoa de homens de Omadesep com a mensagem, nas palavras de Wassing, de que Otsjanep "tornara a região insegura e a situação era tensa". Eram notícias "inquietantes", porque Michael e Wassing queriam ir a Omadesep e Otsjanep e precisavam de remadores, que pareciam relutantes em fazer a viagem. Mas, com ajuda de Gerbrands e Eyde, cuja tese em Yale fora sobre caça às cabeças e beligerância, Michael aproveitou a arte e a cerimônia, notando que as estacas *bisj* eram "uma figura de vingança [...] cuja colocação usualmente precedia uma caça às cabeças nos tempos antigos. As figuras representam pessoas cujas cabeças foram tomadas e que serão vingadas".[55] Jamais lhe ocorreu que ele terminaria saciando o desejo de vingança de gente que ainda não conhecia.

Eles passaram o dia seguinte esperando o fim de uma chuva pesada que durou toda a tarde, com Michael na varanda da casa dos homens, tirando fotografias da tempestade e das canoas que a enfrentavam. No dia seguinte, pagou aos homens para encenarem um ataque. Ficou em êxtase quando centenas de guerreiros, alguns nus, apareceram com colares de dentes caninos e os rostos pintados com giz, em "dezenas" de canoas que desceram o rio Awor.[56] As embarcações se separaram em dois grupos e avançaram, "como se estivessem possuídas", uma contra a outra, jogando cal no ar e circulando a canoa de Michael e Wassing "como um redemoinho, acompanhado de gritos e do soar de trompas". Michael tirou fotografias, maravilhado com "a graça de seus movimentos ao remar, sua força bruta e velocidade, seu grande número, o ritmo de cada canoa e a pompa da ocasião para os asmats".

Eles partiram dois dias depois, às 15 horas, com poucos remadores em função das tensões entre Omadesep e Otsjanep.[57] Wassing, Gerbrands, Putnam e Michael se sentaram no meio das canoas, com

COLHEITA SELVAGEM

homens nus na proa e na popa. "Primeiro, houve a lenta e silenciosa partida Awor abaixo", escreveu Michael. "Os remadores empregavam pouca força, permitindo que a maré vazante carregasse as canoas. Ou talvez tenha sido apenas minha imaginação, dada a bela facilidade que sempre parece permear os movimentos repetidos durante toda a vida."[58] Michael queria economizar filme, mas não conseguia resistir, pois estava "encantado com uma visão maravilhosa após a outra [...] Fui capaz de observar os remadores hora após hora, particularmente o homem na traseira da canoa de René. As formas nunca perdiam o interesse: as remadas contra o luxurioso emaranhado de plantas e as imensas árvores nas margens do rio, tudo iluminado pelo sol, pelos trovões, pelo brilhante ocaso, pela lua cheia e pela negra noite. Como não fotografar, mesmo correndo o risco de ser repetitivo?

"Gostaria de ter registrado a chilreante massa de papagaios que vimos empoleirados nas árvores perto da costa. Centenas e centenas de pequenos pássaros voavam loucamente de uma árvore para a outra, fazendo sabe-se lá o quê. Objetos obscuros disparavam por entre os galhos e então as árvores se dobravam sob o peso de uma miríade de criaturas aladas, iluminadas por alguns instantes. O ar estava repleto do som de asas e de mil pássaros gorjeando ao mesmo tempo."[59] O sol se pôs em labaredas vermelho-alaranjadas e a lua cheia nasceu, imensa e brilhante, enquanto eles remavam em silêncio, com exceção do marulho do rio contra as canoas e da voz ocasional do vigia na proa.

Após sete horas, chegaram a um bivaque na foz do rio Faretsj, não muito diferente daquele ao qual Amates me levaria.[60] Revoadas de estorninhos levantaram voo em torno dos barcos, enchendo a noite escura de trinados e do farfalhar de milhares de asas. O grupo engoliu um jantar frio de chá, restos de arroz e arenque e passou a noite no bivaque. Pela manhã, mais três horas de remadas Faretsj acima os levaram até Omadesep. Inicialmente, Michael ficou desapontado — havia uma escola no vilarejo, e em atividade! E, quando pediu para ver os entalhes, sentiu-se "quase enojado" com itens que "mostravam o efeito do trabalho apressado, estimulado pelas facas e pelo interesse dos homens brancos por itens exóticos".[61] Michael percebeu que os itens eram "feitos para vender, não para usar". Ele perguntou sobre escudos e tambores e "objetos interessantes começaram a surgir lenta e discretamente. Primeiro um escudo, quebrado, mas antigo e muito belo. Então um tambor após o outro [...] com uma interessante variedade de cabos entalhados. Com isso, meu desapontamento desapareceu e fui tomado por uma animação crescente, contida apenas pela percepção de que a impetuosidade levaria ao desastre". Ele, é claro, era jovem demais, inexperiente demais e rico demais para conter sua agitação e sua impetuosidade e falharia tragicamente em considerar suas próprias palavras, especialmente no dia em que cruzasse a foz do rio Betsj. Enquanto pagava por seu novo tesouro "com preços variando em seu grau de inadequação", Putnam registrava o nome dos artistas em seu diário.

Na frente da escola, encontraram quatro estacas *bisj*, enormes esculturas de 6 metros de altura feitas de uma única árvore de mangue e de cujo topo se projetava uma bandeira de treliça, ou um pênis, de 120 centímetros. Todas as esculturas dos asmats são belas e complexas — tambores, escudos, lanças, arcos e remos —, mas nenhuma se compara às estacas *bisj*. Seus detalhes tridimensionais e suas linhas dinâmicas, com membros e rostos entremeados de louva-a--deus, calaus e crocodilos (comedores de frutos e homens, como os próprios asmats) — todos entalhados à mão livre, sem sequer um esboço ou linha traçada —, são poderosos e assombrosamente belos. Mas, retiradas de seu ambiente e cultura, como pretendia Michael, seriam despidas de significado, de sua profunda importância para a vida asmat, e se tornariam pouco mais que objetos exóticos a serem consumidos pelos exigentes patronos do Museu de Arte Primitiva, sem real entendimento de seu propósito.

COLHEITA SELVAGEM

Rockefeller e Gerbrands deram uma olhada nas quatro estacas e as acharam maravilhosas. Sem senso de ironia, Michael escreveu: "Eram um tipo de objeto que me pareceu inviolado pela invasão do comercialismo ocidental na arte asmat. Rapidamente decidi comprar uma feita por Faniptas" — o mesmo homem que enganara Pip e seu grupo de Otsjanep e os convencera a segui-lo até Wagin.[62] Mas Gerbrands o persuadiu a comprar todas elas: possuir as quatro, como um conjunto cerimonial completo, era uma oportunidade boa demais para se perder. (Atualmente, as estacas estão no Museu Metropolitano de Arte, em Nova York.) Então Michael teve uma ideia: "Achei que seria maravilhoso fotografar as estacas em frente ao *jeu* para o qual haviam sido esculpidas." Gerbrands intermediou as conversas e rapidamente se chegou a um acordo: as estacas seriam fincadas na frente do *jeu* e "toda a cerimônia que acompanha tais ocasiões seria reencenada".

Muitas partes da vida cerimonial asmat são compartimentalizadas. Algumas canções são tão poderosas e especiais que permanecem secretas mesmo para as mulheres e crianças do próprio vilarejo.[63] Os asmats revelam algumas coisas, mas outras não. Ao serem pressionados pelos estrangeiros, às vezes inventam histórias para satisfazê-los.

É difícil saber exatamente que cerimônia os homens de Omadesep encenaram com as estacas *bisj*. Eles as fincaram na frente do *jeu*, atendendo ao pedido de Michael, e tocaram tambor, cantaram e dançaram em torno delas. Sem surpresa, contudo, Michael achou a cerimônia "bastante decepcionante" e difícil de fotografar. "Não havia magia envolvida, nenhuma oferenda foi feita nem nenhuma atenção religiosa dispensada às estacas em si. Esse fato provavelmente responde pela facilidade com que os asmats foram induzidos a fazer a reencenação. Quando não há perigo de enfurecer um deus ou empregar mal a magia, tais ocasiões devem ser bem-vindas no vilarejo."[64]

Ele estava certo — sabe-se lá o que os asmats estavam fazendo —, mas esse trecho também revela uma falha em seu caráter, uma certa húbris. Rotineiramente descrito como amável, gentil e sem preten-

127

sões, Rockefeller tinha apenas 23 anos. Era jovem e rico. Acostumado a conseguir o que queria, parecia inconsciente do próprio papel na distorção da economia local e na banalização da cerimônia do vilarejo ou da natureza contraditória de sua empreitada. Ali estava o herdeiro de uma das maiores fortunas do mundo saqueando objetos sagrados por centavos — a pessoa mais privilegiada do planeta intrometendo-se no mundo dos mais marginalizados, os que ficam mais baixo que todos no totem, por assim dizer. Irritado com os objetos feitos para vender, ainda assim chegara ao vilarejo para comprar objetos. Nos quatro meses seguintes, gastaria prodigamente. E suspeitaria que essa era a razão para a reticência e o ressentimento de Gerbrands, que chamou de "personalidade elusiva e fechada para o mundo, como uma concha".[65] Michael levou três dias para que Gerbrands o chamasse de "Mike", e não apenas "Rockefeller", e Gerbrands ficou cada vez mais aborrecido com suas constantes perguntas, dando respostas abruptas ou dizendo não saber. Mas foi preciso que Sam, um mendigo se comparado a Michael, explicasse como Gerbrands deve ter se sentido com a chegada repentina do jovem de 23 anos.

"Perto do fim da viagem, comecei a achar que talvez essa qualidade fechada e distante em Adri [apelido de Gerbrands] derivasse de uma certa desilusão que veio da frustração de suas ambições", escreveu Michael. "Durante sua estada na Nova Guiné, sei que ele ficou continuamente exasperado por coisas como defeitos nas lentes que trouxe do Japão, inadequação do suprimento de filmes, falhas na entrega do gravador e constante dificuldade para obter remadores para as viagens. [...] Acho que Sam está certo ao dizer que um homem como Adri pode ficar ressentido quando relativos iniciantes, como nós, chegam equipados com as melhores câmeras, grandes quantidades de filme e dinheiro suficiente para comprar estacas *bisj* e qualquer número de objetos, sem falar em nossa habilidade de pagar por duas cerimônias com as estacas [...] e então mencionar outra viagem para

COLHEITA SELVAGEM

coletar objetos, equipada com um barco a motor, pelo qual ele nunca conseguiu pagar."

Em sua descrição de uma aquisição feita naquela tarde, podem-se ver os primeiros sinais de uma obsessão crescente. Um homem chamado Givin lhe mostrou uma lança, que ele comprou imediatamente. "Era antiga e bela, de um tipo que eu jamais esperara obter. De algum modo, Bob me fizera acreditar que eu era um dos últimos em uma longa fila de colecionadores que já haviam saqueado Asmat. Agora, contudo, pergunto-me se é o caso. Vi coisas belas demais, mesmo em minha curta estada, para me sentir desencorajado pela convicção de que a arte desapareceu. Agora [...] estou quase confiante, no mínimo animado. De qualquer modo, essa compra iniciou uma reação em cadeia. Lança após lança surgiram dos cantos escuros das casas do vilarejo. Comprei quatro exemplares maravilhosos."[66]

Em qualquer caçada ao tesouro bem-sucedida, chega um momento em que imaginação e realidade se fundem. A jornada nasce da imaginação, de antever um lugar estranho, encontrar seus rastros e localizá-lo. Michael se imaginara profundamente imerso em uma cultura exótica, cercado por ela como se fosse uma capa, e então estava lá. Seu sonho se tornava realidade. Quando esse momento chega, quando você percebe que conseguiu, a busca se torna a única coisa que importa — e, quanto mais eu penetrava em Asmat e lia os diários de Michael, mais entendia e me identificava com isso. Caçar arte e caçar histórias são a mesma coisa. Chuva, calor, frio, perigo — lá fora, tudo se torna subordinado à tarefa e, quanto mais perto você chega do tesouro, mais está disposto a se arriscar para consegui-lo. Não há nada mais inebriante: faz com que você se sinta poderoso e invulnerável.

Michael queria arte asmat, mas não qualquer arte. Ele queria objetos autênticos, que fossem referenciais de um mundo ainda puro, que tocassem um passado distante e uma versão perdida de nós mesmos. Mas, quanto mais puro era o objeto, quanto mais autêntico e poderoso, mais sua comercialização aproximava Michael das fronteiras de um universo alternativo. Ele não compreendia que, ao comprar estacas *bisj*, estava comprando almas de homens, almas que poderiam causar doenças e mesmo morte. Ele contava com uma quantidade infinita de dinheiro — o obstáculo que limita a maioria das pessoas, que as refreia e as força a lançar mão da amizade, da reciprocidade e da paciência para com os outros. E há uma profunda diferença entre pessoas que são amigas e pessoas que querem dinheiro. Se Michael não tivesse condição financeira tão boa, teria de se mover mais devagar, permanecer mais tempo nos vilarejos, negociar, fazer conexões, tornar-se conhecido. Em vez disso, passava um ou dois dias em cada local: chegava, comprava e seguia em frente.

Omadesep e Otsjanep estão situados em rios paralelos — Faretsj e Ewta — e conectados, como a parte de cima de uma ferradura, por um pântano navegável. Oficialmente, a caça às cabeças podia ser coisa do passado, mas a grande tensão entre os dois vilarejos estava clara para Gerbrands, Wassing e Michael. No confuso nó de alianças asmat, eles encontraram um homem chamado Tatsji, que, "por ter familiares em Otsjanep, era inviolável" e podia servir como escolta, escreveu Wassing.[67] E, subitamente, muitos outros queriam ir também: às 11 horas do dia 30 de junho, uma frota de canoas subiu o Faretsj em direção a Otsjanep. Faniptas também foi, embora não esteja claro se Michael e Wassing sabiam quem ele era, para além de um entalhador, e que, após a desastrosa viagem a Wagin três anos antes e a violência que se seguira, ele dera uma filha a Dombai, em Otsjanep, para promover a paz.[68] "Foi uma maravilhosa viagem rio acima", escreveu Michael. "Um grande número de canoas de Omadesep, carregadas de guerreiros, acompanhou-nos, usando a ocasião da nossa viagem e a proteção que oferecia para negociar um tratado de paz com Otsjanep, o poderoso e temido inimigo e rival tradicional."[69]

COLHEITA SELVAGEM

O rio serpenteou e deu voltas e eles remaram sob o sol causticante, passando por árvores inclinadas sobre a água ou já caídas.[70] O rio se estreitou ainda mais e se transformou em pouco mais que um riacho, atravessando o pântano e a vegetação que chegava à altura de um homem. Perto da foz do Ewta, quando o rio emerge do pântano, passaram pelo vilarejo de Warkai, que estava abandonado. Em Asmat, isso era sempre um sinal de que, recentemente, o vilarejo fora vítima ou perpetrador de um ataque: com a crescente presença governamental, os habitantes com frequência se embrenhavam profundamente na selva para desmembrar e comer suas vítimas.

Ao entrarem no território de Otsjanep, os remadores ficaram cautelosos; segundo Wassing, "cada árvore e curva do rio eram observadas cuidadosamente". Eles chegaram a um grupo de casas sobre estacas de 9 metros de altura, um refúgio temporário recentemente construído por Otsjanep — e mais uma indicação de que a guerra e a caça às cabeças permaneciam vivas. Tatsji cantou longa e melodicamente, explicando quem eram, de onde vinham e por que estavam ali e afirmando não haver governo, polícia ou missionários com eles.[71] Tudo permaneceu imóvel. Silencioso. Os remadores cantaram em uníssono dessa vez, todos eles, fazendo o mesmo anúncio de sua chegada. Então trompas ecoaram na selva em torno. Homens e mulheres saíram da mata, cantando. A tensão evaporou quando os homens subiram nas canoas e remaram a seu encontro. Eles se abraçaram. Apertaram mãos. E começaram a negociar freneticamente, trocando sagu e inhame por tabaco e frutas.

Por mais selvagens e intocados que fossem os danis do vale de Baliem, aquilo era diferente. Ainda que os danis lutassem uns contra os outros, as mortes em combate eram raras e eles eram fazendeiros, com suas batatas-doces lhes dando um senso de tempo e acomodação — e, muito mais importante, uma fonte abundante e confiável de alimento. Os asmats que o acompanhavam eram puros caçadores-coletores, canibais, com uma cultura muito mais estranha que as dos danis, e Michael podia sentir isso. "É uma terra mais selvagem e remota que qualquer outra que eu já tenha visto", escreveu ele.[72] Um grupo de homens de outro vilarejo, que jamais encontrara homens brancos, estava presente. Eles não conheciam os anzóis e as linhas de náilon que Gerbrands lhes deu e cantaram durante toda a noite — segundo Michael, celebrando o encontro com os brancos. Mas seria uma celebração? Ou algo diferente, mais complicado, um modo de lidar com uma experiência profundamente inquietante, o encontro com superseres estranhos e sobrenaturais que poderiam ser seus ancestrais em forma corpórea?

Michael partiu pela manhã, afastando-se do refúgio temporário e indo até o vilarejo permanente, com os remadores de Otsjanep preocupados que suas mulheres, deixadas no refúgio, fossem atacadas por Omadesep.[73] Quando finalmente chegaram ao vilarejo, era o maior que já haviam visto, com cinco grandes casas dos homens. Homens e meninos enxamearam em torno deles, em um engarrafamento de dezenas de canoas e centenas de homens nadando. Michael pegou sua Nikon e fotografou feito louco. Eles encontraram dezessete estacas *bisj* nos *jeus* de Otsjanep, com detalhes que nunca tinham visto antes — a bandeira de uma delas representava dois louva-a-deus de frente um para o outro.[74] Fora finalizada a cerimônia para a qual as estacas de Omadesep — compradas por Michael — haviam sido esculpidas: as almas em seu interior tinham sido enviadas para Safan e, em vez de serem jogadas nos campos de palmeiras-sagu para apodrecer, haviam sido solicitadas pelo professor do vilarejo. Mas as estacas de Otsjanep ainda estavam nos *jeus*, sem serem descartadas ou jogadas na selva, o que significava que continham as almas dos homens cujas mortes ainda não haviam sido vingadas. Eram uma promessa, um juramento de restabelecer o equilíbrio ou, em termos mais crus, vingar sua morte. Michael e Wassing pareciam não ter conhecimento do ataque de Max Lapré três anos e meio antes, embora Michael tenha escrito que as estacas pareciam ter sido esculpidas para uma celebração que ocorrera em 1959 — apenas um ano após o ataque.[75]

COLHEITA SELVAGEM

Embora parecesse, não era verdade que isso ocorrera há muito tempo. Os asmats não tinham relógios e nunca esqueciam. O vilarejo de Otsjanep, como Michael pôde observar, era um lugar separado: uma cidade, pelos padrões de Asmat, com os próprios costumes e um estilo único de esculpir e entalhar.

Em troca de tabaco, os habitantes construíram um andaime de bambu em frente a uma das casas dos homens, voltado para o rio, onde montaram as estacas — um costume peculiar a Otsjanep.[76] Os homens tocaram tambor e cantaram, e Michael se ofereceu para comprar sete estacas, pagando um pedaço de tabaco, um machado, um anzol e alguns metros de linha a cada remador. Os moradores de Otsjanep concordaram. Michael fez um pagamento parcial, e os homens disseram que levariam as estacas até o ponto de encontro na margem leste do rio Betsj, em três ou quatro dias, e então as transportariam até Agats, onde Michael lhes daria mais machados, facas e tabaco.[77] Ele também comprou doze escudos.

Michael, Wassing, Putnam e Gerbrands partiram de Otsjanep em 3 de julho, para visitar outros vilarejos, e as canoas tiveram de cruzar a foz do Betsj. O que Michael escreveu em seu diário é notável, considerando-se o que aconteceria quatro meses depois: "A caminho de Biwar, tivemos de cruzar o estuário do rio Betsj, que, naquele ponto, tinha vários quilômetros de largura. Fortes ventos de monção às vezes empurravam as pesadas águas do mar de Arafura até o estuário, tornando a travessia bastante perigosa em uma canoa asmat. [...] Embora houvesse algumas ondas quando chegamos lá, nossos remadores asmats, após avaliar o céu e as águas com olhos de especialistas, decidiram que a travessia podia ser feita."[78]

Três dias depois, eles chegaram ao ponto de encontro, onde acamparam e esperaram durante dois dias.[79] Os homens de Otsjanep — e as estacas *bisj* — jamais apareceram. Os remadores de Amanamkai disseram que eles podiam estar com medo de deixar suas mulheres e crianças para trás. É uma explicação. Mas eles já haviam feito isso

133

ao abandonarem temporariamente o refúgio para escoltar Michael até o vilarejo principal. Outra razão pode ter sido que as mortes representadas pelas estacas ainda não haviam sido vingadas e elas ainda estavam ativas, ainda habitadas por Osom, Faratsjam, Akon, Samut e Ipi, mortos por Max Lapré. E, se estivessem, os homens de Otsjanep não se separariam delas nem por todo o dinheiro e tabaco do mundo.

12.

MARÇO DE 2012

Cinquenta anos depois de Michael Rockefeller ter fotografado os homens dançando em torno das estacas *bisj* em Omadesep, cheguei ao mesmo local. O rio Faretsj jazia 1,50 metro abaixo, em sua margem de lama. Perpendicular a ele, a casa dos homens se estendia por 30 metros, uma estrutura maciça de estacas e *gabagaba* — talos de palmeira-sagu —, com uma longa varanda à qual se chegava por meio de uma escada de troncos. Do outro lado do rio, havia uma selva luxuriante de palmeiras-nipa, coqueiros e videiras emaranhadas. Perto do *jeu*, um labirinto de estacas enfiadas no solo lamacento: a fundação de uma nova casa dos homens. Eu dera sorte. Chegara a Omadesep logo antes da celebração da construção, e Amates dissera que as festividades começariam em breve.

Àquela altura, eu estivera navegando os rios e vilarejos com Amates e Wilem por quase uma semana. Parecia um sonho. Havíamos viajado à noite, ao alvorecer e durante a tarde — quando quer que as marés ditassem. Viajáramos em meio a aguaceiros torrenciais, com grandes e pesadas gotas de água gelada, e sob o sol escaldante. Eu não sentira água quente em minha pele desde que chegara a Agats, três semanas antes. Com exceção do sofá na casa da irmã de Amates, em Atsj, não havia visto uma cadeira ou almofada. Fazíamos três refeições diárias de macarrão e arroz, suplementadas por pequenas porções de caranguejos, camarões, peixes e sagu, e não havia óleo, gordura ou álcool e quase nenhum açúcar, com exceção do que Filo colocava em meu café instantâneo. Eu perdia peso rapidamente.

No vilarejo de Betjew, havíamos dormido no chão de uma escola que dispunha de um professor para oitenta alunos, dos quais apenas metade frequentava as aulas em qualquer dia. "Eles vão pescar ou colher sagu", dissera ele, "e não posso impedi-los." Passáramos outra noite em Atsj, onde os homens se reuniram na varanda enquanto a chuva caía em cascatas e martelava e cantava por toda a noite, até o alvorecer. "A chuva canta sobre um homem e uma mulher", dissera Amates, em uma de suas usuais e frustrantes explicações incompletas. "O homem foi morto por pessoas de Baiyun. É uma história de amor."

No vilarejo de Amates, Biwar Laut, havíamos passado um dia e uma noite. Anos antes, ele se separara de Omadesep, e Amates me contara a história. "Algumas mulheres de Omadesep estavam pescando quando cinco barcos de Faretsj se aproximaram e alguns dos homens foderam as mulheres", explicou ele quando saímos do Arafura e entramos no rio, em direção ao vilarejo. "Os maridos das mulheres descobriram, atacaram Biwar e mataram Biwiripitsj. Biwar atacou Omadesep e matou Escame. Meu avô me contou essa história." Garçotas voavam sobre nossas cabeças. Alguns homens em uma canoa gritaram o apelido de Amates — "Ates!" — ao nos verem. Nas docas, uma multidão se materializou e a irmã de Amates apareceu, uma mulher macilenta de camiseta. Vendo-a, começou a gemer e uivar. Em uma velha casa de madeira, encontramos seu pai, pequeno e magro, mas ainda musculoso, com o cabelo branco bem curto. Ele também soluçou, gemeu e tocou Amates.

Quando nos acomodamos na varanda da casa, Wilem chegou trazendo caranguejos grandes como minhas mãos, enrolados em folhas de palmeira molhadas. Ele os jogou no fogo, e então surgiu uma mulher usando um vestido sujo e rasgado, com um adorno de nariz e cordões nas orelhas. Ela também começou a soluçar e gemer. Jogou-se no chão, segurando a cabeça entre as mãos, chorando e se balançando para a frente e para trás. Levantando-se, tropeçou até a porta, como se estivesse bêbada, tão emocionada que mal podia

COLHEITA SELVAGEM

andar, e gritou sobre o passadiço durante quinze minutos. "É a tia de minha mãe", explicou Amates.

Partindo de Biwar, cortamos a selva por um canal que mal chegava a 1,50 metro de largura — tão raso que tínhamos de empurrar a canoa com uma estaca. Eu não conseguia ver o céu ou o sol. As margens enlameadas brilhavam e fervilhavam de caranguejos brancos com patas alaranjadas e salamandras da lama, criaturas primitivas parecidas com girinos, com grandes cabeças, caudas longas e apenas um par de pernas frontais. Nos esquivamos das árvores e videiras sobre nossas cabeças e passamos por raízes de mangues que pareciam dedos de antigos gigantes. Borboletas dançavam ao nosso redor e, após uma hora, chegamos ao rio Suretsj, com 1,5 quilômetro de largura ou mais.

Passamos a noite em Owus, o vilarejo de Wilem no rio Bow, onde ele me apresentou à esposa e aos três filhos, e então desapareceu. Choveu por toda a tarde e noite, e ficamos sentados à luz das velas, espantando moscas e mosquitos.

— Sabe — disse Amates —, Wilem tem duas famílias e duas esposas aqui.

Como sempre fora em Asmat, embora eles agora se considerassem católicos.

Saindo de Owus, encontramos uma canoa de 18 metros conduzida por um comerciante buginese, carregada de suprimentos. Acenamos, compramos cigarros de cravo e tabaco e continuamos. Em outro rio, fizemos sinal para alguns pescadores e conseguimos um peixe-gato de 90 centímetros, que Filo mais tarde picou e fritou. Foi a maior quantidade de proteína que consumi em dias.

Mesmo enquanto nos aprofundávamos no território, eu sentia aquele muro que não conseguia ultrapassar, uma sensação indefinida que não passava e que eu não sentira em nenhum outro lugar do mundo. Lentamente, comecei a entender. A coisa que eu não conseguia definir e da qual não conseguia me livrar era o canibalismo.

137

A caça às cabeças, o canibalismo e os rituais associados a eles — simplificando, toda a cultura asmat — só haviam começado a mudar há pouco mais de uma geração. O pai de Amates e os pais de potencialmente qualquer pessoa com mais de 40 anos haviam comido carne humana. E não do modo como comemos filés — comprados em uma loja com ar-condicionado e enrolados em filme plástico —, mas com ativa participação no desmembramento dos corpos, no corte das cabeças, na evisceração dos crânios, peitos e intestinos de homens, mulheres e crianças. Pense no sangue. Nas vísceras. Nos membros e mãos amputados. Talvez seja apenas minha imaginação, minha própria náusea norte-americana em relação ao corpo humano e à morte, mas o que fora ordinário para os asmats — apenas alguns anos antes! — era profundamente inconcebível para mim. Viver em choupanas, caçar e coletar alimento, acreditar em magia e em espíritos e guerrear eram apenas variedades diferentes do que fazemos todos os dias. Costumávamos andar nus, agora usamos roupas. Costumávamos viver em choupanas de sapé, agora vivemos em casas de madeira. Costumávamos acreditar em magia exótica e espíritos, agora acreditamos em Jesus Cristo e no Espírito Santo. Grande coisa. São diferenças de intensidade, não de qualidade. Mas o que os asmats faziam regularmente cruzava uma linha incomum na história humana, mesmo em culturas tradicionais de caçadores-coletores. A coisa mais horrível e mais monstruosa em que conseguimos pensar fora parte central de sua vida cotidiana. E, para mim, esse fato pendia sobre cada momento em Asmat. Era o elefante na sala — mesmo então, quarenta anos depois de a prática finalmente ter sido encerrada pelos missionários e pelo governo.

Se eu perguntasse a qualquer um sobre canibalismo, eles o reconheceriam. Sim, costumávamos comer pessoas, agora não fazemos mais isso. Não queriam falar a respeito. Eram católicos, embora muitos ainda tivessem várias esposas e todos acreditassem em um ativo mundo espiritual e em cerimônias das quais o Deus católico

COLHEITA SELVAGEM

não fazia parte. Sob a influência da Igreja, foram treinados a acreditar que o que haviam feito no passado era errado e sentiam vergonha, ao menos nas conversas com ocidentais. O que pensavam sobre o assunto em caráter privado era difícil saber. Muitas de suas canções relembravam o fato, afinal, e toda sua vida cerimonial se baseava nisso: claramente, o canibalismo ainda era parte de sua consciência.

Quanto mais permanecia em Asmat, mais eu sentia essa desconexão — entre o que fora e o que parecia ser, entre o que os asmats diziam abertamente e o que pensavam, entre a fascinação ocidental (incluindo a minha) com a ideia de canibalismo e a realidade. Enquanto Michael Rockefeller passeava por ali, a caça às cabeças, os assassinatos e o consumo ainda eram amplamente praticados. Toda peça de arte estava enraizada neles e todo asmat que conheceu nos vilarejos mais remotos já consumira carne humana. E cada peça que coletou, ainda hoje em exposição no Museu Metropolitano de Arte de Nova York, se refere a isso — as estacas na ala Michael C. Rockefeller do museu foram criadas para vingar mortes e o sangue dos mortos foi esfregado nelas. Mesmo assim, ele nunca viu a caça às cabeças ou o canibalismo. Poucos ocidentais viram, com exceção de Zegwaard, e é questionável se mesmo ele chegou a ver humanos sendo desmembrados e consumidos. Eu me pergunto: e se tivesse visto? Se eu tivesse? Se tivesse acontecido na frente deles? Teriam visto a "arte" de modo diferente? O que eu faria, o que sentiria, se aqueles massacres e banquetes acontecessem diante de mim?

Em suas notas de campo, diários e cartas, Michael repetidamente se refere à conexão entre a caça às cabeças e os objetos de arte que coletava. Mesmo assim, permanece dissociado do fato, jamais o enfrentando: é uma conexão acadêmica, histórica. Esse era o muro que eu sentia. Eu queria saber como era, o que eles sentiam e pensavam sobre a decapitação do filho ou da esposa de alguém, sobre desmembrar os corpos com as próprias mãos e algumas ferramentas toscas. Eles haviam feito isso, sabiam disso, todo mundo em Asmat sabia — todo o museu de Agats fora construído em torno da ideia — e, mesmo assim, ninguém falava a respeito. Tobias Schneebaum romantizou os índios amazônicos com quem viveu até o dia em que eles atacaram outro vilarejo, matando brutalmente suas vítimas com porretes.[1] Schneebaum foi com eles, viu tudo, enfiou uma lança no peito de um homem já morto e ficou horrorizado. Em seguida, participou do consumo do coração cru e ensanguentado de uma das vítimas. Isso o afetou tão profundamente que ele foi embora logo em seguida. Acho que seria isso que Michael teria feito, assim como eu. Em algum lugar, de algum modo, havia uma fundamental e profunda diferença cultural entre mim e os asmats a meu redor, assim como houvera entre Michael e os homens que fotografara, sobre os quais escrevera e com os quais comprara objetos. A ideia nos fascinava porque nunca tivéramos de ver a coisa real. Mas era isso que me separava dos asmats em todos os momentos em que estava com eles.

Quando chegamos a Omadesep, vínhamos nos afastando continuamente de Agats, navegando por rios cada vez mais estreitos e remotos. Atsj, Ayam e Becew tinham lojas, docas, lixo produzido pelo consumo de produtos ocidentais e alguns geradores que rugiam à noite. Omadesep não tinha nada, nem mesmo uma loja, e o que realmente chamou minha atenção foi a ausência de lixo. Não havia nenhum. Era um lugar com apenas alguns poucos produtos manufaturados — potes e panelas, algumas machetes, linha de pesca — e nenhuma outra coisa que não viesse do mar ou da selva.

Sob um céu branco e em meio a uma umidade na qual era possível nadar, ouvi gritos, uivos selvagens e estalos ritmados. Amates me agarrou pelo braço e me conduziu até o fim de uma doca bamba cheia de crianças descalças, algumas nuas, outras vestindo shorts de ginástica e as sempre presentes camisetas rasgadas e sujas. Descendo o rio, havia doze canoas deslizando juntas, com apenas 30 centímetros entre si, carregando de dez a doze homens cada. Embora todos

COLHEITA SELVAGEM

usassem bermudas, estavam decorados para batalha, usando bando-leiras de dentes caninos e carregando lanças decoradas com penas de cacatua. Seus corpos estavam pintados com cruzes de giz e listras em torno dos braços e pernas. Tinham gordura negra no rosto e os olhos circundados de vermelho, como uma enraivecida cacatua-rei, e usavam chapéus de pele de cuscus adornados com penas de cacatua. Haviam nascido na água, em suas instáveis canoas, e estalavam os remos contra as laterais.

— Huh, huh, huh, huh — grunhiam eles, dando gritos guturais entremeados por uivos agudos e interrompidos por uma voz profunda cantando algumas linhas de uma nênia melódica, antes que recome-çassem os grunhidos e o estalar dos remos. Pulavam para cima e para baixo e soavam suas trompas, como as buzinas de nevoeiro que eu ouvira quando criança, na casa de meus avós em Newport, Rhode Island. Nuvens de fumaça branca os envolviam — cal — enquanto remavam para a costa. Do tumulto se destacaram dez ou quinze homens carregando um cilindro de 2,5 metros, a parte superior do tronco de uma palmeira-sagu, enrolado em um belo vestido de folhas verdes: a palmeira-sagu é fêmea e deve usar saias, pois o sagu vem de dentro da palmeira, como a criança vem de dentro da mulher. Eles levaram o tronco para o *jeu*.

O interior do *jeu* estava escuro, mas raios de sol penetravam pelas paredes e pelo teto. Cinco homens estavam sentados de pernas cru-zadas no chão macio, de costas para a lareira central, com um longo e estreito tambor entalhado sobre os joelhos. Ali, o centro do *jeu*, era também o centro do cosmos asmat. Era onde o mundo dos vivos e o mundo dos mortos se encontravam, onde ambos estavam presentes. Os homens estavam vestidos como animais que comem frutos, ca-çadores de cabeças. Enfiadas em braçadeiras de ratã, havia longas e afiadas adagas feitas do osso da coxa de um casuar — a mesma adaga usada para prender a cabeça da vítima ao chão no conto original de Biwiripitsj e Desoipitsj. Eles tocavam em uníssono e cantavam: um homem começava a canção e os outros o seguiam. A canção começava e parava entre momentos de silêncio, sem direção aparente — cada homem sabia sua parte. "Ohhhhhhhhhhhhhh", entoava uma voz arrastada e profunda. A isso se seguiam partes faladas e mais longos "ohhhhhhhhhhs".

— Ele está cantando o nome de um homem morto por Omadesep em Biwar Laut há muito tempo — disse Amates. Milhares de moscas zuniam. Os homens fumaram. Cantaram. Tocaram tambor. Isso durou horas, com homens entrando e saindo, até haver cinquenta deles sentados em torno do tronco de palmeira-sagu, que era branco e brilhante e estava coberto de moscas.

Seguindo algum sinal que não compreendi, um homem começou a cortar o tronco no sentido do comprimento, girando a cabeça do machado a cada corte e separando uma lâmina de uns 2,5 centímetros, que se soltou como as camadas do coração de uma palmeira. A cada vez que ele cortava, o tronco se tornava mais estreito, até ficar do diâmetro de uma vara de pesca. A ponta do tronco virou uma cabeça, decapitada em pequenos pedaços. Os homens levavam seus tambores até o fogo, aquecendo as peles de iguana para esticá-las, e então esfregavam as mãos sobre elas, constantemente ajustando as bolinhas de cera de abelha, grudadas nos tambores como pedaços de goma de mascar, no intuito de manter a afinação. Perdi a noção do tempo em meio à escuridão, à fumaça, ao calor e à pulsação dos cantos e tambores. Cada canção era uma história sobre morte, caça às cabeças e batalhas de anos atrás, gerações inteiras, segundo Amates, e relembrava os ancestrais e seus espíritos.

Durante uma pausa para fumar, pedi a Amates que perguntasse sobre a viagem a Wagin, em 1957. Os relatos de Max Lapré a mencionavam como razão para suas ações, mas ofereciam poucos detalhes. Novamente, uma longa explicação de Amates. Todos fumamos. Os homens menearam as cabeças. Olharam para mim. E lembraram. De tudo, como se tivesse acontecido ontem. Ouvi os nomes Pip, Dombai,

Su, Kokai, Wawar e Pakai. E então um homem, Everisus Birojipts, começou a falar. Estava sem camiseta, não usava adornos e, embora fosse claramente idoso, seu peito era firme, amplo e muito musculoso. Tinha os cabelos curtos e a barba desalinhada. Era garoto quando acompanhara o pai na viagem e ficou animado ao contar a história. A busca por dentes caninos. A chuva e as lutas em Baiyun, Basim e Emene. Seu medo.

Durante as duas décadas anteriores, eu registrara centenas de histórias em todo o mundo, mas aquela parecia diferente. O desaparecimento de Michael estivera envolto em rumores durante tanto tempo e ocorrera em uma terra tão distante que assumira a qualidade de mito impenetrável. Sua própria família se agarrara publicamente à noção de que se afogara; não havia como investigar o que acontecera e era mais fácil se entregar ao mistério — aceitar que ele fora engolido por aquela inatingível fantasia verde e aquosa — que desvendá-lo. Nisso, depois de certo ponto, os Rockefeller haviam sido impotentes. Não importava quantas buscas realizassem ou quantos advogados contratassem. Não importava o que as leis e os tribunais tinham a dizer ou quantas pessoas poderosas conheciam. Todas as ferramentas dos ricos e privilegiados se mostraram inúteis. Os asmats não ligavam para elas e eram imunes a isso.

Mas o que quer que tenha acontecido a Michael fora real. Asmat era real — e ali, por mais estranho que pareça, os espíritos também eram reais. Eu começava a pensar nele como perdido nesse mundo espiritual. Algo acontecera, algo com raízes profundas na cultura asmat, e a cada dia a história se transformava em uma narrativa tangível. Quanto mais eu entendia sua cultura, mais começava a pensar no mistério do desaparecimento de Michael à maneira dos asmats, como se ele fosse um daqueles espíritos que nunca haviam sido conduzidos até Safan. Os asmats haviam fechado cada brecha com seus rituais e sua violência, mas Michael ainda estava flutuando lá fora. Talvez minha jornada, tanto até Asınat quanto pelos arquivos, não fosse apenas para resolver o mistério, mas também para que seu espírito finalmente descansasse em paz.

Na história de Birojipts, os seis homens de Otsjanep atacaram os homens de Omadesep primeiro, embora eu duvidasse disso, pois eles estavam em minoria absoluta. No Ewta, entretanto, não havia dúvidas:

— Havia um monte de homens de Otsjanep esperando por nós. Estávamos exaustos e sentamos para descansar e o povo de Otsjanep veio e nos matou com flechas. Meu pai e todas as pessoas atrás de mim foram mortas. Apenas algumas voltaram para Omadesep. Tanta gente assassinada.

No fim da tarde, o *jeu* estava lotado, com mais de cem homens sentados no chão. Outros surgiram, carregando folhas de palmeira--sagu recém-cortadas de uns 3 metros de comprimento, que foram penduradas como cortinas na parte central do *jeu*, em um sinal de que os espíritos estavam presentes, uma vez que habitam as folhas da palmeira. Quando o tronco desapareceu, as camadas foram cortadas em pequenos pedaços e distribuídas.

— Temos de sair — disse Amates. — Podemos ficar ali ao lado.

Em um instante, os homens se dividiram em dois grupos, um de cada lado do *jeu*. Gritos selvagens irromperam e eles começaram a jogar os pedaços de tronco uns nos outros, com o máximo de força que conseguiam. Em torno da lareira, os homens mais velhos se agacharam com seus tambores. Os guerreiros gritaram. Uivaram. Pareciam cães latindo e porcos guinchando. Os pedaços voavam com força, como bolas de neve feitas de sagu. Quando tudo terminou, houve soar de tambores e canções e os homens dançaram como se estivessem possessos, na louca dança do casuar, pulando e balançando freneticamente os joelhos para os lados. O *jeu* sacudiu, a cobertura do piso se moveu para cima e para baixo com o bater de pés e nuvens de poeira subiram como névoa. Um homem baixou as calças, perdido em êxtase.

COLHEITA SELVAGEM

Naquela noite, vinte homens foram até a casa em que estávamos hospedados. Ainda estava quente. Sufocante. Sem eletricidade, as velas bruxuleavam, grudadas no chão de madeira. Distribuímos tabaco, e eu ouvi e observei. A fumaça encheu o cômodo. Pálidos lagartos brancos caminhavam pelas paredes. Do lado de fora, os grilos cricrilavam. Aos poucos, os homens, cujos nomes não sei, contaram-me aqui e ali como Lapré fora prendê-los após o ataque e, como sempre acontece nesses vilarejos, o tempo oscilou e não havia mais como separar as gerações: o vilarejo era um, e as coisas que aconteciam com seus pais aconteciam com eles.

— Estávamos com medo — disseram, e naquele momento senti o choque de culturas, sua confusão com o que ocorria e por que ocorria e quem fora Lapré, com suas armas e toda a violência que haviam iniciado. Senti sua ansiedade em relação aos alienígenas que podiam ser superseres, que podiam ser seus próprios ancestrais, com armas e barcos em meio a eles.

Na manhã seguinte, partimos de Omadesep em direção a Otsjanep, como fizera Michael Rockefeller, embora o rio estivesse tão lento que tivemos de usar a rota pelo mar. A entrada para o Ewta era tão estreita que eu jamais a teria notado da costa. Era um túnel através das videiras dependuradas e dos verdes e monótonos mangues inclinando-se sobre o rio a partir das margens. Avançamos lentamente e imaginei Max Lapré naquele mesmo lugar, com o coração batendo no peito, armado e pronto para o confronto, procurando guerreiros escondidos naquelas mesmas árvores. Também imaginei os asmats os vendo chegar, aqueles estranhos homens com suas armas e seus barcos grandes e barulhentos. Um constante fluxo de canoas passava por nós, em direção ao mar, algumas com mulheres e crianças, outras com homens em pé e os remos mergulhando em perfeita sincronia. Suas camisetas e bermudas esfarrapadas os faziam parecer moradores de rua. Desejei que estivessem nus, embora também tenha me perguntando se isso não seria apenas minha esperança de obter uma experiência exótica entre selvagens desnudos. O rio serpenteou e se retorceu e, após meia hora, as árvores se afastaram e as choupanas cobertas de sapê surgiram na margem esquerda. O local parecia mais selvagem do que qualquer outro que eu já visitara. Não havia docas, apenas margens enlameadas e cheias de canoas. Escalamos a margem, abrindo caminho entre os troncos e estacas sobre a lama. Os homens nos encararam, Amates e Wilem dialogaram, e fomos conduzidos a uma casa de madeira de dois cômodos, com as paredes pretas de fuligem.

Estávamos em Pirien, um vilarejo adjacente a Otsjanep que resultara de uma violenta separação entre os cinco *jeus* logo após o desaparecimento de Michael. Mal entráramos na casa quando os homens começaram a chegar. Um. Dois. Cinco. Logo contei quatorze homens espremidos na sala sufocante e sem mobília, com dezenas de garotos espiando pelas janelas. Sentamos no chão, em um mar de rostos, corpos suados e moscas, encarando, esperando. Juntamente com papéis para enrolar, Amates trouxe bolsas de tabaco e entregou aos anciões, que as esvaziaram, dividiram o tabaco e o distribuíram pela sala. Rapidamente ficamos envoltos em uma nuvem de fumaça. Amates falava e os homens assentiam. Alguns se apresentaram. Havia Ber, filho de Dombai, ex-líder do *jeu* Pirien. Tapep era filho de Pep, que fora chefe nos anos 1960 e se casara com a viúva de Osom, um dos homens mortos por Lapré. Eu não tinha certeza do motivo pelo qual estavam ali, o que os trouxera. Eles não perguntavam nada, mas pareciam querer me ver e queriam o tabaco que eu oferecia, embora eu não soubesse exatamente o que Amates lhes dizia.

Perguntei como o vilarejo se separara. Houve muita discussão e Amates contou a história: Dombai era o chefe do *jeu* Pirien e tinha três esposas. Certa manhã, às 5 horas, o chefe do *jeu* Otsjanep lhe pedira que fosse até a selva e colhesse sagu enquanto suas três esposas pescavam de canoa. Dombai suspeitara e mandara que alguns

COLHEITA SELVAGEM

homens as seguissem. Eventualmente, seus espiões viram as mulheres fodendo — foi a palavra que Amates empregou — três homens do *jeu* Otsjanep, incluindo o líder.

Bem, quando as três mulheres retornaram a Otsjanep, encontraram problemas. Dombai as confrontou. Elas abriram as saias e disseram sim, nós os fodemos, e muitos outros homens de Otsjanep também. Os homens fizeram uma fogueira, queimaram as roupas das mulheres e isso foi tudo.

— Não tem problema — disse Dombai. — Não tem problema.

Mas ele não esqueceu. Um ano depois, os homens do *jeu* Pirien atacaram e mataram Bifack, Por, Fin e Ajim em retaliação e moveram suas mulheres e crianças para um novo lugar, 800 metros rio abaixo, e o *jeu* Pirien se tornou o vilarejo de Pirien. O que acontecia a um homem do *jeu* acontecia a todos. Não havia separação. Não havia individualidade. Não havia eu. A culpa coletiva corria profundamente em um lugar onde homens tomavam outros homens como amantes/irmãos e às vezes partilhavam esposas, onde todos eram aparentados e os entalhes das estacas *bisj* formavam um emaranhado de homens apoiados sobre e conectados a outros homens.

Houve muito choro. As crianças estavam tristes. Os homens de Otsjanep queriam paz. Assim, deram uma filha a Pirien e os homens dos dois lados beberam a urina uns dos outros, um ato de submissão e criação de laços.

Quando perguntei sobre o ataque de Lapré, eles ficaram em silêncio, e Amates sugeriu que fizéssemos uma pausa e subíssemos o rio até Otsjanep. Após uns 800 metros, as árvores se tornaram mais esparsas e entramos no vilarejo. Na margem esquerda, não havia casas de madeira, somente choupanas de sapé, fumaça e algumas bananeiras e coqueiros, com muitas pessoas sentadas nas varandas, observando nossa chegada. Algumas das mulheres estavam sem saias, com os seios pendendo murchos e flácidos sobre a barriga. Puxamos o barco até a margem, passamos sobre as canoas e passadiços de galhos e toras, e Amates conversou com a multidão que nos observava. As crianças se aproximaram. A clareira atrás das casas se estendia por uma centena de metros e perto dali, em algum lugar, estivera o vilarejo original que Lapré atacara e Michael visitara.

O ambiente era estranho. Sombrio. Opressivo, como se houvesse algo pendendo sobre o lugar. Aquele muro novamente, embora agora fosse quase visível a olho nu. Ninguém se movia. Se eu fosse um gato, meu pelo estaria eriçado. Olhei para as pessoas e elas me olharam de volta, mas não houve reconhecimento, boas-vindas, nada que me aproximasse delas. Ninguém apertou minha mão. Ninguém me convidou para sua casa. Senti como se não tivesse tração ali. Pedi que Amates perguntasse se alguém sabia sobre Lapré e seu ataque ou mesmo o testemunhara. Ele assim o fez, mas foi como se falasse em língua estrangeira. Os rostos permaneceram impassíveis. Algumas pessoas disseram umas poucas palavras.

— Eles não se lembram de nada. Não sabem nada sobre isso — disse Amates. Como sempre, eu não tinha como saber se ele estava sendo sincero e me dizendo tudo ou se havia coisas que filtrava e escondia de mim.

Não estou certo do que eu estava pensando ao imaginar que poderia chegar a um vilarejo e fazer com que seus habitantes simplesmente se abrissem comigo, um completo estranho e ainda por cima branco. Será que eu cometera os mesmos erros de Lapré e Michael? Surgindo com as pessoas erradas e as motivações erradas? Eu queria algo, é verdade. Não apenas o que eles estivessem dispostos a mostrar, mas seus segredos mais profundos, seus relatos sobre eventos que haviam precedido o possível assassinato e canibalização de um homem de meu clã, de minha tribo, meu compatriota. Eu imaginara que quereriam me contar, partilhar isso comigo, que correriam para me mostrar seu crânio ou osso da coxa e celebrar a brutalidade e a violência que faziam parte de quem eram. Imaginara que estariam orgulhosos disso. Por que eu achara que estariam tão ávidos? Nos

COLHEITA SELVAGEM

Estados Unidos, o ego leva a melhor sobre as pessoas: elas gostam de falar sobre o que fizeram, são sensíveis à bajulação dos jornalistas e à ideia de se afirmarem ao verem seus nomes em uma matéria de revista. E estávamos falando de eventos que haviam ocorrido cinquenta anos antes, envolvendo seus pais e avós, não eles mesmos. Imaginei que esses eventos seriam menos imediatos, menos perigosos. Mas as pessoas de Otsjanep estavam impassíveis e silenciosas como rochas.

Sem chegar a lugar nenhum e não nos sentindo bem-vindos, voltamos ao barco e retornamos à casa de madeira em Pirien. Era fim de tarde. Um grande porco preto apodrecia na lama sob a casa, agora vazia de visitantes. Cães latiam e lutavam. Crianças brincavam nos passadiços, mas eu não via adultos em lugar nenhum. Não conseguia manter as moscas longe do meu rosto, meus olhos, minhas narinas. Elas estavam começando a me enlouquecer.

— Eles estão com medo — disse Amates subitamente.

— Com medo? De quê?

— Um turista morreu aqui — respondeu ele. — Um turista americano chamado...

Não consegui entender o nome. Isso era novidade para mim. Em tudo que lera, jamais ouvira falar de um turista americano morrendo em Asmat.

— Quando? — insisti. — Como ele se chamava?

O inglês de Amates era lento e as palavras eram difíceis de compreender, não importava o que ele dissesse. Ele repetiu o nome uma vez e então outra, mais lentamente, e era um nome muito difícil de pronunciar para um asmat, mas daquela vez compreendi inequivocamente: Michael Rockefeller.

Eu não conseguia acreditar. Eu jamais mencionara o nome de Michael para Amates. Dissera apenas que era um jornalista escrevendo sobre Asmat e que estava interessado em sua história e na história da viagem a Wagin e do ataque de Max Lapré.

— Michael Rockefeller — repeti, fingindo ignorância.

— Sim, Michael Rockefeller — confirmou Amates. — Ele era americano. Esteve aqui em Otsjanep. Eles estão com muito, muito medo. Não querem falar sobre isso.

— Como você ficou sabendo desse nome? — perguntei.

— Eles me contaram — respondeu ele. — Hoje, quando estávamos conversando, eles me disseram que estavam com medo de que você estivesse aqui para perguntar sobre Michael Rockefeller. E estão com medo. Muito medo.

— Por quê?

— Otsjanep o matou. Todo mundo sabe disso. Meu avô me contou a história quando eu era menino.

13.

SETEMBRO DE 1961

"**Que horas são** e onde estou? É noite, os grilos estão enlouquecendo a meu redor e estou de volta a Hollandia", escreveu Michael em setembro de 1961. "Cheguei hoje, exausto, e descobri que amanhã, às 8h40, eu e René voaremos até Merauke para pegar o barco das 18 horas para Asmat. Estou cercado por minha pequena realidade durante as próximas dez semanas: um caos de câmeras e equipamentos que atravancam tudo, inclusive minha mente."[1]

Imediatamente após retornar de sua primeira viagem a Asmat, em julho, Michael escrevera uma longa carta a Goldwater: "Acho que posso relatar, com alguma confiança, que minha primeira viagem a Asmat foi um sucesso."[2] Ele estava extasiado com os objetos que coletara. Embora ambos tivessem ouvido que os asmats "já estavam bem aculturados", isso era parcialmente verdadeiro apenas em torno de Agats e "para alguém fazendo uma viagem muito rápida e relativamente curta [...] de barco a motor", escreveu. "Contudo, existem duas partes de Asmat que ainda são muito pouco desbravadas: o extremo noroeste e toda a costa Casuarina, que apenas começou a ser patrulhada e é conhecida apenas pelo missionário, o padre Van Kessel." Ele relatou que, embora fosse verdade que "a caça às cabeças já não existe" — uma estranha coisa a se dizer, dadas as crescentes tensões que presenciara entre Omadesep e Otsjanep e a arte que esperava encontrar, inteiramente baseada nesse tipo de caçada —, "as ideias ocidentais causaram notavelmente pouca impressão na mente asmat". A arte e as cerimônias associadas a ela estavam presentes em praticamente qualquer vilarejo. Seu maior feito seria conseguir as estacas *bisj* de Otsjanep, pelas quais negociara, mas ainda não recebera. "Elas resultam da conhecida cerimônia *bisj* [...] as estacas de Otsjanep possuem padrões entalhados nos braços e pernas das figuras. Aparentemente, é um estilo típico da costa Casuarina. O dr. Gerbrands me disse que não há nada parecido na Europa. Mais uma vez, fomos capazes de induzir os moradores do vilarejo a encenar parte da cerimônia *bisj* para nós. Doze estacas estavam envolvidas e foram depositadas, não em pé, mas apoiadas contra uma estrutura de madeira sobre a água do rio — perante as três casas de homens do vilarejo." Novamente, está presente essa estranha dissociação, quase uma negação. Se a cultura está intacta, se as ideias ocidentais causaram pouca impressão na mente asmat, então, por definição, a caça às cabeças — e o consumo de carne humana que fazia parte dela — ainda estava viva. O que, é claro, estava. De fato, naquele mesmo mês, Sanpai, um dos guerreiros de Atsj que acompanhara Lapré em 1958, fora convidado para um banquete em Otsjanep. Mas o vilarejo estava apenas usando um de seus velhos truques. "Ele chegou em Otsjanep e foi imediatamente atingido por uma flecha, assassinado e comido", escreveu Von Peij.[3] O que significa que o profundo e vibrante mundo espiritual também estava vivo. Mas sempre me parece, ao ler suas cartas e diários, que Michael tentava se afastar dele.

Em vez disso, pensava nas coisas que estava conseguindo, no que faria com elas e como conseguiria outras. A oportunidade de comprar as estacas, disse ele, seria "única" para os Estados Unidos e ele já dera grandes passos nessa direção.[4] Também decidira esquecer a Nova Guiné australiana e se concentrar nos asmats.

Goldwater escreveu a Van Kessel, atendendo ao pedido de Michael.[5] "Como o senhor sabe, o sr. Rockefeller é filho do fundador do Museu de Arte Primitiva e membro valoroso de nosso conselho administrativo. O senhor será capaz de apreciar seu real entusiasmo, preparo científico e entendimento artístico. Nós, do museu, esperamos ansiosamente pelas coleções que ele trará, pois sabemos que serão bem-escolhidas e documentadas. Mas o sr. Rockefeller é jovem e novo no campo. Qualquer instrução e assistência que o senhor possa lhe fornecer serão grandemente apreciadas por nosso conselho, por nossa equipe e, eventualmente, pelo público que admirará essas obras, ganhando conhecimento e compreensão. Permita-me acrescentar meus agradecimentos pessoais por sua amigável colaboração."[6]

Michael escreveu a Van Kessel para dizer que estava particularmente interessado em Otsjanep, "por sua falta de aculturação, apesar dos resultados pouco auspiciosos da visita do sr. Gaisseau".[7] Essa frase, singular em suas cartas e diários, é notável e sinistramente presciente: é a única passagem que indica que ele tinha consciência, mesmo que apenas de forma marginal, da turbulência presente na região, turbulência na qual ele mesmo se veria envolvido. Gaisseau era um cineasta francês que liderara uma expedição pela Nova Guiné em 1959, uma viagem que começara em Otsjanep e resultara no filme *Le cieu et la boue* [O céu e a lama]. Ao chegar ao vilarejo, apenas um ano após o ataque de Lapré, a equipe encontrara grande número de estacas *bisj* — provavelmente algumas das mesmas que Michael vira e tentara comprar. Embora Gaisseau tenha conseguido fazer com que o vilarejo atuasse para as câmeras — ele os filmou repetidas vezes tocando tambor, cantando e remando suas canoas —, sua escolta policial holandesa percebeu uma agitação cada vez maior entre os homens e começou a temer por sua vida, tanto que forçou a equipe a abandonar Otsjanep após alguns dias de filmagem.[8] Michael também perguntou a Van Kessel se ele sabia de algum outro vilarejo na área "com entalhadores igualmente talentosos e menos influenciados pelas ideias ocidentais".[9]

Van Kessel disse que ficaria feliz em ajudá-lo. Ele recomendou que Michael visitasse primeiro o noroeste de Asmat e então fosse para o sul, a fim de encontrá-lo em Basim, onde os dois poderiam viajar juntos. Mencionou três vilarejos, mas acrescentou: "Não excluirei Otsjanep."[10]

Se o interesse inicial de Rockefeller ao trabalhar no filme de Gardner fora fazer uma última farra antes de se dedicar a interesses mais adultos, não era mais o caso. Suas notas de campo da primeira viagem e as cartas que escreveu revelam profunda seriedade em relação às obras que coletava. Suas fotografias demonstram um entendimento intuitivo de luz, sombra e formas. Suas anotações são ilustradas com centenas de desenhos destacando detalhes estilísticos da simbologia asmat. Para sua segunda expedição, ele estabeleceu "objetivos, temas de investigação e critérios de variação estilística".[11] Ele queria explorar "a extensão da comunicação entre as áreas e traçar a distribuição dos diferentes tipos de objeto". Era um Rockefeller, membro de uma família que levava as realizações e o trabalho duro a sério. Eram filantropos e *connoisseurs*, ambiciosos o bastante para concorrer três vezes à presidência dos Estados Unidos. Michael queria publicar livros, organizar a maior exibição de arte asmat de todos os tempos e impressionar tanto o pai e a família que não teria de começar sua carreira como agente de leasing no Rockefeller Plaza.

Quando a equipe de Harvard terminou seu trabalho em agosto e comemorou em Hollandia, Michael recebeu notícias perturbadoras de casa: seu pai estava se divorciando da mãe para se casar com uma auxiliar de campanha e socialite da Filadélfia chamada Margareta "Happy" Murphy — algo que só viria a público dois meses depois. Michael voltou imediatamente para Nova York. Ele vivera em condições primitivas durante cinco meses. Não via a família e os amigos, comia uma refeição que lhe fosse familiar ou assistia à televisão há quase meio ano. Não importava. Enquanto outros poderiam saborear os confortos do lar ou se envolver no drama familiar, Michael fez algo diferente. Ele se encontrou brevemente com a família e com Sam Putnam, reuniu-se com Goldwater no museu, deu meia-volta e retornou a Nova Guiné.

Após alguns dias em Hollandia, ele e Wassing voaram para Merauke, onde pegaram um barco para Agats no mesmo dia.[12] Ele se sentia bem por haver retornado. Não importa para onde vá: ao chegar lá uma segunda vez, as coisas são diferentes. Você conhece o caminho. Sabe o melhor lugar para encontrar um barco e quanto pagar por ele. Sabe onde conseguir uma refeição. Você retornou e as pessoas o veem de modo diferente.

A escuridão chega rapidamente perto do Equador e, sentado contente no chão de seu quarto de madeira sem mobília, eletricidade ou água corrente, Michael finalmente atualizou seu diário, à luz bruxuleante de um lampião de querosene. "A chave para minha fascinação com os asmats é o entalhe em madeira. As esculturas produzidas pelas pessoas daqui são algumas das obras mais extraordinárias do mundo primitivo. E tão notável quanto a arte é o fato de a cultura que a produz ainda estar intacta; algumas áreas remotas ainda caçam cabeças e, há somente cinco anos, toda a área caçava cabeças."[13]

É uma das únicas vezes em que ele reconhece diretamente a caça às cabeças, em contradição com sua carta a Goldwater. Ele se sentia fascinado, entusiasmado e em seu elemento. Sentia que começava a chegar lá, estava prestes a encontrar o tesouro. O mundo era rico, exótico e cheio de vida e muitas pessoas o temiam, mas ele o saboreava, sentindo-se confiante o bastante para viajar para seus cantos mais remotos e fendas mais profundas. "As noites realmente são a parte mais divertida daqui. Há algo parecido com ranger de dentes no Baliem: um ritmo criado pelo padrão das patas dos camundongos nas paredes e no teto, com grilos e sapos arrotando em contraponto. Os galos sofrem de uma curiosa neurose que os faz cantar à meia-noite. Na última noite, um terremoto nos embalou até dormirmos."[14]

Michael queria encontrar um barco a motor para explorar mais rapidamente e em áreas mais remotas, porém tudo que conseguiu foi a canoa asmat padrão, que tinha pouco espaço para carregar bens de troca e a arte que esperava coletar. A embarcação também exigia remadores, que tinham de ser pagos e alimentados e só iam a determinados lugares. Havia um único barco governamental na cidade, mas o oficial de patrulha não estava disposto a ser piloto de Michael Rockefeller durante dois meses.[15] O dilema de Asmat é o transporte: você pode estar em Agats e mesmo assim se sentir a milhares de quilômetros dos rios e vilarejos, por não poder se mover sem um barco.

Por coincidência, o patrulheiro Wim van de Waal, 80 quilômetros ao sul, em Pirimapun, estivera se sentindo inquieto. Embora nunca tivesse se afastado muito de seu distrito, ansiava por outros rostos brancos e alguma conversa. Assim, subira toda a costa com seu catamarã, até Agats, onde, em 1961, viviam cerca de 25 oficiais e missionários ocidentais. O catamarã era ótimo para percorrer os rios, mas não tão bom no Arafura.[16] Van de Waal era metódico e cuidadoso e, por tentativa e erro, desenvolvera uma maneira de conduzir o barco pelas ondas no ângulo certo, a fim de que não fosse inundado. "As laterais ficavam a apenas 10 ou 15 centímetros da água e fiz vários experimentos durante os meses", disse ele. "Se o mar estivesse agitado, era impossível sair, especialmente na maré vazante."[17] Mas nunca tivera nenhum problema e pensara: *Que diabos, vou seguir até Agats.*

Lá encontrou Michael e eles dividiram uma cerveja morna, dois jovens em busca de aventura que não poderiam ser mais diferentes. Van de Waal disse: "Ele estava preso lá e atônito pelo fato de ele, Michael Rockefeller, não conseguir um barco."[18]

— Como você chegou até aqui, se é de Pirimapun? — perguntou Michael.

— Vim em meu catamarã — respondeu Van de Waal.[19]

Ele o mostrou a Michael na manhã seguinte. Michael o quis no minuto em que o viu: era o barco de seus sonhos, o barco de Tom Sawyer, com 12 metros de comprimento e carregando uma perfeita casinhola de palha sobre os cascos gêmeos. Era grande e estável o suficiente para carregar muitos bens para trocar e algumas das obras que coletaria. E ele e Wassing poderiam dormir nele, em vez de nos esfumaçados e barulhentos *jeus*.

COLHEITA SELVAGEM

— Você vai vender para mim? — perguntou Michael.[20]

Van de Wall hesitou. Ele não se opunha à venda, mas precisava do barco por mais alguns dias e tinha de se assegurar de que ele e um carpinteiro conseguiriam voltar a Pirimapun de algum outro modo, para construir um novo. "Ele era um cara legal", disse Van de Waal, "mas dava para ver que estava acostumado a conseguir o que queria, e fez muita pressão". Van de Waal conversou com o patrulheiro de Agats, que imediatamente concordou em levá-lo quando estivesse pronto a Pirimapun no *Tasman*. "Ele ficou muito feliz, porque Michael o incomodava com a questão do transporte. 'Meu Deus', disse ele, 'acabei de me livrar de um problemão.'" O acordo foi fechado: Van de Waal concordou em vender seu barco a Michael por 400 florins holandeses da Nova Guiné, cerca de 200 dólares.

"Mike queria tudo grande e rápido", disse Van de Waal. Ele queria que um motor de popa de 45 cavalos fosse enviado de Hollandia em um avião PBY Catalina, mas Van de Waal não concordou.[21] Era poderoso demais, muito grande e muito pesado — até então, ele só usara um de 10 cavalos. Michael concordou com um Johnson de 15, comprado por mil dólares em Hollandia. Na loja chinesa local, comprou machados e 300 dólares em tabaco, anzóis, linha de pesca e roupas — uma fortuna em bens de troca.[22] Quando desapareceu, gastara mais de 7 mil dólares — o equivalente a 53 mil dólares atuais — em um dos lugares mais remotos da Terra. Algo que não comprou, contudo, foi um rádio. "Ele deveria ter comprado um", disse Van de Waal. "Acho que realmente subestimou os perigos. Não de ataques dos asmats, mas da natureza. As desembocaduras dos rios e o volume de água são imensos e Wassing era apenas um burocrata."

Em 7 de outubro, Michael escreveu a Van Kessel. Relatou que agora tinha um catamarã e que ele e Wassing explorariam a costa Casuarina por duas semanas com Van Kessel, e então se estabeleceriam em um vilarejo por mais duas ou três semanas, a fim de filmar os escultores. Ele esperava que o padre pudesse sugerir um bom vilarejo e ajudá-lo com os arranjos. "Tanto eu quanto René Wassing estamos ansiosos por [nosso encontro em] novembro", escreveu, na última mensagem que Van Kessel receberia dele.[23]

Em 10 de outubro, ele e Wassing, além de Simon e Leo, dois adolescentes do vilarejo adjacente de Sjuru, saíram de Agats no catamarã. Foi o erro mais grave de Michael. Enquanto estava com remadores nativos — homens que conheciam o clima, as águas, as marés e correntes, o ritmo dos vilarejos e suas alianças e antipatias —, ele estava seguro. Embora Simon e Leo fossem asmats, eram apenas adolescentes em uma cultura que venerava a idade e a habilidade em caçar cabeças. Mesmo que conhecessem as águas, teriam achado difícil desafiar Wassing e Rockefeller, mais velhos que eles e donos do dinheiro, além de não terem nenhuma legitimidade nos vilarejos. Em seu próprio barco, Michael estava livre para ir e vir como quisesse, mas chegaria e partiria como estrangeiro, sem estar ligado a nada ou ninguém, salvo seus bens de troca. E isso o tornava vulnerável de todas as maneiras — aos ventos, às marés, às ondas e aos próprios asmats.

Eles foram primeiro para o sul, para Per, que interessava a Michael por ser um pequeno vilarejo com um estilo artístico próprio, dominado por um entalhador chamado Chinasapitch.[24] Michael chegou ao local e descobriu que o entalhador acabara de terminar uma bela proa, que se recusou a vender. Finalmente, ele concordou em fazer não apenas uma proa para Michael, mas uma canoa inteira. Foi um grande momento, que deixou Michael em êxtase. Ele estava lá fora no mundo e fazendo as coisas acontecerem. Naquela noite, deliciou-se com tudo. "A noite estava clara como cristal e o sol se pôs na foz do rio Por. Então a lua nova apareceu e os contornos das casas e das estacas das canoas se delinearam contra o mar e o céu violáceo e róseo."[25]

Eles visitaram Gerbrands e David Eyde em Amanamkai, onde foram saudados como heróis. O chefe estava muito animado, e os moradores foram encontrá-los em canoas, pulando na lama e puxando o catamarã até o vilarejo. "Os asmats possuem um grito especial, entoado por vários homens ao mesmo tempo e usado como forma de boas-vindas. Todo o vilarejo se alinhou na margem e ouvimos o grito várias vezes enquanto avançávamos rio acima."[26]

Nas três semanas seguintes, ele e Wassing seguiram para o norte e visitaram treze vilarejos.[27] Michael coletou de tudo e em grande quantidade: tambores, arcos de palmeira-sagu, trompas de bambu, lanças, remos, escudos e até mesmo crânios ancestrais decorados. Fez desenhos intrincados demonstrando os designs e as diferenças estilísticas entre vilarejos e artistas, filmando e fotografando os entalhadores em ação.[28] Sentia-se energizado, constantemente animado, cada vez mais confortável e confiante como coletor e explorador, sendo então uma das maiores autoridades mundiais em arte asmat. Enquanto seu pai, o ambicioso e famoso governador, adquirira os objetos primitivos que cobiçava de negociadores, Michael estava lá, viajando pelos rios, entre caçadores de cabeças e canibais.

"A única diferença entre Mark Twain e nós mesmos é que seus personagens usavam estacas o tempo todo, enquanto usamos motor de popa na maior parte do tempo e estacas somente às vezes", escreveu ele.[29] "Somos conhecidos por descer e empurrar o barco, após termos ingenuamente encalhado em uma margem lamacenta em meia-maré. O barco foi batizado de 'Chinasapitch', o nome do mais brilhante artista que encontramos até agora. Ocasionalmente, o chamamos de 'Fofo', em homenagem a um calau que compramos no vilarejo de Amanamkai."

No fim da primeira semana de novembro, eles retornaram a Agats, com Michael muito contente. Ele coletara centenas de objetos. Enquanto catalogava, organizava e começava a providenciar o transporte das peças para Nova York, Agats parecia confortável e familiar. Ele conhecia seus recantos e ritmos, sabia onde conseguir tabaco e anzóis ou uma cerveja morna no fim da tarde. Gostava de ficar deitado sob sua tela contra mosquitos pela manhã e, em suas palavras, "fazer uso da principal contribuição das freiras para a Agats moderna: o serviço de entrega de almoço. Todos os dias, às 13 horas, você recebe sete potes, cada um deles contendo alguma delícia incomum".[30]

Ele estava intelectualmente agitado. "Asmat é como um grande quebra-cabeça, com as variações nas cerimônias e os estilos artísticos constituindo as peças. Minhas viagens têm me permitido compreender [...] a natureza desse quebra-cabeça. Acho agora que, com minha viagem, com todo o trabalho antropológico feito aqui e com um cuidadoso estudo das grandes coleções de peças asmats em três museus holandeses, seria possível organizar uma imensa exposição que faria justiça à arte desse povo: para mostrar as funções artísticas na sociedade asmat, explicar a função da arte na cultura e indicar, pelo arranjo dos objetos, a natureza da variação de estilos em toda a área. Nada próximo disso jamais foi feito para um único povo primitivo. Pode-se imaginar o quanto me divirto sonhando com isso e criando hipóteses fantásticas sobre a natureza da arte asmat."[31]

E, contudo, há algo faltando nesses diários, nesses esforços para decifrar a arte asmat. Ele quer saber como os artistas trabalham e o que seus símbolos descrevem, como variam de um vilarejo para outro e como explicar a função da arte na cultura. Está ausente, no entanto, a necessidade emocional de conhecer os asmats como pessoas, conectar-se a eles, responder à pergunta de por que ele, Michael Rockefeller, interessou-se por sua arte e o que ela poderia significar a ele, para além das questões acadêmicas. Suas notas parecem clínicas. Não existe nenhuma profunda necessidade pessoal, nenhum *páthos* ardente. Está claro que ele gosta de estar na selva, mas parece indiferente a partes dessa experiência. Não existe um único relato de amizade com qualquer indivíduo asmat. Ele precisa e quer objetos, belos e antigos artefatos asmats, mas não tanto os asmats em si. É como se visse a arte por ela mesma, e não como produto de algo maior. Ele continua a negar que a caça às cabeças e o canibalismo ainda existam.

COLHEITA SELVAGEM

Talvez fosse apenas jovem demais, sem maturidade suficiente para compreender por que estava lá, incapaz de personalizar a experiência, em vez de simplesmente intelectualizá-la. Se ainda o tivéssemos conosco, se ele tivesse sobrevivido, talvez fosse capaz de articular o que buscava, aquilo que o motivava. Tem de haver uma razão. Buscar o anonimato, escapar da segurança familiar, fazer o mundo compreender uma cultura tão diferente da sua — qualquer uma dessas razões teria sido bela e compreensível.

Foi um momento crucial da história asmat. Durante a década de 1950, mesmo com a crescente chegada de missionários e oficiais do governo, a cultura asmat permaneceu amplamente indiferente a sua presença. Quando Omadesep e Otsjanep partiram em direção a Wagin, no fim de 1957, não havia mais que trinta brancos em 26 mil km² de pântanos e rios, a maioria deles em Agats, e o mundo ainda pertencia aos asmats. Naquele momento, apenas três anos e meio depois, o equilíbrio estava mudando. Havia postos policiais em Pirimapun, Agats, Atsj e Ajam; missionários em Agats, Atsj, Basim e Pirimapun; e catequistas papuásios em muitos outros vilarejos, para não mencionar Adrian Gerbrands e David Eyde em Amanamkai. Os ocidentais não estavam apenas na periferia da vida asmat; não eram apenas estranhos fantasmas passando por ali, tendo se tornado uma grande força cultural que pressionava constantemente por mudança. A sociedade e a cultura asmats ainda estavam presentes, ainda eram puras de muitas formas, mas em tumulto — em todos os lugares os asmats encontravam esses homens poderosos, cobiçando seus tambores, escudos, lanças, crânios e estacas *bisj*, pelos quais pagavam com coisas que os asmats agora queriam, das quais precisavam e não podiam mais ficar sem. Os brancos ficavam fascinados por suas cerimônias, mas interferiam constantemente nelas, e os asmats sabiam que esses homens poderosos apoiavam suas ações com ameaças de violência, com armas contra as quais não podiam competir. Sempre que havia conflitos entre vilarejos, surgia algum padre, policial ou oficial do governo para interferir, impedindo as próprias ações que os definiam como homens e lhes davam prestígio uns perante os outros e perante as mulheres.

Certo dia em Atsj, o padre Von Peij ficou sabendo que dois garotos haviam sido mortos e comidos por Amanamkai.[32] Ele correu para fora e viu sessenta canoas se reunindo, prontas para remar até lá. Ele pulou em seu barco e foi atrás deles, tentando impedir a reunião de guerreiros. Estava petrificado, temendo por sua vida, mas tentou repetidamente impedir aquela reunião. Eles gritaram, dispararam flechas e jogaram lanças em torno dele, mas não nele — ele era o Senhor branco, o Tuan, e eles sabiam o poder que representava e as repercussões se o matassem. "Eles estavam muito zangados, e eu estava aterrorizado, mas tinha de fazer aquilo." Esse tipo de incidente perturbador passou a ocorrer em toda a parte central de Asmat, perto de Agats, e cada vez mais nas periferias, ao sul e a noroeste.

É claro que os tumultos e as mudanças não eram uniformes. Alguns vilarejos e algumas pessoas aceitavam a mudança mais rapidamente que outros. Quanto mais próximo de Agats estivesse o vilarejo e quanto maior o rio em que se localizasse, maior o contato com os brancos e com o governo.

Era por esse lugar, que passava por profundas mudanças e em meio à grande inquietação, que Michael e Wassing viajavam, e Michael estava prestes a ser engolido por ele. Seu pai abrira a porta naquele dia de 1957 em que inaugurara o Museu de Arte Primitiva. A épica batalha entre Otsjanep e Omadesep — nunca mais tantos homens seriam mortos em um único conflito — causara o ataque de Lapré, e os assassinatos de Osom e dos outros habitantes do vilarejo ainda não haviam sido vingados. Além disso, no exato momento em que Michael viajava pelos rios de Asmat, sozinho, sem escolta com exceção de dois adolescentes, Joseph Luns tentava persuadir a

COLHEITA SELVAGEM

Assembleia Geral da ONU a aprovar seu plano para reter a Nova Guiné holandesa, uma ilha exótica e estranha que o restante do mundo mal sabia existir.

Na quarta-feira, 15 de novembro, às 17 horas, Michael tomou chá no curato com um grupo de missionários, incluindo Zegwaard e Von Peij.[33] Do lado de fora, tudo estava silencioso e pacífico: Agats era um minúsculo oásis de civilização, na fronteira de um lugar feroz, turvo e selvagem. Eles tomaram chá, sentados em cadeiras na aconchegante casa de madeira, e discutiram planos de viagem.[34] Tanto Von Peij quanto Michael partiriam para o sul na sexta-feira. Havia duas rotas a partir da foz do rio Betsj: a mais curta, pelo Arafura, e a mais longa e sinuosa, percorrendo rios e pequenas enseadas.

— Parto para Atsj na sexta-feira, às 5 horas — disse Von Peij —, quando a maré estiver alta, pelo rio Mbajir, entre o Siretsj e o Betsj, e chegarei a Atsj às 13 horas. Não vá pelo mar; venha comigo pelos rios. É novembro e o mar está agitado.[35]

— Não posso — respondeu Michael. — Preciso ir a Per primeiro, mas o verei em Atsj e Amanamkai.[36]

Três das sete estacas *bisj* de Otsjanep, que ele comprara no verão, haviam sido entregues em Amanamkai.

Ao lembrar dessa conversa, Von Peij falava longamente sobre Michael pela primeira vez em cinquenta anos. Ele vivia em um pequeno apartamento para padres e freiras aposentados em Tilburg, Holanda, e seu quarto era decorado com alguns entalhes asmats. Era um homem preciso e organizado, de suéter verde e camisa branca. "Foi há cinquenta anos", disse ele. Estava cansado de carregar o peso durante toda sua vida. "Por que não falar disso agora?"

Os dois homens se separaram, concordando em se encontrar alguns dias depois em Atsj. De lá, Michael seguiria até Basim para se encontrar com Van Kessel e começar a explorar o sul de Asmat e os vilarejos da costa Casuarina.

163

14.
FEVEREIRO DE 2012

Eu estava nos rios havia nove dias. Minhas pernas estavam cobertas de picadas vermelhas, eu perdia peso como se estivesse seguindo alguma dieta maluca e estava frustrado com o inglês de Amates. Precisava seguir avançando, mas Wilem e Amates brigavam por causa de dinheiro e estávamos ficando sem tabaco e combustível. Assim, como Michael, voltamos para Agats.

Descemos o Ewta com a maré no início da manhã e senti uma onda nos erguer. A água borbulhante era da cor de chá forte. A brisa afastava as moscas. Estávamos deixando não apenas um lugar, mas também uma consciência — uma na qual o "eu" era diferente para mim e para os asmats. Eles eram um grupo, uma tribo, uma família unida de maneiras difíceis de compreender. Para mim, um americano, o "eu" era a maior e mais importante unidade. Para nós, liberdade é tudo. O direito de fazermos o que quisermos, desligados de clãs, vilarejos ou pais — de nos mudarmos para um lugar a 3,2 mil quilômetros de distância e telefonarmos para casa, enviarmos um e-mail ou dizermos "olá" via Skype. Podemos nos reinventar, mudar de igreja ou religião, pedir o divórcio, casar novamente, decidir celebrar o Natal, o Kwanzaa ou ambos. Mas esses homens de Otsjanep estavam ligados uns aos outros. Ao vilarejo e à selva circundante, ao rio e ao mar. A maioria jamais veria ou conheceria outra coisa. E eu ficava me perguntando se era tão culpado quanto Michael, tão repleto de conceitos ocidentais que achava poder entrar em um lugar e não apenas compreendê-lo, mas dominá-lo. Será que conseguiria fazer com que os asmats contassem seus segredos? Será que o fariam? Deveriam fazer?

Eles também estavam ligados a um mundo espiritual, um lugar onde existiam poderes que eu não podia ver. Os poderes e os espíritos são como as bordas de um buraco negro para os cientistas: um fenômeno que jamais pode ser visto diretamente, apenas mensurado por seus efeitos. É um lugar imaginário. Não está em nenhum mapa e satélites e GPS não podem localizá-lo. É um lugar metafísico, tão real para os asmats quanto as docas, a lua ou os rios. Eles fazem parte dele, e ele faz parte deles, e é tão poderoso quanto qualquer coisa "real"; talvez infinitamente mais, pois o que pode ser mais poderoso que a imaginação? Seu catolicismo é uma camada que eliminou a caça às cabeças e o canibalismo e que transformou o ato de esculpir estacas *bisj* em homenagem aos ancestrais, cujas mortes já não precisam ser fisicamente vingadas. Mas aquele velho mundo espiritual ainda está espalhado por toda parte. Enquanto a água borbulhante lambia as laterais do barco e mulheres em canoas, com redes de pesca empilhadas no centro, passavam por nós, eu me perguntei como entrar naquele mundo. Haveria uma porta?

Se Agats havia parecido o fim do mundo quando eu descera do avião, agora parecia Paris. Meu celular funcionava. O hotel ainda oferecia apenas eletricidade instável e um balde de água fria para o banho, mas ao menos eu tinha uma cama e uma cadeira. Um amigo nos Estados Unidos fez alguns contatos e chegou a Hennah Joku, antiga jornalista cujo pai era da Papua indonésia e cuja mãe era de Papua-Nova Guiné. Ela falava inglês perfeitamente e, por acaso, estava nas montanhas em Jayapura. Ela se prontificou a viajar para me ajudar com as traduções o mais rapidamente possível — o que significava dias.

Van Kessel, Von Peij e outros haviam vivido em Basim, Atsj e Amanamkai durante décadas, mas, ao descer do barco, eu sempre

COLHEITA SELVAGEM

me sentia como o primeiro homem branco a chegar ao vilarejo. Em Agats, eu era o único ocidental e as pessoas me encaravam, mesmo que entre 1961 e 2001 o bispo católico que vivera ali, Alphonse Sowada, fosse americano.

Então, certa noite, vi um fantasma usando calça social e boné de beisebol: Vince Cole. O pastor Vince era o último missionário americano em Asmat. Vivera nos vilarejos gêmeos de Sawa-Erma durante 37 anos e estava em Agats para algumas reuniões. Ele me convidou para um drinque, o que me pareceu maravilhoso, dado que não existia álcool em Asmat e eu não bebia nada há um mês.

— Vamos beber o vinho da missa — disse ele.

Às 20 horas, tateei meu caminho cuidadosamente, no escuro, por entre os passadiços tortos (e frequentemente com tábuas faltando), até chegar à casa de madeira onde Vince estava hospedado. Descalço, vestindo calça de sarja e com uma garrafa de vinho na mão, ele me convidou para entrar. Tinha 67 anos, mas parecia dez anos mais jovem. Era um homem grande e forte, com espessas sobrancelhas grisalhas e um espaço proeminente entre os dois dentes da frente. O vinho estava morno e doce. Uma única lâmpada iluminava o cômodo, mobiliado de maneira simples, com um sofá e duas cadeiras.

Vince era um dinossauro e gostei dele. Filho de operários de Detroit, estudara cultura islâmica e urdu na Universidade McGill, em Montreal, e se tornara pastor Maryknoll. Originalmente, havia planejado ir para o Paquistão, mas não dera certo e, em 1967, ele terminara em Jacarta, onde conhecera Zegwaard e Sowada. Gostara de sua abordagem.

— Eles não eram evangélicos — disse ele, inclinando o copo —, e concordávamos nisto: que nosso papel era defender os direitos das pessoas e que Asmat era o lugar para se estar, se você possuía essa inclinação.

Para Vince, a maior questão enfrentada pelos asmats era a invasão de indonésios em Papua e na própria Asmat. Eles controlavam tudo e haviam trazido bens de consumo, incluindo prostituição e HIV. Se um vilarejo tivesse uma loja, ela seria dirigida por um indonésio; comerciantes indonésios chegavam aos trechos mais remotos dos rios em lojas flutuantes. Facas e anzóis eram uma coisa, macarrão instantâneo era outra.

— As pessoas os convidavam para vir, para abrir lojas, para se estabelecer. Eles nunca tinham ido mais longe que um ou dois vilarejos e não entendiam o que esperava por eles na próxima curva. Cortaram as próprias árvores, cortaram as próprias pernas.

E Asmat era potencialmente rica em carvão, petróleo e ouro. Era uma velha história, a mesma em Asmat, na Amazônia e em tantos outros lugares do mundo: nativos que eram tão inocentes a respeito do mundo que se tornavam indefesos contra as invasões.

— Eles são facilmente influenciados pelo que vem de fora, facilmente demais. Não gosto de ficar aqui em Agats, mas as pessoas dos vilarejos competem pela chance de vir até aqui e ver as luzes brilhantes.

Entre Asmat e as terras altas, nas encostas antes da grande muralha de montanhas no centro da Nova Guiné, os indonésios estavam estabelecendo um novo *Kabupaten* — um distrito administrativo — que, segundo os rumores, estava repleto de carvão e outros minerais. Oficiais do governo recentemente haviam pedido a ajuda de Vince para falar com as tribos e comprar os direitos de exploração de suas terras. Ele concordara, desde que isso fizesse parte de um projeto de longo prazo para realizar os pagamentos de um modo que beneficiasse os vilarejos.

— Mas eles queriam terminar logo com aquilo e então chegaram certo dia e literalmente despejaram 200 mil dólares em dinheiro no vilarejo. Os homens navegaram rio abaixo e compraram tabaco e motores de popa usados pelo dobro do valor. O dinheiro acabou rapidamente.

COLHEITA SELVAGEM

Perto das encostas de Momogo, estava sendo construída uma rodovia para conectar as terras altas a Jayapura, do outro lado das montanhas. Mapas mostravam projetos rodoviários por toda Papua Ocidental e chegando até Agats, o que era difícil de imaginar, dados os quilômetros de pântanos, lama e marés. Mas estradas haviam sido construídas nos lugares mais inacessíveis do mundo. Em vilarejos nos quais alguns asmats interagiam com as equipes de construção, Vince recentemente encontrara lepra. Seus urgentes apelos aos oficiais de saúde em Agats ficaram sem resposta: eles estavam ocupados demais e os vilarejos ficavam longe demais. O álcool fora banido em Asmat, mas, se você tentasse com empenho, era possível comprá-lo e supostamente a fonte era o próprio Exército indonésio.

A despeito dos muitos anos que passara lá, ainda havia muito que Vince não entendia:

— Há tantos tabus — disse ele.

Ao chegar em Sawa, ele trazia consigo a tese de um professor australiano que passara algum tempo no vilarejo:

— Eu li seu trabalho sobre as celebrações dos ancestrais. Quando finalmente vi uma delas, comecei a fazer perguntas e recebi respostas totalmente diferentes das relatadas por ele. Finalmente, disse a um deles: "Esse professor diz coisas diferentes das que vocês me dizem." E ele respondeu: "Bem, ele era persistente e não queríamos que ficasse zangado, então inventamos algumas coisas." Agora temos um acordo. Se houver algo que não querem que eu saiba, eles simplesmente dizem isso, em vez de inventar. Tudo é secreto e está relacionado ao mundo espiritual, podendo ter efeitos sobre suas vidas. Certas canções e histórias são particulares e, se eles as contarem aos estrangeiros, correm risco de doença ou morte.

As cerimônias asmats podem durar meses e não têm data para começar.

— No outro dia, os homens de Sawa-Erma anunciaram que fariam uma celebração — contou Vince. — Perguntei: "Por quê? Por que agora?" E eles responderam: "Porque um homem estava na selva e encontrou alguns ancestrais, espíritos, e eles disseram que estava na hora." Eles esperam por algum tipo de mensagem, um ancestral ou animal, não há como saber.

Certa vez, os habitantes do vilarejo estavam preparando uma celebração de máscaras *jipae*. A confecção das máscaras, que são fantasias intrincadas de corpo inteiro, é mantida em segredo para as mulheres e crianças. Vince perguntou aos homens se poderia fotografá-las durante o processo de criação no *jeu*. Para sua surpresa, eles concordaram, desde que ele não as mostrasse às mulheres e crianças. Ele se sentiu meio estranho a respeito, mas bateu um rolo de fotografias e, semanas depois, enviou-as para revelação. E estavam todas em branco. Não havia nada nelas.

Ele fez uma pausa.

E então começou outra história, sobre um crocodilo que enlouquecera e começara a comer pessoas perto de Sawa-Erma.

— As pessoas achavam que o crocodilo era um espírito maligno. As vítimas pertenciam a todos os vilarejos, com exceção de um, onde vivia um homem que se acreditava ser o crocodilo. Certo dia, um homem caminhava com seu arco, viu o crocodilo e atirou uma flecha. A flecha atingiu o olho do crocodilo, que correu para a margem lamacenta, onde as pessoas o mataram com machados e se banquetearam dele durante três dias. E, no mesmo dia em que ele morreu, morreu também o homem que se presumia ser ele.

Ficamos ambos em silêncio. Ouviam-se os ruídos dos grilos e os gritos dos lagartos. E, naquela quietude, era difícil não imaginar, não sentir o poder dessa coincidência — mas seria uma coincidência? Em um lugar onde todos acreditam, é difícil não acreditar. E é assim que funcionam as crenças inabaláveis: se você sabe que algo é tabu, faz mesmo assim e fica doente, quem pode dizer que não foi real? A Europa Ocidental levou mil anos para passar do mundo medieval para o Iluminismo e a Idade da Razão, e mesmo assim as pessoas

COLHEITA SELVAGEM

ainda se debatem com o sobrenatural. Asmat, em contraste, há apenas cinquenta anos era uma cultura pré-Idade da Pedra.

— Quando cheguei a Agats, era possível caminhar de uma ponta da cidade à outra em dez minutos e conhecer todo mundo. As mudanças parecem rápidas para mim. Não consigo imaginar como eles a veem. Gostaria de entrar em suas cabeças e sentir o que sentem. É difícil saber o que eles escolhem partilhar e o que estão muito constrangidos para contar. Há áreas inteiras nas quais não podemos entrar, nas quais eles não nos deixam entrar, e precisamos projetar, sem saber se essa projeção não é baseada em nossos próprios históricos. Seis meses depois de chegar, eu poderia ter escrito um livro. Agora, não sei por onde começar.

— Eles não distinguem entre o que veem em um sonho e o que veem na vida real — observou Vince. — Um sonho tem a mesma validade de algo visto com os olhos físicos.

Mesmo assim, os asmats não estão completamente comprometidos com os espíritos; eles adaptam e interpretam de acordo com suas necessidades.

— Rio acima, partindo de Sawa-Erma, eles mantêm uma peça de madeira que pode ser girada, um rombo, e o som que ela produz é a voz dos espíritos. Certo dia, eu estava em uma celebração e eles a giraram para ver se tudo ia bem e se eles conseguiriam abater um javali. Giraram o rombo e fizeram caras decepcionadas. "O que houve?", perguntei. "Não é um bom dia para caçar porcos?" Bem, eles simplesmente entalharam o rombo novamente, mudando sua forma e, consequentemente, o som que produzia. Então o giraram e ficaram felizes: seria um dia auspicioso para caçadas.

Eu andava pensando muito no Éden e no Gênesis, uma vez que Asmat às vezes me parecia bíblica, um estranho tipo de Éden antes de os brancos chegarem. Perguntei a opinião de Vince.

— Isso é um mito — respondeu ele. — Não um fato, mas algo pelo que ansiamos. Harmonia. Paz. Por tudo que foi expresso no Gênesis

171

antes que o homem destruísse essa possibilidade. Toda a Bíblia nos encaminha para um significado mais profundo da existência humana, e Deus é incognoscível. Não se trata das respostas, mas sim das perguntas.

Terminamos a garrafa e ouvimos os grilos e os cães latindo. Tive uma sensação estranha. Vince era um padre cuja linhagem descendia de Zegwaard, Van Kessel e Von Peij, e ele os conhecera, os homens que haviam sido os primeiros e mais importantes agentes de mudança em Asmat. Zegwaard, segundo ele, era louco. Certa vez, quando Vince foi vê-lo em seu escritório em Jacarta, Zegwaard estava jogando um cara pela porta:

— Eu estava subindo as escadas e ouvi uma confusão. Uma porta foi aberta, ele segurou o cara pela roupa, uma mão no cinto e a outra na camisa, e literalmente o jogou para fora do escritório.

Vince também conhecera Schneebaum, a quem chamava de Toby. Eles haviam viajado juntos para lugares que nunca haviam visto um homem branco antes.

— Ele era muito franco. Falava sobre tudo e era tranquilo sobre sua homossexualidade. Era quem era e tinha tantos insights e desenhava tão bem que eu ficava maravilhado.

Mesmo assim, Vince achava que a coisa mais importante era fazer com que os asmats apreciassem sua própria cultura em face de um mundo que se aproximava cada vez mais rapidamente, em rota de colisão.

— Acho que eles têm de acreditar que o que possuem é valioso e não devem ter medo de reconhecer esse fato. O cristianismo pode causar muitos danos, e a religião não faz nenhum sentido se eles perderem isso.

Vince nada sabia sobre o desaparecimento de Michael Rockefeller — ele chegara em Asmat nos anos 1970 e Sawa-Erma era relativamente longe de Otsjanep, no centro de Asmat.

— Mas o vilarejo sempre foi considerado um lugar complicado — disse ele. — Assim como Sawa-Erma, e foi por isso que fui atraído para lá. Porque as pessoas diziam que não havia nada que eu pudesse fazer. Eles eram ferozes na guerra. Por quê? O que os tornava individualistas, incapazes de ouvir os oficiais e padres? Ainda não sei.

15.
NOVEMBRO DE 1961

Estava apenas começando a clarear na sexta-feira, 17 de novembro, quando o padre Von Peij deixou Agats. Michael Rockefeller e René Wassing partiram logo em seguida. O catamarã estava lotado.[1] Combustível. Caixas de machados, iscas e linhas de náilon. Roupas. Tijolos de tabaco. Arroz, barras de chocolate, uma câmera 16mm, as câmeras Nikon de Michael, blocos de notas, jornais de viagem e uma pequena máquina de escrever portátil — tudo de que precisariam para outro mês de viagem, dessa vez ao longo da costa Casuarina, no sul de Asmat. Eles deslizaram pelas águas azul-prateadas do amplo Asawets, passaram as canoas e cabanas de Sjuru e entraram no pantanoso submundo povoado de espíritos.

Era sempre bom voltar a Agats e sempre bom estar de partida. Michael mal podia esperar para rever Otsjanep e a costa, que tivera tão pouco contato com o Ocidente e que ele poderia explorar com Van Kessel, alguém que parecia conhecer bem as pessoas e os vilarejos. Com Michael e Wassing estavam Simon e Leo, os adolescentes asmats de Sjuru, e eles operavam o motor enquanto Michael deixava a mente vaguear, perguntando-se se os asmats do sul reconheceriam os designs de seus primos do norte e imaginando quão ampla seria a exposição que pretendia organizar. Ele adorava imaginar o momento em que exibiria tudo que coletara para o pai e para Goldwater. Seu entusiasmo. Sua curiosidade. Seu pai querendo saber de tudo e admirando sua ousadia.

Von Peij chegou a Atsj ao meio-dia de sexta-feira, e Michael e Wassing chegaram a Per por volta do mesmo horário, a fim de verificar o progresso de Chinasapitch na canoa que estava entalhando. Ela era magnífica: escavada em um único tronco de quase 15 metros, pintada com listras vermelhas e brancas e adornada com borlas de palmeira-sagu. Atualmente, a canoa está em exibição no Museu Metropolitano de Arte de Nova York.

Eles passaram a noite e partiram na manhã seguinte, no sábado, 18 de novembro.[2] Diante deles se estendia a foz do rio Betsj, que Michael sabia ser um lugar traiçoeiro, especialmente nos meses de novembro e dezembro, quando havia fortes correntes e ventos intensos soprando do sudoeste. Não apenas as marés crescentes do Betsj, com 5 quilômetros de largura, chocavam-se contra aqueles ventos e marés como, do outro lado da foz, havia uma série de bancos de lama. Quando o Arafura estava calmo, os ventos eram leves e a maré estava baixa, o rio podia ser plácido como uma piscina. Mas, na maré alta, era um lugar turbulento de ondas confusas e correntes cruzadas; Michael já vira quão perigoso podia ser e quão cuidadosamente os asmats navegavam por lá. Ele ouvira Von Peij dizer que tinha medo do lugar. Mesmo assim, ignorou a recomendação de pegar a rota continental e nem Simon nem Leo o impediram.

O problema com mares, ondas e ventos é que são necessários olhos experientes para lê-los e ver o que jaz à frente. O sol brilhava e o céu estava coberto de nuvens brancas e fofas; nem ele nem Wassing viram nuvens de tempestade que pudessem deixá-los nervosos. Assim, iniciaram a travessia. Wassing assumiu os controles.[3] Inicialmente as ondas eram pequenas e de través, e o catamarã subia e descia em um ritmo suave. Enquanto avançavam, o vento esfriou um pouco. A sensação era agradável: fresca e revigorante.

Em barcos, as coisas acontecem rapidamente. Uma vez que surgem problemas, é difícil sair deles, a menos que você saiba o que está fazendo e aja rapidamente. Em um minuto, a água estava plácida e suave; no minuto seguinte, o barco balançava com força. Jatos d'água encharcavam a cobertura de sapé todas as vezes que eles se chocavam contra as ondas, que se tornavam maiores e mais irregulares, sacu-dindo o catamarã de um lado para o outro. O barco perdia embalo e controle. O motor guinchava cada vez que a proa emergia, e então disparava para a frente quando a popa batia na água. O catamarã fazia ruídos que não deveria fazer. Estalava e rangia, com a madeira cedendo e os pregos se movendo em seus buracos. Michael e Wassing tentaram entrar de frente nas ondas, mas isso apenas aumentou o impacto e eles temeram que o barco pudesse se partir. Se entrassem nas ondas de lado, contudo, o barco achatado iria emborcar. Mesmo assim, não estavam realmente com medo. A costa estava logo ali, nos dois lados da imensa boca do Betsj.

Mas as coisas foram ficando mais descontroladas e furiosas, com o barco estremecendo e a água entrando nas canoas, fazendo com que o catamarã afundasse ainda mais e ficasse mais lento. A única opção era voltar para terra, rio acima, e surfar as ondas contra a maré vazante. Wassing virou o barco, uma onda o engolfou e eles subiram, como uma prancha de surf, e voaram para a frente com o poder da água. Moviam-se tão rapidamente que Wassing reverteu o motor, mas a onda passou e a popa afundou, logo antes de outra onda os arrastar para cima novamente.[4]

Silêncio. O motor afogou e morreu. Wassing, Michael, Simon e Leo se alternaram tentando dar a partida, puxando e puxando a corda, mas nada aconteceu. Ainda estavam na foz do rio, com a margem a 800 metros e a maré vazante os empurrando para o mar. Os meninos queriam pular do barco e nadar até a margem. Insistiram para que Michael e Wassing fossem com eles.

— Venham — disseram. — Precisamos ir. Se formos varridos para o mar, ninguém será capaz de nos achar.[5]

— Não — respondeu Michael. — Não podemos deixar minhas câmeras, minhas notas e os bens de troca.

— E eu não sei nadar direito — acrescentou Wassing.

Eles não estavam com medo; estavam apenas lidando com um problema que precisavam resolver.[6]

Os meninos haviam nascido no rio; os asmats são anfíbios. A solução era óbvia. Simon e Leo pularam e começaram a nadar. Wassing e Michael observaram, com seu destino dependendo deles. Embora focassem nas ondas o mais que podiam, torcendo, não conseguiram ver os adolescentes chegarem à margem.

O catamarã continuou a encher de água. Michael e Wassing recolheram tudo que puderam e colocaram no teto da pequena cabine, onde também se instalaram.[7] Mas perder o motor é a pior coisa que pode acontecer a um barco em mar bravio. Ele se torna um destroço, um pedaço flutuante de madeira à mercê das correntes, das ondas e do vento. Não demorou muito para que uma onda virasse o barco.[8] Eles salvaram o que puderam: um pouco de comida, água e combustível, além da mochila de Michael, e se arrastaram até o topo dos cascos virados.[9] Todo o resto estava perdido. Cada minuto era encharcado. Sob sol brilhante e céu azul, sem sinal de terra à vista, mesmo quando as águas se acalmaram e eles se afastaram da turbulenta foz do rio, estavam em um pesadelo. Tudo que podiam fazer era torcer para que os meninos tivessem chegado à margem e pedido ajuda.

O que fizeram. Era meio da tarde quando Simon e Leo espadanaram pela lama até chegar à margem. Eles se dirigiram para o norte, em uma lenta e árdua caminhada lamacenta — mas era uma lama e uma paisagem que conheciam —, e chegaram a Agats às 22h30.[10] À 1 hora do dia 19, o rádio estalou.[11] Imediatamente, as autoridades holandesas em Agats prepararam o barco governamental, o *Eendracht*, que navegou rio abaixo para procurar Wassing e Michael.[12] Mas o barco fora inspecionado no dia anterior e o barril reserva de combustível fora colocado nas docas.[13] Na pressa de partir, ainda no escuro, o barril foi deixado para trás. Quando o *Eendracht* estava a 16 quilômetros da última posição estimada do catamarã, o combustível acabou. E o barco não tinha um rádio operacional.[14]

Michael e Wassing, enquanto isso, passaram uma longa e fria noite no casco emborcado. As estrelas pareciam imensas no céu acima. Relâmpagos faiscavam no horizonte distante. Com exceção da água batendo no casco, havia silêncio e o mar estava calmo. Eles arrancaram algumas tábuas do deque e tentaram remar, mas sem sucesso.[15] Contaram histórias. Tentaram dormir, com o tanque de combustível vazio amarrado na cintura de Michael.[16] Falaram sobre o que fariam quando fossem resgatados. Observaram a lua surgir e desaparecer. Dormiram um pouco. Não tinham ideia de que, a apenas 16 quilômetros dali, o barco de resgate flutuava sem combustível. Viram as primeiras luzes purpúreas no céu às 4 horas e o sol nascer às 5 horas. Não sabiam onde estavam, mas as marés e correntes os haviam empurrado para o sul, para mar aberto, e de volta em direção à costa, e ainda conseguiam ver terra, uma débil e baixa sombra a nordeste. Wassing achou que estavam a 5 quilômetros do litoral, embora provavelmente estivessem mais distantes.[17] Onde estavam os garotos? Será que tinham chegado à margem, voltado a Sjuru e os abandonado?

— Vamos tentar remar novamente — disse Michael às 5h30.[18]

Eles tentaram, mas o barco emborcado e cheio de água era grande e pesado demais para se mover sob o poder de dois homens e seus estreitos remos.

— Acho que devíamos nadar até a costa — sugeriu Michael.

— Sem chance — respondeu Wassing. — Não ouso tentar nadar. Jamais chegarei ao litoral, estou exausto. E você jamais deve abandonar o barco, essa é a regra náutica número 1. Desde que continue boiando, ele nos manterá vivos e seremos vistos pelo resgate. Não vá. Tenho certeza de que seremos encontrados.

— Não, eu consigo — replicou Michael. — A água está morna. Tudo que tenho de fazer é continuar nadando. Podemos ficar ao largo para sempre e jamais sermos encontrados. E estamos na maré alta. Estamos mais próximos do que jamais estaremos.

Ele tomara sua decisão. Talvez porque fosse tão jovem. Talvez porque fosse um Rockefeller e se achasse capaz de tudo, sem experiência com a ideia de que nem sempre se pode fazer tudo. Wassing não conseguiu dissuadi-lo.

— Talvez você consiga, mas não eu — disse ele. — Não assumo nenhuma responsabilidade por você.[19]

Michael já tinha o tanque de combustível vazio amarrado à cintura.[20] Encontrou a lata reserva sob um dos cascos, esvaziou-a, fechou-a novamente e a acrescentou ao cinto. Tirou as calças e os sapatos e entrou na água. Eram 8 horas do dia 19 de novembro.[21] Ele nadaria inicialmente contra a maré vazante, mas, por volta das 16 horas, quando estivesse no auge do cansaço, ela inverteria e começaria a carregá-lo.[22] O mar estava morno, quase quente. Ele abraçou uma lata de combustível e disse:

— Acho que consigo.[23]

Wassing observou Michael se afastar até se tornar uma forma obscura, três pontos no horizonte, e então desaparecer de vista.[24]

16.
NOVEMBRO DE 1961

Um dia depois de Michael e Wassing partirem de Agats, rumo ao sul, os homens de Otsjanep fizeram o mesmo. Lenta e hesitantemente, estavam sendo empurrados para o mundo moderno. A pista de pouso de Pirimapun estava terminada e o posto governamental estava em expansão. Van Kessel construíra uma casa lá, embora ainda passasse a maior parte do tempo em Basim. Um missionário canadense, Ken Dresser, que era piloto e médico, mudara-se para o posto com a esposa, o filho e um pequeno Cessna. Acrescente-se a isso uma dúzia de policiais papuásios nativos e Pirimapun era uma cidadezinha em expansão.

Van de Waal informara os vilarejos vizinhos de que compraria material nativo — ratã, madeira e *gabagaba*, o talo da palmeira-sagu que servia como principal material de construção — de quem quisesse vender. Às vezes, ele também anunciava quando precisava de algo especial, mas era difícil negociar a entrega para uma data específica, pois os asmats não tinham calendário e só contavam até cinco, o número de dedos em uma mão, antes de passar para "muito". Suas únicas âncoras com o tempo real eram as marés e a lua cheia. O que significava que, frequentemente, traziam o material quando queriam e Van de Waal o guardava para quando precisasse. O pagamento não era em dinheiro, claro, mas em tabaco, material de pesca e machados. Em certas ocasiões, quando ele não precisava de nada, os asmats ficavam sentados durante dias na frente de sua casa, esperando que mudasse de ideia.

Foi assim que, na noite de 18 de novembro, os homens de Otsjanep encheram oito canoas com *gabagaba* e rumaram para Pirimapun, percorrendo a mesma rota que haviam seguido exatamente quatro anos antes, a caminho de Wagin e Digul.[1] Entre eles, estavam alguns dos homens pertencentes à elite de Otsjanep. Lá estava Ajim, homem baixo e forte, de temperamento explosivo e cabelo comprido e encaracolado.[2] Ele matara tantos e tomara tantas cabeças que era visto como o homem mais poderoso do vilarejo. Os brancos achavam que era problemático e pouco confiável. Ele usava braceletes de ratã de 15 centímetros de largura no pulso e no bíceps esquerdos, uma armadura contra a corda do arco.[3] Lá estavam Fin, Pep, Dombai, Fom, Bese e Jane.[4] A maioria deles tinha várias esposas e muitos crânios, e todos estavam relacionados, de alguma maneira, aos homens que haviam sido mortos por Lapré.

Eles desceram o Ewta com a maré vazante e, por volta das 17 horas, viraram para o sul ao longo da costa, percorrendo o Arafura bem longe do litoral.[5] Viajavam à noite porque o mar estava mais calmo e porque ainda se lembravam do que acontecera em 1957, receosos com os vilarejos no litoral. Carregavam o de sempre — lanças, arcos e flechas —, além de brasas na popa de cada canoa.

Foi uma viagem tranquila. Eles chegaram a Pirimapun na manhã do dia 19 e Van de Waal comprou sua *gabagaba*.[6] Eles se alojaram no posto, cochilaram, observaram os estranhos objetos a sua volta e partiram na mesma noite, para a jornada pela costa até a foz do Ewta, onde chegaram de madrugada, no início da maré crescente.

17.
NOVEMBRO DE 1961

Na manhã seguinte à chegada de Simon e Leo a Agats, oficiais holandeses começaram a organizar um grande esforço de busca e resgate. Às 9 horas de sábado, 19 de novembro, o residente holandês de Merauke, F. R. J. Eibrink Jansen, telefonou para P. J. Platteel, governador da Nova Guiné holandesa, repassando as notícias relatadas por Leo e Simon: René Wassing e Michael Rockefeller estavam à deriva em mar aberto.[1] Não se tratava apenas de um par de missionários ou turistas, mas de Michael Rockefeller. Como se isso não fosse ruim o bastante, no dia seguinte Joseph Luns, ministro holandês das Relações Exteriores, discursaria perante a Assembleia Geral da ONU em Nova York com o objetivo de apresentar seus planos para o futuro da colônia holandesa.[2]

O telex funcionou à toda nos altos níveis de governo, entre o ministro do Interior Theo Bot e os embaixadores holandeses na Austrália e nos Estados Unidos. O Departamento de Estado americano informou a Nelson Rockefeller que seu filho estava perdido no mar.

Na ilha de Biak, 482 quilômetros ao norte, a Real Força Aérea holandesa mantinha um esquadrão de doze Lockheed P-2 Neptune.[3] O avião fora o primeiro projetado especificamente para patrulha marítima, reconhecimento e combate antissubmarino, e o esquadrão estava estacionado em Biak para patrulhar as águas da Nova Guiné e localizar possíveis incursões indonésias na colônia holandesa.[4] Os administradores coloniais no interior, assim como Van de Waal, podiam viver em cabanas de madeira sem nada além de um rádio, mas a ameaça militar indonésia era tratada com seriedade e o esquadrão em Biak era moderno e sofisticado. Os Neptunes tinham autonomia de 6.450 quilômetros e um radar tão sensível que conseguia captar um coco flutuando na água.[5]

Rudolf Idzerda comandava o esquadrão. Aos 38 anos, o ex-piloto de caças já sobrevivera a duas ejeções emergenciais de paraquedas — uma quando seu Sea Fury fora atingido pelos japoneses durante a Segunda Guerra Mundial e outra quando seu avião fora engolfado por um furacão na costa da Flórida, durante um treinamento nos Estados Unidos.[6] Quando voltasse para casa, seria contra-almirante. No fim da manhã de 19 de novembro, o esquadrão recebeu a chamada e o Neptune de Idzerda foi o primeiro a decolar, às 13h30.[7]

Von Peij, esperando a chegada de Michael via Atsj e Amanamkai, ouviu o avião se dirigindo para o mar às 16 horas.[8]

Mais abaixo na costa e igualmente esperando por Michael, Van Kessel também viu e ouviu os aviões.[9]

Após três horas, o navegador do Neptune conseguiu um sinal no radar e, às 16h10, Idzerda viu o catamarã emborcado.[10] Estava 26 quilômetros ao sul de onde os garotos o haviam deixado. René Wassing viu o avião e mal conseguiu acreditar em sua sorte: achou ter sido encontrado por acaso, durante uma patrulha de rotina.[11] Idzerda abriu as portas do compartimento de bombas e desceu a 100 pés. Um tripulante empurrou um barco de emergência para fora do Neptune. Ele atingiu a água perto de Wassing e começou a inflar.

Assim que Idzerda localizou o barco, ele comunicou as coordenadas à base e, quando começou a escurecer, lançou sinais luminosos que acenderam o céu noturno como um estádio de futebol.[12] Acreditando que Michael ainda estava no barco, não tinha ideia de que ele nadara para longe. Em Pirimapun, Van de Waal recebeu uma chamada pelo rádio e ele e Ken Dresser partiram no esquife de alumínio do último.[13] Estava escuro e o mar permanecia calmo.[14] No céu acima, Idzerda indicou o caminho até Wassing. Mas estava ficando sem

COLHEITA SELVAGEM

combustível e teve de retornar a Biak. Na escuridão, Van de Waal e Dresser não conseguiam ver nada e também foram obrigados a voltar.

Naquela noite, a algumas horas de canoa ao norte de Pirimapun, um missionário holandês chamado Ben van Oers visitava os pequenos vilarejos ao longo da costa. Ele estava dormindo na casa dos homens quando foi acordado por gritos horríveis.[15] Correu para fora do *jeu* e encontrou duas canoas sendo puxadas para a margem lamacenta. Os homens estavam histéricos. Tremendo. Como se tivessem acabado de escapar da morte.

— O fogo caiu dos céus — contaram eles. — Há muito fogo no mar perto de Pirimapun.[16]

Talvez os indonésios finalmente tenham iniciado a invasão, pensou Van Oers. Ele entrou em uma canoa com um punhado de remadores e se dirigiu para Pirimapun, chegando ao alvorecer. Ken Dresser estava abastecendo seu pequeno avião e o barco de patrulha *Tasman* se dirigia para o mar.

Wim van de Waal estava nele e, às 9h07, viu o barco de resgate.[17] Estava virado e Wassing estava deitado sobre ele, afundado na borracha. Tinha queimaduras de sol e estava desidratado, mas, fora isso, estava bem. Van de Waal o ajudou a subir a bordo.

— Mike desapareceu — disse Wassing. — Ele nadou para longe. Tentei convencê-lo a não fazer isso, mas não consegui.[18]

Era manhã de domingo em Nova York, dez horas a menos que na Nova Guiné. O governador anunciara a dissolução de seu casamento e seu romance com Happy Murphy apenas alguns dias antes, embora ele e Mary já estivessem separados há dois meses. E agora lá estava ele, na casa da família em Pocantico Hills, Nova York, em um domingo.[19] Os irmãos — Rodman, Ann, Steven e Mary, irmã gêmea de Michael — se agruparam em torno da mãe, inquietos.[20] *Por que ele está aqui?,* perguntou-se Mary. *Por que quis que nos reuníssemos?*

Ele tinha um cabograma amarelo nas mãos.[21]

— Tenho más notícias — anunciou. Ele acabara de conversar com o Departamento de Estado americano. — Eles receberam informações do governo holandês em Nova Guiné. Ainda não sabem de nada específico, mas Michael está desaparecido.

Algumas horas depois, Nelson, sua filha Mary, Eliot Elisofon (o fotógrafo da *Life* que cobrira parte da Expedição Harvard Peabody em Baliem, juntamente com Michael), Robert Gardner, alguns assessores de confiança e repórteres nova-iorquinos embarcaram em um voo para São Francisco. No que então era chamado de Aeroporto Internacional de Nova York, logo antes de embarcar no avião, Nelson recebeu uma chamada via rádio de Hollandia.[22] A estática estalava na linha e ele só conseguiu ouvir parte da mensagem: o barco de Michael tivera problemas e ele nadara para longe.

A cada passo do caminho, fotógrafos e jornalistas cercavam Mary e o governador, quase uma centena de pessoas se empurrando em torno deles, em uma multidão que crescia a cada parada.

— Estou indo para lá — disse ele aos repórteres em Nova York. — Espero que o encontrem antes de chegarmos, mas ao menos estaremos lá quando isso acontecer. E, se houver algo que eu possa fazer, eu farei.[23]

Em São Francisco, ele recebeu um telegrama do presidente Kennedy. "Sinto muitíssimo por seu filho", escreveu o presidente. "Todos os membros do governo estão ansiosos para oferecer qualquer assistência possível. Espero que você solicite o auxílio que o Departamento de Defesa ou qualquer outra agência possa oferecer."[24]

— Se o garoto está com problemas, preciso estar lá — disse Nelson aos repórteres. — Se ele estiver seguro, será um reencontro feliz.

"O sr. Rockefeller disse aos repórteres ter total confiança na habilidade e na resistência de Michael", escreveu Homer Biggart no *New York Times*, quando as notícias explodiram nos jornais mundiais. "Ele disse aos assessores que seu filho é capaz de nadar longas distâncias e superar qualquer dificuldade na água. 'Mantenham os dedos cru-

COLHEITA SELVAGEM

zados', repetiu o governador várias vezes, erguendo seus próprios dedos cruzados e sorrindo debilmente."

No entourage do governador Rockefeller, somente Gardner já estivera em Asmat. "Ele enfatizou", escreveu o *Times*, "que, embora o povo asmat na costa ainda praticasse caça às cabeças há cerca de dez anos, agora a região é 'segura'. Os nativos começaram a usar roupas e estão ávidos pelo comércio com os brancos".

De São Francisco, eles voaram para Honolulu, onde o governador fretou um Boeing 707 da Pan American por 38 mil dólares para voar até Biaj, fazendo uma parada de reabastecimento na ilha Wake.[25] O voo fretado partiu à 1h30 e não proporcionou nenhuma trégua: estava lotado de repórteres. Embora estivesse habituada à publicidade que cercava sua família desde que Nelson se tornara governador, Mary se sentia sufocada e aborrecida. "Encontramos um novo grupo de rostos estranhos, com os olhos fixos em nós [...] e o som das conversas que ouvíramos ao entrar se transformou em um silêncio expectante que se espalhou por toda a cabine enquanto nos acomodávamos em nossos assentos na parte dianteira.

"Não ousei perguntar a papai por que ele fretara um avião tão grande ou por que achava necessário bancar o anfitrião para o crescente grupo da mídia.

"Acho que devo ter projetado a raiva que estava sentindo em meu pai e na imprensa. Eu estava completamente despreparada, em uma situação sem contexto, contando com a força de meu pai e com sua habilidade de controlar o destino de nossa família e obter uma vitória completa, apesar das sombras da derrota. Sentada a seu lado, segurei sua mão, pois sentia meu próprio senso de identidade desaparecendo e nossa missão de contos de fada começando a esmorecer e se desfazer. Onde estava Michael na visão daquele grupo de imprensa? Era arriscado demais tentar obter uma resposta."[26]

18.
NOVEMBRO DE 1961

Se antes o mundo externo raramente chegava ao sudoeste da Nova
Guiné, agora estava descendo com uma força e intensidade que os
habitantes locais jamais haviam visto, não sabiam existir e sequer
conseguiam imaginar.

Quando Nelson Rockefeller e as equipes de imprensa chegaram à
ilha, o portal que Nelson abrira naquele gélido dia de 1957 foi escan-
carado, com repórteres de todo o mundo afluindo para Nova Guiné.
Ao mesmo tempo, o ministro das Relações Exteriores holandês, Joseph
Luns, defendia seu plano em Nova York perante a Assembleia Geral
da ONU. Jan Herman van Roijen, embaixador holandês nos Estados
Unidos, enviou uma série de telegramas ao Ministério das Relações
Exteriores, que os encaminhou ao governador Platteel em Hollandia.
"Em conexão com a enorme publicidade a ser esperada, é desnecessá-
rio enfatizar — tendo em vista o curso ainda desfavorável da revisão
das propostas holandesas na ONU — a suprema importância de
fornecer a Rockefeller e aos repórteres que o acompanham a maior
assistência possível, em se tratando de acomodações e instalações da
Marinha Real."[1] Ele urgia para que todo o possível fosse feito pelos
militares e pelo governo civil, no mar e em terra. "Deve-se evitar
que Nelson Rockefeller e os repórteres que o acompanham tenham
a impressão de que qualquer opção razoável foi negligenciada na
busca pela pessoa desaparecida."

Em um segundo e surpreendente telegrama enviado no mesmo dia,
Theo Bot, ministro do Interior holandês, escreveu a Van Roijen, Luns

CARL HOFFMAN

e Platteel dizendo que o desaparecimento de Michael era como maná caindo do céu, uma oportunidade perfeita que não podia ser desperdiçada. "Como consequência do trágico desaparecimento de Rockfeller Jr., a imprensa internacional [...] dá mais atenção à Nova Guiné holandesa que à implantação do conselho e às propostas holandesas na ONU", disse ele. "Devemos usar isso em nossa vantagem, para favorecer o sucesso das propostas holandesas na ONU. Penso em algumas coisas em particular. Primeira: tanto quanto possível, uma resposta unificada dos membros do conselho da Nova Guiné em relação ao futuro da Nova Guiné holandesa. Segunda: autocontrole e lealdade dos oficiais (holandeses) em relação aos convidados estrangeiros, para evitar uma repetição das experiências de Hastings [um crítico jornalista australiano]. Terceira: enfatizar o moderno desenvolvimento da Nova Guiné holandesa, em oposição ao pitoresco primitivismo da costa sul e do interior. Quarta: destacar a ideia de 'nação em processo de criação' e as possibilidades práticas reais em relação ao futuro da Nova Guiné holandesa, com a condição de que a ONU ofereça oportunidades para isso, enviando um comitê etc., como proposto pelos holandeses. É claro, deixarei a implantação dessas sugestões a seu critério."[2]

Foi um chocante momento de manobra geopolítica. Os olhos do mundo estavam na Nova Guiné, incluindo os de Nelson Rockefeller, e aquela era a chance de a Holanda demonstrar que sua colônia não era apenas um fim de mundo cheio de caçadores de cabeças, como afirmavam os conselheiros do presidente Kennedy, mas uma nação em processo de criação, com um governo bem azeitado que podia fazer as coisas acontecerem. Para os oficiais holandeses, a busca por Michael se tornara parte de uma estratégia maior: não deixar de revirar nenhuma canoa ou trecho do oceano e fazer com que Nelson Rockefeller voltasse para casa se não elogiando diretamente o Plano Luns, ao menos afirmando quão excelentes eram os holandeses na Nova Guiné. O mesmo valia para a imprensa internacional — fosse Michael encontrado vivo ou morto.

Michael Rockefeller na Nova Guiné.

BIBLIOTECA DO CONGRESSO DOS ESTADOS UNIDOS

Eu (ao centro) e Kokai (em pé, atrás de mim, usando boné de beisebol), juntamente com sua família, em Pirien.

CARL HOFFMAN

Enquanto o governador e Mary voavam sobre o Pacífico, a busca se intensificou. Na segunda-feira, 20 de novembro, um DeHavilland Beaver holandês e os Neptunes continuaram a varrer o mar e a costa.[3] Um hidroavião PBY Catalina foi trazido de Lae, na Nova Guiné australiana.[4] Ken Dresser e o piloto missionário Betty Greene examinaram o litoral com seus Cessnas.[5] Os barcos de patrulha holandeses *Tasman, Eendracht* e *Snellius* percorreram os mares. Em canoas, os asmats procuraram nos rios.[6] Já em Biak, um fuzileiro holandês amarrou latas de combustível na cintura, pulou em uma piscina "e demonstrou que a pessoa envolvida poderia nadar em boa velocidade", embora, "se inconsciente, a cabeça mergulharia na água".[7] Como teste, o fuzileiro jogou as latas no mar e elas foram localizadas pelo radar de um Neptune.[8] O adido holandês para a Nova Guiné, em sua embaixada em Canberra, Austrália, enviou um telegrama dizendo que o desaparecimento de Michael interrompera todos os outros assuntos, que os repórteres não paravam de telefonar e que ele estava sobrecarregado tentando fornecer vistos para os jornalistas e autorizações de aterrissagem para os aviões fretados que os levariam até a ilha.[9]

Nelson e Mary aterrissaram brevemente em Biak, onde foram recebidos pelo comandante das forças holandesas, L. E. H. Resser e ouviram um resumo das buscas até a data, incluindo os testes com as latas de combustível.[10] Após trinta minutos, embarcaram em um DC-3 para Hollandia, exatamente como fizera Michael oito meses antes, e se reuniram com mais oficiais. "Eu e minha filha Mary estamos muito satisfeitos e gratos pelo fato de o governo estar fazendo tudo em seu poder", disse Nelson, antes de continuar para Merauke, a sudoeste de Asmat.[11]

É um truísmo dizer que não se pode realmente entender um lugar até chegar lá. Pode-se retratá-lo, imaginá-lo, mas isso é apenas uma abstração. O que quer que eles imaginassem que Michael estivera fazendo, vendo e sentindo nos meses em que estivera viajando, a realidade do lugar começou a atingi-los quando voaram sobre Asmat, observando os pântanos através de binóculos, e então pousaram em Merauke. A vastidão. O calor e a umidade. O profundo primitivismo. Merauke podia ser o centro administrativo do litoral sudoeste da colônia holandesa, mas era "um assentamento pobre e feio", nas palavras de Peter Hastings, o jornalista australiano que cobria a Indonésia e a Nova Guiné há anos, conhecera Michael no vale de Baliem e até mesmo fora com ele ao cinema em Hollandia.[12] Ele descreveu Merauke como "compreendendo algumas ruas de betume [...] uma espécie de hotel [...] um rio vasto e sombrio e uma estrada de terra que, na estação seca, conduz à fronteira australiana".

Na tarde de 23 de novembro, chegaram a essa cidadezinha no fim do mundo quase cem jornalistas, Nelson Rockefeller, sua filha e seu entourage. Foi uma confusão triste e insana. Asmat, grande e inacessível, ficava a 240 quilômetros ao norte e não era um lugar para o qual os holandeses queriam que eles fossem, de qualquer forma. Embora Mary e o governador tivessem voado 16 mil quilômetros ao redor do mundo, não estavam muito mais perto da ação do que se tivessem ficado em Nova York.

Os jornalistas estavam na mesma posição. Estavam na Nova Guiné, mas não havia nada para ver, fazer ou relatar, exceto o que estava diante deles. E o que estava diante deles eram os Rockefeller, pai e filha angustiados, exaustos e esgotados, nas margens de um dos pântanos mais selvagens da Terra. "A história que todos chegamos para relatar era, ostensivamente, a busca por Michael", escreveu Hastings, "mas, na realidade, transformou-se em algo de mau gosto, angustiante e intrusivo, uma observação da agonia pública e privada do governador Rockefeller e de sua filha, a irmã gêmea de Michael, sra. Mary Strawbridge."[13]

Jan Broekhuijse, um antropólogo do Departamento de Assuntos Nativos holandês que fora designado para o projeto cinematográfico de Gardner, voou até Merauke para se encontrar com o governador. "Ele era um homem ferido e alquebrado", lembrou Broekhuijse.[14]

COLHEITA SELVAGEM

Era como um açoitamento público, uma exposição pública: um dos homens mais poderosos do mundo tornado impotente pela geografia e pela cultura. "Pela primeira vez em minha vida", escreveu Mary, "notei linhas de preocupação na fronte de meu pai e observei momentos em que ele ficava encarando o vazio".[15]

Eliot Elisofon passou um dia inteiro dentro de um Catalina, ajudando na busca. O avião descarregou tambores de combustível em Pirimapun, de onde a busca estava sendo conduzida, e, durante oito horas, ele alternou trinta minutos no ar e trinta em terra, olhando pela janela lateral do Catalina, procurando por qualquer coisa relacionada a Michael. Asmat o enchia de temor. "A linha costeira é sombria. Pântanos sujos parecem se fundir com o mar em uma extensão de lama, funda o bastante para submergir metade das gigantescas árvores tropicais que foram varridas até o mar pelos numerosos rios que se entrelaçam pela costa sul, como veias em um manequim de plástico. Vimos mantas gigantescas, tubarões-martelo, cobras, botos e milhares de pássaros. Nossa busca não é apenas na linha d'água — não podemos chamá-la de praia, pois não há nenhuma —, mas também em mar aberto. Mesmo que ele tenha chegado ao litoral, a lama é terrivelmente difícil de vencer e sua excelente condição física não seria de muita ajuda ao tentar percorrê-la. Ouvi que um homem que cai na lama não consegue sair sem ajuda, e Mike certamente não tinha nenhuma."[16]

A busca continuou. O governador concedeu entrevistas coletivas e compareceu a uma missa. René Wassing contou a história de suas últimas horas com Michael, cuja "natureza inquieta o impediu de ficar à deriva".[17]

O nervosismo de Wassing, escreveu Mary, "espelhava minha própria e profunda ansiedade e desafiava minha esperança. Lembro dos olhos de René indo de um oficial holandês para o outro enquanto ele falava. Senti que ele se sentia responsável perante eles e não

CARL HOFFMAN

podia estar completamente presente comigo e com meu pai no que se relacionava ao que acontecera a Michael".[18]

Em 23 de novembro, o comandante da Frota Americana no Pacífico enviou um telegrama ao almirante da Nova Guiné holandesa: "Posso providenciar aviões de patrulha, um porta-aviões convertido com helicópteros e unidades de superfície. [...] Não hesite em informar qualquer apoio que lhe possa ser útil e eu ficarei feliz em fornecê-lo, no limite das minhas capacidades. Por favor, informe isso ao governador Nelson Rockefeller."[19]

O almirante respondeu: "Estou considerando sua gentil oferta."[20]

A Indonésia objetou — e fez sua jogada. "O ministro das Relações Exteriores indonésio sugeriu na sexta-feira que a Holanda está tentando usar o desaparecimento de Michael Rockefeller para provocar uma fissura entre a Indonésia e os Estados Unidos", relatou a Reuters. "Quando solicitado a comentar os relatos de que um porta-voz do Ministério da Defesa holandês afirmara que a Sétima Frota americana estava preparada para oferecer um porta-aviões e ajudar na busca, o porta-voz do Ministério das Relações Exteriores indonésio disse não entender por que ele era necessário. 'Entendemos o que um pai sente com a perda de seu filho [...] de uma perspectiva humana, entendemos que todos estão preparados para ajudar na busca. Não entendemos por que um porta-aviões é necessário para isso.'"[21]

O porta-voz disse que, se fosse verdade que os Estados Unidos estavam enviando um porta-aviões, isso demonstrava que as autoridades coloniais holandesas não eram capazes de cumprir seus deveres.

A situação política era muito tensa. Em 24 de novembro, os holandeses rejeitaram a oferta. "Após consultar o governador Nelson Rockefeller, chegamos à conclusão de que, no momento, meios suficientes — incluindo aeronaves e helicópteros australianos — estão disponíveis para conduzir uma busca detalhada na área; consequentemente, forças adicionais não serão necessárias. Suas amáveis palavras e sua pronta oferta de auxílio foram uma grande ajuda em nossa difícil e triste tarefa."[22]

COLHEITA SELVAGEM

Embora os Rockefeller expressassem sua esperança, os oficiais holandeses estavam cada vez mais convencidos de que Michael se afogara antes mesmo de chegar à costa — ou, ao menos, eram nisso que queriam acreditar. A Associated Press relatou que os oficiais em Hollandia haviam "perdido toda a esperança"[23] e o *New York Times* citou Theo Bot, ministro do Interior holandês: "Já não há possibilidade de encontrá-lo vivo. Nosso pessoal no local considera a situação sem esperanças."[24] A probabilidade de que ainda estivesse vivo e no mar era nula, mas os Rockefeller se agarravam à ideia de que Michael pudesse ter chegado à costa. "Sou realista", disse o governador.[25] "Se Michael chegou ao litoral e se dirigiu para o interior, podemos passar muito tempo sem saber dele."[26]

Eibrink Jansen, o residente de Merauke, o apoiou: "Se Michael chegou à terra firme, há boa chance de sobrevivência. Os nativos, embora não sejam civilizados, são muito amáveis e sempre prontos para ajudar. É muito possível que ele tenha sido levado para uma choupana."

O governador se recusou a partir de Merauke. Ele queria ficar mais tempo e manter a busca ativa e elogiou seus anfitriões "por terem inspirado tanta lealdade e afeto entre os papuásios", relatou o *Times*, "que os nativos se ofereceram para ajudar".[27] O que, é claro, era exatamente o que os holandeses queriam que ele dissesse, e Platteel (que fora instruído por Bot a usar o desaparecimento de Michael em seu favor) enviou um telegrama para Bot em Haia. "Rockefeller entusiasmado sobre ação de resgate e ajuda do governo. Durante entrevista coletiva, repetidamente enfatizou profunda admiração e gratidão pelo governo e oficiais. A pessoa envolvida está bastante impressionada com a atitude cooperativa da população, que respondeu em grande número ao pedido de auxílio dos oficiais administrativos. Ele enxerga isso como evidência do excelente relacionamento entre papuásios e oficiais holandeses. Discurso de Rockefeller registrado pela televisão e repórteres. Correspondentes me cumprimentaram pelo elogio de

Rockefeller ao governo da Nova Guiné, e eu pessoalmente falei com o governador sobre assistência ilimitada e incondicional."[28]

A contínua presença de Nelson Rockefeller deu resultado. Também em 24 de novembro, dois helicópteros Bell 47 G2-A do Exército australiano foram trazidos da Austrália por um C-130A Hercules e receberam flutuadores em Merauke.[29] Usando o combustível armazenado em Pirimapun, eles voaram para vilarejos e rios, em uma grade de 145 quilômetros ao longo da costa e 9 quilômetros em terra.[30] Como todos os estrangeiros que desembarcavam em Asmat, o capitão Dick Knight, um dos pilotos, não viu nada além de "uma imensidão tórrida e hostil. [...] Certamente era uma área proibitiva para voar, particularmente no padrão 'lento e baixo' necessário para realizar qualquer tipo de busca razoável na floresta. Cada aeronave carregava [...] um rifle automático de 7.62 mm e cada piloto tinha uma pistola 9 mm".[31]

Um terceiro helicóptero de uma fragata holandesa se juntou aos australianos. E então algo foi descoberto: no mesmo dia, 24 de novembro, uma lata vermelha de combustível Johnson para motor de popa foi recolhida bem ao sul pelo barco de patrulha *Snellius*, e um Catalina e um Neptune foram imediatamente enviados para a área.[32] A lata foi mostrada a Wassing; ele não tinha certeza, mas disse que poderia ser uma das deles.[33]

A busca ganhou novo ânimo. Mary e Nelson voaram com Eibrink Jansen em um Catalina durante algumas horas, até Pirimapun, onde Van de Waal os conduziu por um tour pelo vilarejo usando uniforme branco engomado. Nelson parecia estar no Country Club, vestindo camiseta branca de decote V, bermuda, meias e sapatos brancos.[34] Van de Waal o levou até a choupana de *gabagaba* onde vivia.

— *Isso* é seu? — perguntou Nelson, incrédulo.[35] Eles foram para a doca e olharam para o mar. O que mais podiam fazer?

Eles pousaram o Catalina brevemente no rio próximo ao vilarejo de Amanamkai, apertaram algumas mãos e voltaram para Merauke.[36] Esperaram. Deram entrevistas coletivas. Mantiveram a esperança.

Mas Asmat permanecia inflexível e impenetrável. Helicópteros, aviões, navios, falanges de oficiais holandeses e repórteres e, por fim, mesmo o grande governador de queixo quadrado, o homem que levara a arte primitiva para Nova York, foram derrotados.

Na manhã de 28 de novembro, nove dias depois de Michael ter nadado para longe do catamarã, Nelson voou para Hollandia, Biak, Tóquio e então para casa.

19.
NOVEMBRO DE 1961

Se existe um momento que captura a busca por Michael, é a descrição de Eliot Elisofon das horas que passou a bordo do Catalina. Ele não está *em* Asmat, mas acima, dentro de um tubo de alumínio, observando o que, para ele, parece ser uma terra letal e ameaçadora. Não é difícil ler sua carta e imaginar como alguém consegue viver no mundo que descreve. Não é habitável: o mar está cheio de tubarões e a costa é constituída por uma lama tão profunda que, se um homem cair, não consegue se levantar. Mas nenhum repórter jamais foi a Asmat, nem mesmo a Agats. Nelson e Mary jamais passaram uma única noite na região.

Para os oficiais holandeses em Merauke, Hollandia e Amsterdã, para os Rockefeller e para os repórteres cobrindo a tragédia, Michael desaparecera em um grande atoleiro, um ambiente tão hostil e remoto que eles ergueram as mãos e se renderam. Ele simplesmente desaparecera. Olharam para a lama, o pântano e a selva e projetaram sua própria desconexão: ninguém conseguiria sobreviver ali. Não importava que os asmats vivessem na lama há gerações. Caminhassem sobre ela. Rolassem nela. Não importava que estivessem nadando e remando desde que Asmat existia. Michael deveria ter sido comido por tubarões ou se cansado e morrido afogado e foi essa a causa oficial da morte: Michael Rockefeller foi atacado por tubarões ou se afogou. Era simples e claro e se encaixava na maneira como os ocidentais olhavam para o mundo. E funcionou para o governo holandês, que queria que os estrangeiros acreditassem que Nova Guiné estava repleta de futuros cidadãos do mundo, não caçadores de cabeça da Idade da Pedra que praticavam canibalismo.

Havia, contudo, fortes razões para duvidar de ambas as possibilidades. Em primeiro lugar, tubarões raramente atacam humanos.[1] Embora seja possível que Michael tenha sido vítima, jamais ouvi histórias de ataques de tubarões em Asmat: os animais raramente aparecem nos entalhes e símbolos. Ele tinha duas latas de gasolina amarradas a uma corda ligada a seu cinto e nenhum pedaço dessa corda jamais foi encontrado — nem mesmo um nó ou pedaço partido na lata Johnson recuperada a 240 quilômetros dali. Os Neptunes começaram a busca já na manhã seguinte e nunca viram nada, fosse um pedaço de carne humana deixado para trás, fossem as latas.

Ele poderia ter se cansado e se afogado, mas estava amarrado às latas flutuantes. Os testes mostraram que o radar dos Neptunes captaria facilmente as latas. Já morto, poderia ter sido mordido por tubarões, mas, novamente, não teria sido inteiramente consumido. Ainda mais importante, nada disso teria acontecido rapidamente e o radar dos Neptunes deveria tê-lo captado, ou ao menos pedaços dele, e suas latas de flutuação.

No fim, é remota a chance de que tenha sido atacado e completamente consumido pelos tubarões de forma que nem ele, a corda, o cinto ou as latas foram encontrados.

No solo, tudo parecia diferente. No dia em que Michael desapareceu, tanto Van Kessel quanto Von Peij estavam esperando por ele, o primeiro no sul, em Basim, e o segundo em Atsj. Em 19 de novembro, ambos ouviram o raro som de motores em Asmat e viram os Neptunes circulando no céu acima, e ambos foram alertados por rádio sobre o desaparecimento de Michael. Van Kessel imediatamente enviou seu assistente, Gabriel, um asmat que fora batizado e vivia com ele há anos, para percorrer a costa em direção ao norte, chegando ao rio Ewta e a Otsjanep — o ponto mais ao norte em seu distrito —, a fim

COLHEITA SELVAGEM

de avisar os moradores e pedir que ficassem atentos.[2] Gabriel não viu nada fora do comum, apenas dois jovens na foz do Ewta.[3]

Van Kessel o seguiu, chegando ao Ewta às 16 horas do dia 20 de novembro.[4] Otsjanep ficava a apenas 5 quilômetros selva adentro e os moradores percorriam o rio constantemente, para pescar na foz. Mas, quando o sol se pôs naquela tarde e o verde das palmeiras-nipa de aparência pré-histórica, o azul do céu e o marrom-prateado do rio se aprofundaram, Van Kessel não viu ninguém. O geralmente agitado rio estava deserto. Ele passou a noite em um bivaque na foz do rio Faretsj.

Em toda Asmat, oficiais holandeses continuavam as buscas e os locais se espalhavam pela costa e pelos rios. Van Kessel fez contato com o *Tasman*, no qual o comissário de polícia holandês, conhecido como HPB, percorria a costa.[5] Gabriel, enquanto isso, passou o dia inteiro no Ewta e na praia ao sul do Fajit, no qual ficava Basim.[6] Embora muitos moradores estivessem participando da busca, ele não viu ninguém de Otsjanep.

É difícil saber exatamente a impressão que essa busca frenética causou nos asmats, mas é algo que jamais tinham visto antes. Tantos barcos de aço. Tantos aviões. Tantos homens brancos. Que o homem desaparecido fosse um Rockefeller, filho de uma das figuras mais ricas e poderosas do mundo, não significava nada. Eles sabiam apenas que era um homem branco, um Tuan, e estava desaparecido.

Conforme os dias passavam e as buscas se intensificavam, os helicópteros chegaram. Ninguém em Asmat vira um helicóptero antes. Alguns tinham observado aviões lá longe no céu; uns poucos, em Pirimapun, Agats e Amanamkai, haviam visto Catalinas pousarem na água, mas a maioria jamais vira essas estranhas canoas dos espíritos tão de perto. Equipados com flutuadores e pilotos do Exército americano, os helicópteros saíram do nada e pousaram nos rios perto dos vilarejos, com os rotores trovejando e gerando ventos de 8 nós que criavam nuvens de água, galhos e detritos. Os populares fugiram para a selva, aterrorizados e gritando.[7] Considerando a reticência e o desconforto dos asmats em relação a estrangeiros, não surpreende que os pilotos não tenham visto nem ouvido nada. Em 27 de novembro, o último dia de Nelson em Merauke, Gabriel, o assistente de Van Kessel, voou em um helicóptero até Otsjanep e, como sempre, o vilarejo se esvaziou ao som da aeronave.[8] Gabriel procurou nos arbustos da região e, finalmente, Ajim e Fin apareceram. Eles disseram não saber nada sobre Michael, mas Gabriel notou, novamente, que ninguém do vilarejo ajudava nas buscas.[9]

Em Atsj, Von Peij viu barco após barco e helicóptero após helicóptero chegarem e partirem.[10]

E então Asmat ficou silenciosa. Os helicópteros foram enviados para casa. Os Neptunes pararam de circular. O *Tasman* e o *Eendracht* voltaram a suas patrulhas regulares. Em Atsj, Von Peij esperou uma semana antes de retomar suas rondas e permitir que os moradores fossem coletar sagu.[11] Sua primeira parada foi em Jow, onde tudo parecia estar de volta ao normal.

No dia seguinte, ele iniciou a rota mais longa até Omadesep, percorrendo os riachos de canoa. O dia estava quente, mas ele estava contente por ter saído de Atsj, deixado a busca por Rockefeller para trás e voltado a sua rotina regular. Chegou ao vilarejo por volta do meio-dia.

— Há uns homens aqui que querem vê-lo — disse seu catequista. — Eles dizem ter uma mensagem para você.[12]

— Deixe-os entrar — respondeu ele.[13]

20.
DEZEMBRO DE 1961

Em Basim, Van Kessel começou a ouvir rumores estranhos e conflitantes.[1] Algo perturbador fora visto no mar. Os habitantes de Warkai, no mesmo rio de Otsjanep, dizia que um homem branco fora morto e comido pelos homens do vilarejo. Todo mundo parecia saber de algo. Em 3 de dezembro, Van Kessel enviou Gabriel de volta a Otsjanep.[2] Ele se sentou e fumou, conversou e ouviu. Havia rumores, disse ele em cada *jeu*, de que um homem chamado Bere contara a Omadesep sobre o assassinato de um homem branco.

— Vimos uma serpente gigante no mar! — disse Wotim, mas isso foi tudo.[3] Eles negaram saber qualquer outra coisa. Bere, no entanto, ficou alvoroçado, correndo pelo vilarejo e gritando para todos que não dissera nada, e então fugiu para a selva.[4] Van Kessel enviou uma canoa a Otsjanep e fez com que Bere e outros três homens fossem levados a Basim para serem questionados.[5] Em 5 de dezembro, ele questionou um por um em sua casa.

— Eu inventei tudo — confessou Bere.

— Eu não vi uma serpente — admitiu Wotim. — Só um pedaço de madeira.

— Havia um crocodilo gigante no mar — acrescentou Aitur.

— Vi algo com um rosto, mas era só um tronco de arvore — disse Ekob.

Van Kessel perguntou por que Aitur não matara o crocodilo.

— Não tínhamos nenhuma arma conosco — respondeu Wotim.

Mais tarde, ele chamou Wotim novamente, mas ele fugiu para a selva.

Em 8 de dezembro, ele enviou Gabriel novamente para Otsjanep, dessa vez com um grande suprimento de tabaco. Os homens se reuniram no *jeu* e fumaram.

— Homens de Otsjanep — disse Gabriel —, alguns de vocês foram questionados e sabem que os Tuans procuram por um Tuan dos Estados Unidos. Eles sabem que o corpo foi trazido pelo mar para um lugar aqui na vizinhança. Vocês devem tê-lo encontrado e não souberam o que fazer, pois o governo poderia suspeitar de vocês. Entreguem-me suas roupas, para que eu possa mostrar aos Tuans e eles parem de procurar.[6]

Era um discurso estratégico, criado para fazer com que admitissem estar em posse do corpo, sem mencionar assassinato ou suspeita de um. Mas ninguém sabia de nada. Pep tinha uma nova adaga feita de um osso humano, no entanto, e ofereceu a antiga a Gabriel.[7] Ajim não estava presente. E Gabriel sentiu que eles se comportavam de modo estranho. Ele viu "que estavam interpretando; as pessoas exageravam sua confusão e davam respostas cuidadosas", escreveu Van Kessel em seu relatório. "Por suas costas, eles sussurravam e estavam realmente nervosos."[8]

Van Kessel não tinha certeza, mas começou a achar que Michael Rockefeller chegara à costa e fora assassinado pelos homens de Otsjanep.[9]

Em 9 de dezembro, Von Peij chegou a Omadesep, que ficava no extremo sul de sua paróquia.[10] O sol já começara a se pôr na hora em que se instalou na casa do catequista — em um quarto de hóspedes em estilo nativo sobre palafitas, com paredes de *gabagaba*, telhado de folhas de palmeira, uma mesa, uma cama e um armário. Ele se sentia inquieto e não estava pronto para saber das notícias.[11] Um lampião estava aceso e, nas paredes perto da luz, lagartos pálidos de olhos bulbosos, com caudas curtas e patas com ventosas, esperavam pelos insetos. Embora tivessem apenas alguns poucos centímetros

COLHEITA SELVAGEM

de comprimento, emitiam um som alto e estridente. Do lado de fora, grilos cricrilavam e dois cachorros latiam, brigando por restos de pele de peixe.

Quando os quatro homens entraram, Von Peij estava esperando por eles.[12] Bere e Bumes eram de Otsjanep. Mbuji e Tatsji — um dos homens que escoltara Michael, Wassing e Gerbrands de Omadesep a Otsjanep em junho e que tinha parentes em Otsjanep — eram de Omadesep. Usavam bermudas, pois estavam visitando um padre, mas estavam adornados com a usual concha ou osso de porco entalhado no nariz.[13]

— Muito bem — disse Von Peij —, contem-me sua história.[14]

Pouco a pouco, eles o fizeram.[15] Na sexta-feira, 17 de novembro, Otsjanep ouvira que Van de Waal queria materiais de construção em Pirimapun, que foi entregue no sábado. Os cinquenta homens volta-ram para casa no fim da tarde de domingo e, na manhã de segunda-feira, pararam na foz do Ewta, seguros em seu próprio território. Era um bom momento para fumar e comer um pouco de sagu. Algo se moveu na água. Eles viram um crocodilo, um *ew*, na língua asmat. Não. Não era um crocodilo, mas um Tuan. Ele nadava de costas. Ele se virou e acenou. Um deles disse:

— Homens de Otsjanep, vocês estão sempre falando sobre caçar cabeças de Tuans. Muito bem. Aqui está sua chance.

Houve uma discussão. Dombai, líder do *jeu* Pirien, não achava que ele devesse ser morto. Ajim e Fin pensavam o contrário. Enquanto tentavam erguê-lo até uma das canoas, Pep o feriu com uma lança. Não foi um golpe fatal. Eles o levaram até a costa, até o rio Jawor, onde o mataram e fizeram uma grande fogueira.

— Ele usava óculos? — perguntou Von Peij.[16] — Que tipo de rou-pas vestia?

A resposta ficou marcada a ferro em sua memória, com um detalhe do qual nunca se esqueceria: o homem branco vestia short, mas de um tipo que nunca tinham visto antes e que não podia ser comprado nas lojas de Agats — um short bem curto que não tinha bolso.[17] Uma cueca.

Von Peij ouviu. Concordou com a cabeça.

— Onde está a cabeça dele?

— *Fin-tsjem aotepetsj ara* — responderam eles.[18] — Está pendurada na casa de Fin. E é muito pequena, como a cabeça de uma criança.

— E os ossos da coxa? — insistiu Von Peij, que sabia que eles eram usados para entalhar adagas. — E as tíbias? — Usadas como pontas de lanças de pesca.[19]

Pep tinha um fêmur, Ajim tinha o outro.[20] Jane tinha uma tíbia e Wasan a outra, assim como o antebraço esquerdo de Michael. Kakar tinha o antebraço direito. Akaiagap estava com o braço direito e Akaisimit com o esquerdo. Bese, Erem e Fom tinham uma costela cada. Ainapor ficara com o short de Michael, aquele estranho short sem pernas nem bolso. Dombai ou Bese guardara os óculos.

— Por que eles o mataram? — perguntou Von Peij.

— Por causa dos assassinatos em Otsjanep quatro anos atrás — responderam eles.[21]

Von Peij estava pasmo.[22] Os detalhes, especialmente a descrição da roupa de baixo de Michael, eram concretos demais para não serem críveis. Ele estava em Asmat havia quase seis anos, falava a língua fluentemente, tinha mais intimidade com os asmats e sua cultura que qualquer outro europeu. Sentia-se sobrecarregado. Mas fingiu descrença e falou pouco.

Na manhã seguinte, retornou a Jow e enviou seu cozinheiro até o *jeu*. Algumas horas depois, o cozinheiro retornou. A mesma história estava sendo repetida em Jow; todo mundo sabia de alguma coisa.

Von Peij prosseguiu até Biwar Laut, o vilarejo de Amates. Uma multidão o esperava. Os homens estavam agitados. Queriam tabaco.

— *Nda kapak to* — disseram. Temos de fumar![23]

— Se querem tabaco — respondeu Von Peij —, precisam fazer uma coisa para mim. Precisam levar uma carta imediatamente para Agats.

— Para o HPB [o governo oficial]?

O entusiasmo dos homens diminuiu. Eles não queriam ir. Não para Agats. Não para perto de qualquer oficial do governo. Estavam com medo.

— Muito bem — disse Von Peij —, então não vão receber nenhum tabaco. E a carta não é para o governo, é para um padre que só vai ficar lá um dia. É por isso que precisam partir agora.

A maré estava baixando, a água diminuindo muito depressa. Para realizar a jornada, os homens tinham de sair imediatamente.

Eles concordaram. Von Peij rabiscou um bilhete: "Incidentalmente, recebi algumas informações e me senti compelido a relatá-las.[24] Michael Rockefeller foi abordado e assassinado por Otsjanep. Jow, Biwar e Omadesep estão plenamente cientes do fato."

Ele colocou o bilhete em um envelope endereçado ao padre de Brower, o principal padre de Agats, juntamente com uma mensagem endereçada ao controlador governamental da cidade, Cor Nijoff.

Von Peij retornou a Atsj no dia seguinte.

Em 12 de dezembro, Van Kessel chegou a Agats para conversar com Nijoff, que lhe mostrou a "pequena e perfeitamente clara mensagem" de Von Peij.[25] Van Kessel imediatamente partiu para Atsj a fim de conversar com seu colega.

Em 15 de dezembro, de volta a Basim, Van Kessel escreveu um longo relatório para Nijoff.[26] "Após minha conversa com o padre Von Peij, o 1% de dúvidas que eu ainda possuía foi destruído por informações muito detalhadas que se encaixam com minhas próprias informações e inspeções.

"É CERTO QUE MICHAEL ROCKEFELLER FOI ASSASSINADO E CO-MIDO POR OTSJANEP", escreveu ele. "O ato foi uma vingança pelo tiroteio de quatro anos atrás [...] e, em todos os vilarejos até Sjeru [*sic*], as pessoas só falam do heroico ato de Otsjanep, que tornou-se conhecido por toda parte." Van Kessel relatou tudo. Nomes. Quem ficara com as partes do corpo. Que Tatsji, que tinha livre passagem entre Omadesep e Otsjanep, chegara ao vilarejo enquanto os homens cantavam canções *bisj* e vira a nova adaga de Pep, feita de um fêmur. E que o ambiente em Otsjanep era turbulento, com o vilarejo "pronto para receber" qualquer um do governo que chegasse para investigar. Enfrentando águas turbulentas e ventos bravios, Gabriel levou naquela noite o relatório para Nijoff, que agora estava em Pirimapun.[27] A canoa virou três vezes e Gabriel chegou doente e exausto; quase morreu de pneumonia.

Cinco dias depois, em 20 de dezembro, Ajim, Fin e vários outros homens de Otsjanep chegaram a Basim, onde um parente havia morrido.[28] Eles se mantiveram afastados da casa de Van Kessel, mas ele enviou uma mensagem dizendo que pagaria três machados de aço pela cabeça de Michael e dois pelo fêmur. Os dois guerreiros de Otsjanep recusaram. "ELES NÃO NEGARAM O ASSASSINATO", escreveu Van Kessel, "embora também tenham dito que Tatsji estava dizendo besteira".[29] O padre encontrou os dois homens e tirou uma fotografia, "para que, mais tarde (se necessário), os principais culpados possam ser reconhecidos".

Seu longo relatório cumpriu seu objetivo. Em 21 de dezembro, seis dias depois de o relatório ter sido enviado a Nijoff, o governador da Nova Guiné holandesa, P. J. Platteel enviou um telegrama a Theo Bot, ministro do Interior. O telegrama estava marcado como "secreto" e "para ser destruído". E, de fato, foi parcialmente destruído, com somente uma parte mantida nos arquivos, junto com uma nota manuscrita: "Remanescente não distribuído."

"O residente Merauke [Eibrink Jansen] recebeu, por meio do controlador de Agats [Nijoff], uma carta do padre Van Kessel na qual se afirma que o último acredita, para além de qualquer dúvida, que Rockefeller foi assassinado pelos habitantes do vilarejo de Ocanep [*sic*] e comido. Suas informações, obtidas por meio de contatos pessoais em outros vilarejos, alegadamente concordam com informações similares obtidas pelo padre Van Pey [*sic*]. De acordo com essas informações, na manhã em questão, certo número de canoas teria encontrado Rocke-feller no mar e, alegadamente, ele já fora ferido com uma lança antes de ser levado a bordo. Uma vez em terra firme, teria sido assassinado e comido. Diz-se que o crânio, os ossos e as roupas permanecem em posse de pessoas cujos nomes são conhecidos. O residente também relatou que, em Merauke, já circulam rumores sobre o assunto e é improvável que o incidente permaneça fora da mídia. Em minha opinião, algumas ressalvas precisam ser feitas. Nenhuma prova foi encontrada e, desse modo, nada é certo. Assim, não me parece apro-priado fornecer informações à imprensa ou a Rockefeller sênior nesse momento. Se surgirem perguntas, podemos responder declarando que os rumores chegaram até nós e serão investigados. Isso nos per-mitirá ganhar algum tempo e escolher um momento mais favorável para a divulgação. O residente Merauke ainda está considerando a ação mais apropriada para garantir um encerramento definitivo."[30]

21.

MARÇO DE 2012

Amates, Wilem, Filo, Manu e eu embarcamos no escaler às 6 horas, com destino a Otsjanep. Embora já tivesse lido os relatórios de Van Kessel e Von Peij antes da minha primeira visita e tivesse conversado longamente com Von Peij, eu queria avançar aos poucos.

Finalmente contara tudo a Amates e Wilem e nenhum dos dois ficara surpreso.

— Otsjanep o matou: todo asmat sabe disso — dissera Amates. — Não se preocupe, sr. Carl. Descobriremos tudo.

Dessa vez, retornávamos apenas para Otsjanep e Pirien, onde eu queria passar alguns dias e, finalmente, questionar os homens diretamente sobre Michael Rockefeller. Conosco viajava Hennah Joku, uma mulher pequena e silenciosa que crescera em Papua-Nova Guiné e no lago Sentani, perto de Jayapura, na Papua indonésia, onde seu pai fora um dos primeiros líderes do movimento pela independência. Eu esperara por ela durante cinco dias em Agats, e ela por fim chegara. Com inglês e indonésio perfeitos, eu tinha esperanças de que ela pudesse preencher os vazios que me frustravam quando Amates traduzia.

Chegamos às margens enlameadas de Pirien logo depois do meio-dia. O ar no vilarejo estava quente e parado. Não havia docas: caminhamos sobre três canoas e troncos afundados e apodrecidos que formavam um caminho precário sobre a lama. Na casa em que ficáramos anteriormente, alguém estava gritando.

— Tsc, tsc, tsc — disse Wilem, balançando a cabeça.

Amates estava taciturno.

— Não podemos ficar aqui — disse ele.

Embora a casa estivesse vazia, ficava ao lado da casa da família cuja latrina havíamos usado e pela qual Amates pagara em dinheiro. O patriarca não nos deixaria ficar.

— Os outros estão zangados com ele — explicou Amates. — Estão com inveja. Venha.

Caminhamos ao longo do passadiço principal de Pirien, construído a 1,5 metro acima do pântano. Descemos por um tronco inclinado e caminhamos 6 metros pela lama negra, até uma casa de três cômodos com uma pequena varanda. Amates disse algumas palavras e, rapidamente, a família no interior recolheu suas esteiras de palmeira-nipa e pequenas pilhas de roupa e desapareceu na escura área da cozinha, um cômodo de 6 m², com teto de palha e fogão de barro. O chão era composto de galhos de 2,5 centímetros de diâmetro, com 5 centímetros entre eles. Panelas escurecidas pendiam dos beirais, que também estavam repletos de roupas desbotadas, bolsas de folhas de palmeira, arcos, flechas e redes de pesca.

Os quartos em si estavam vazios, com paredes enegrecidas de fuligem e sujeira. Sentamos no chão e Filo preparou o almoço no fogareiro portátil de uma boca: arroz branco, talharim instantâneo e algumas latas de sardinha. Àquela altura, eu já tinha uma noção mais clara de quem era quem. Estávamos na casa de um dos filhos de Dombai, o homem que, segundo Van Kessel, ficara com os óculos de Michael. Dombai se casara com quatro mulheres e era pai de quatorze filhos, tendo morrido durante o ataque de um javali selvagem. Kokai, o homem que eu conhecera em Basim e que me contara a história do ataque de Lapré, era de algum modo seu parente. Pep, Fin e Ajim estavam todos mortos, mas os filhos de Pep e Ajim ainda estavam vivos.

— Venha, vamos para Otsjanep — disse Amates quando terminamos de comer.

COLHEITA SELVAGEM

Cruzamos novamente o passadiço na ponta dos pés — bem, eu andei na ponta dos pés, enquanto Amates, Wilem e os asmats espalhados pelos troncos e tábuas estreitas, com bebês nas costas, caminhavam como se estivessem em uma calçada de 1 metro de largura. Embarcamos no escaler e subimos o rio por uns 800 metros. A selva ficou menos densa e Otsjanep surgiu de repente. Amarramos o escaler em uma doca baixa e escalamos a margem direita. Passadiços de madeira percorriam o pântano e casas — feitas de palha, folhas de palmeira e madeira, cobertas com metal corrugado — se espalhavam pela ampla clareira. O vilarejo estava silencioso e cheirava a fumaça e umidade. Havia pessoas por toda parte, em cada varanda e em cada porta. Observando. Uma multidão de homens e meninos se reuniu e começou a nos seguir. Uma criança me viu e começou a gritar, tremendo violentamente e chorando de modo inconsolável, e então mergulhou em uma valeta, desesperada para fugir e se esconder.

Amates começou a rir.

— Ela está com medo. Acha que você é um fantasma.

O passadiço terminou e abrimos caminho pelos troncos sobre a lama, até uma casa de madeira dilapidada e abandonada, com uma grande varanda coberta. Sentamos no chão, com as costas para a porta da frente, e os homens começaram a se reunir. Cinco. Dez. Trinta. Em pouco tempo, havia cinquenta homens a nossa volta. Esperando. Na primeira fila estava Tapep, filho de Pep, agora líder de Otsjanep.

Amates pegou duas bolsas de tabaco e as empurrou em direção a Tapep. Wilem pegou outra e fez o mesmo. Tapep e os homens mais velhos recolheram as bolsas, retirando punhados de folhas amarronzadas, dividindo e distribuindo.

Do nada, sem aviso e sem sinal aparente, um homem gritou e começou a cantar no estilo asmat: um cântico longo e melancólico. Outros se uniram a ele.

— Eh! Eh! — gritavam eles em uníssono, todos os cinquenta homens em uma só voz e em perfeita harmonia. Era algo poderoso. Belo. Assombroso.

Amates começou a falar. Falou durante muito tempo. Às vezes em indonésio, às vezes em asmat. Quando terminou, houve um momento de silêncio e então ouvi um grito diferente. Histérico. Tambores começaram a soar do outro lado do vilarejo. Os homens se viraram para olhar, levantaram-se e começaram a caminhar em direção aos tambores.

— Alguém morreu — disse Amates, ficando em pé. — Uma mulher. Temos de ir. Podemos voltar à tarde.

Foi o que fizemos. Os mesmos homens se reuniram. Distribuímos mais tabaco e Amates repetiu seu discurso. Com a ajuda de Hennah, fiz meu melhor para registrar suas palavras.

— Somos todos iguais, americanos e asmats. Temos orgulho de nossa história. Não temos do que nos envergonhar. Fazemos as coisas de modo diferente agora, depois da chegada da Bíblia, mas nosso passado é parte de quem somos e devemos falar a respeito disso. As pessoas nos Estados Unidos estão interessadas em Asmat. Querem nos conhecer. Todo mundo já sabe o que aconteceu a Michael Rockefeller e não há nada a temer. Aconteceu há muito tempo. O sr. Carl viajou uma longa distância e quer ouvir essas velhas histórias — discursou Amates. — E todos sabemos que Pep matou Michael Rockefeller.

Uma comoção percorreu o grupo. Todos ficaram inquietos. Tapep, o filho de Pep, falou:

— Isso aconteceu há muito tempo. É passado. Ninguém se lembra.

Um velho vestindo uma camiseta com a palavra SNIPER! o interrompeu:

— Todos em Otsjanep são jovens e estão surpresos com essa história. Eu a ouvi, mas era apenas um menino quando me contaram, e tenho medo.

Mantive os olhos em Tapep. Ele engoliu em seco, olhou para mim e então para Amates. Ele e os outros homens começaram a conversar em asmat, discutindo em voz baixa.

— Eles estão preocupados — disse Amates. — Assustados.

— Ouvi essas histórias de meu pai — disse um homem vestindo uma camiseta camuflada em verde e marrom. Em seguida, começou a falar sobre "o homem branco, o pastor Zegwaard", que levara a Bíblia até Asmat. — É tudo de que me lembro — concluiu ele.

Silêncio. Ninguém disse mais nada. Ficamos sentados e nos encarando, e eu não tinha como saber se diziam ou não a verdade. Será que eu estava imaginando seu nervosismo? Será que estava imaginando que tentavam intencionalmente desviar a conversa para Zegwaard?

— Vamos embora — disse Amates. — Por hoje, basta.

Naquela noite, sentamos no chão em torno das luzes bruxuleantes de duas latas de alumínio cheias de querosene, com as colunas de fumaça espiralando até o teto. Chovia de maneira torrencial e ininterrupta, como sempre acontece em Asmat. Alguns homens de Pirien estavam a nossa volta, com as mulheres e crianças, ao menos uma dúzia delas, na cozinha. Fumamos. Olhamos uns para os outros. Tudo me parecia intocável.

— Você acha que eles disseram a verdade hoje? — perguntei a Amates.

— Dois homens disseram: "Conhecemos a história, mas estamos com medo de falar" — respondeu Hennah.

— O quê? — perguntei. — Quando disseram isso?

Ela deu de ombros.

— Sim — disse Amates. — Eles conhecem a história, mas estão com medo.

— Estão com medo dos Estados Unidos — interrompeu Wilem. — Do Exército americano. Amanhã, alguns homens irão até Basim para conseguir tabaco e açúcar. Amates e eu deveríamos ir junto e conversar com eles a sós.

Na escuridão interrompida pela luz bruxuleante, Amates e Wilem se ajoelharam a meu lado e sussurraram:

— Manu ouviu algumas coisas. As pessoas estão com medo de serem vistas falando. Nós vamos com eles amanhã à noite e poderemos conversar.

Amates continuou:

— Os óculos estão aqui. O filho de Dombai disse que os viu. Eles estão com sua família. Seu pai foi morto quando ele era pequeno, por causa da mordida de um porco. — Ele fez uma pausa. — Se eu tivesse de ensinar a essas pessoas, ficaria louco! Elas respondem perguntas com outras perguntas. Não dizem nada!

Não sei a que horas adormeci em um canto do quarto. Acordei subitamente, com o barulho de tambores e cânticos. O som estava próximo. Levantei, caminhando na ponta dos pés e desviando das dez pessoas no chão — o filho de Dombai e a família, todos deitados juntos sobre as esteiras de folhas de palmeira, incluindo crianças e bebês — e fui para fora. A chuva parara havia muito e o céu não tinha lua. Estava escuro como breu. O ar permanecia quente e parado. Os cantos e tambores estavam bem em frente à casa, no passadiço, mas eu não conseguia ver nada. Quando raios pipocaram no horizonte, eu os vi, doze homens em círculo a uns 9 metros de distância. Acima dos tambores, uma única voz, profunda e em staccato, começou a cantar. Outras se juntaram a ela, com o som parecendo vir do próprio centro da Terra. Sentei, transfixado. O que estava acontecendo ali, bem em frente à minha casa? Eu queria ir até eles, mas não sabia se seria apropriado. Enquanto o som me penetrava, olhei para o céu, para a Via Láctea, para os trilhões de estrelas. Não sei por quanto tempo permaneci sentado, ouvindo. Uma hora. Duas. Eles continuaram, com pausas ocasionais e o clarão vermelho de um fósforo iluminando uma face. Uma risada aqui, uma voz baixa ali, e então os tambores recomeçavam e as vozes prosseguiam, enquanto eu tentava voltar a dormir.

Amates e Wilem desapareceram às 4 horas, e eu passei o dia sentado na varanda e caminhando pelo vilarejo. Crianças corriam livremente por toda parte. Escalavam palmeiras, nadavam no rio e rolavam na lama. Grupos passeavam de mãos dadas, cobertos de lama seca e esbranquiçada. Algumas galinhas e grandes porcos pretos escarafunchavam no pântano. As moscas eram incessantes, enxameando minhas mãos, pernas, braços, olhos e boca. À tarde, todo mundo foi dormir. O vilarejo inteiro ficou imóvel.

Quando Amates retornou, no fim da manhã, estava zangado e frustrado.

— Eles não disseram nada — relatou ele. — Conhecem a história, mas estão com medo de falar. Disseram que talvez falem amanhã. Mas voltaremos a Otsjanep em breve. O homem com quem fomos a Basim está com medo de que os anciões fiquem zangados. É um problema com nossa própria história. O homem disse que eles não veem problema em falar, mas os anciões proibiram.

Por volta do meio-dia, um homem idoso caminhou até a casa. Ele murmurou algo para Amates, que o levou até outro quarto. Eles se sentaram no chão, fumaram e sussurraram. Era um segredo tão grande e profundo, essa coisa que acontecera há tanto tempo e sobre a qual todo mundo sabia, mas que ninguém queria comentar. E as razões eram tão complexas! Os jovens se sentiam conectados a um passado que carregava profunda vergonha. Temiam a ira do governo indonésio, o governo americano e, provavelmente, a Igreja Católica e o próprio Deus. Se tivessem matado Michael, teria sido um tremendo ato de desafio, algo que jamais tinham feito antes e que sabiam que não seria aceito por seus senhores brancos. Mas eu suspeitava haver mais naquela história, mais que preocupação com as consequências legais ou a punição cristã. Se Michael tivesse sido morto por Otsjanep, não teria sido simplesmente uma questão de vingança, no sentido ocidental. Teria sido algo espiritual, sagrado, uma retomada do equilíbrio, e provavelmente os elementos envolvidos eram tão profundos que não podiam ser partilhados sem repercussões no próprio mundo espiritual. Em Asmat, o equilíbrio era precário e baseado em opostos: se tivessem matado Michael, eles estariam esperando por uma resposta, literal e metafísica.

Quando retornou, Amates disse que voltaríamos a Otsjanep em breve. Iríamos até a casa do homem. Lá, ele nos contaria tudo de que se lembrava.

A casa era um lugar fora do tempo, composta de galhos, palha e lareiras. Fumaça espiralava do fogão e o chão era feito de cascas de árvore, coberto com frondes de palmeira de cheiro suave. Não tínhamos como passar desapercebidos. Caminhando do barco até a casa, as pessoas começaram a se juntar em números cada vez maiores e, quando me sentei no chão de palmeira, havia vinte de nós. Outros mais estavam chegando. O homem me pareceu nervoso. Era alto, magro, com um furo na orelha e outro no nariz e cabelo crespo e grisalho.

— Ele disse que vai contar a história, mas temos de ir para outro lugar — disse Amates. — Há gente demais aqui.

Fomos para a varanda frontal da casa abandonada e, novamente, uma multidão se reuniu ao nosso redor. Distribuímos tabaco. Aguardamos enquanto todos enrolavam cigarros. O filho de Pep, Tapep, chegou. O homem que disse que nos contaria a história se levantou e entrou na casa com alguns outros. Eles conversaram em voz baixa. Então ele saiu da casa, continuou caminhando e foi embora.

Tapep assumiu.

— Conhecemos a história sobre Michael Rockefeller — disse ele. — Ele estava em um barco para visitar Otsjanep. O barco virou e ele desapareceu. Isso é tudo que sabemos e, se soubéssemos de alguma outra coisa, teríamos medo de dizer.

— Por que vocês estão com medo? — perguntei.

— Não estamos com medo — respondeu ele. — Não conhecemos a história.

Não estávamos chegando a lugar algum. Ou talvez estivéssemos: ele dissera mais que no dia anterior.

COLHEITA SELVAGEM

— Temos de ir embora — disse Amates, repetindo um refrão com o qual eu começava a me habituar. Levantamo-nos para partir e outro homem idoso se aproximou. Estendeu a mão. Eu a apertei e tentei dizer "obrigado" em asmat. Ele me olhou nos olhos, ainda segurando minha mão. Seria minha imaginação ou ele tentava me dizer algo?

Naquela noite, estávamos sentados em torno das velas grudadas no chão quando Manu falou:

— Falei com um homem que disse ter pegado a lança que feriu Michael Rockefeller e a jogado em águas profundas. Eles estavam com medo dela.

Amates e Wilem conversaram entre si.

— Vamos sair e ver se encontramos pessoas dispostas a falar — disse Amates. — No escuro. Sem você.

Uma hora depois, Amates retornou; Wilem ainda em algum lugar lá fora.

— Fin e Pep esconderam o crânio. Eles o levaram até um riacho Ewta acima e o esconderam em uma árvore. Um homem chamado Saket me contou isso. Eles estão com medo de falar a respeito, no caso de haver retaliação de outras pessoas do vilarejo.

Em quatro dias, não houvera nenhum avanço. O que, dentre aquilo que me diziam, seria apenas para preencher o vazio e satisfazer minha curiosidade e o que seria real? Eu não tinha ideia. O que Saket dissera a Amates, contudo, era interessante, pois correspondia ao relato de Von Peij sobre a cabeça ter sido movida da casa de Fin para uma árvore rio acima, nas profundezas da selva.

— A cabeça não era asmat — disse Amates. — Era demais, as pessoas estavam com muito medo.

Eu não sabia o que fazer em seguida. Parecia não haver razão para permanecer ali. No dia seguinte, ninguém foi até a casa; fomos deixados de lado e me pareceu sem propósito pedir uma nova reunião. Amates continuou repetindo que a família de Dombai tinha os óculos. Eu disse que pagaria 100 dólares por eles, o que me pareceu bastante dinheiro, mas não deu resultado. Não havia mais nada a fazer senão retornar a Agats. Ao partirmos, seis homens permaneceram na margem e nos observaram em silêncio, sem nem ao menos dizerem adeus.

De volta a meu hotel em Agats, conversei com Amates, que parecia convencido de conseguir encontrar os óculos de Michael. Em Asmat, havia ossos por toda parte: qualquer um poderia aparecer com um crânio ou um fêmur e não haveria como saber a quem pertenciam sem uma amostra de DNA da família Rockefeller. Os óculos seriam uma prova irrefutável de que Michael chegara à costa e fora assassinado. Amates queria voltar sozinho a Pirien, falar com os filhos de Dombai e ver o que era possível descobrir. Em sua opinião, eu deveria oferecer mil dólares por eles. Parecia-me dinheiro demais e fiquei desconfortável com a ideia. Mas estava exausto, perdera quase 5 quilos e queria tomar um banho quente e descansar. Se os óculos fossem reais, valeria a pena. *Se* fossem reais. Dei 300 dólares a Amates para custear a viagem e fui até o vale de Baliem, para observar o local onde Michael trabalhara. De lá, segui para Bali.

Dois dias após minha chegada, recebi uma mensagem de texto de Amates. Kokai, o homem idoso de Pirien que havíamos encontrado em Basim, que testemunhara o ataque de Lapré e estava de algum modo relacionado a Dombai, tinha os óculos. Se eu enviasse mais uns 200 dólares, ele retornaria a Pirien, pegaria os óculos e Kokai e traria ambos até Agats, chegando na sexta-feira. Parecia bom demais para ser verdade. Mas eu tinha de verificar. Em um dia frenético em Denpassar, Bali, enviei os 200 dólares através do serviço postal indonésio (o único modo de enviar dinheiro para Agats) e mandei uma mensagem de texto para Ainum, meu motorista de táxi em Timika, pedindo que conseguisse uma passagem no voo de quinta-feira para Agats. À 1 hora, embarquei no voo noturno para lá. Ainum me recebeu com a passagem de outra pessoa e, três horas depois, eu parti novamente rumo a Asmat.

Passei a quinta e a manhã de sexta-feira inquieto. Finalmente, meu telefone tocou na tarde de sexta. Era Amates, que acabara de conseguir sinal no celular.

— Estou em um barco perto de Agats. Kokai e os óculos estão comigo. Ele vai contar tudo!

Trinta minutos depois, Amates chegou ao hotel. Sozinho.

— Onde está Kokai? — perguntei.

— Em casa. Estava cansado. Vou trazê-lo até aqui às 18h30.

— E os óculos?

— Estarão comigo!

Propositalmente, eu não mostrara a ele nenhuma foto de Michael usando óculos. Embora ninguém em Asmat os usasse e os de Michael fossem um modelo distinto dos anos 1960, com pesada armação preta e lentes grossas, eu não queria dar a Amates a oportunidade de encontrar algo similar.

— Como eles são? — perguntei.

— Grandes — respondeu ele. — Grossos.

Meu coração martelou no peito. Eu não conseguia acreditar. Uma prova. A primeira evidência concreta do destino de Michael, evidência que poderia ligá-lo ao vilarejo.

Naquela noite, Amates retornou. Kokai estava com ele, assim como outro homem idoso chamado Beatus Usain e um dos irmãos de Amates. Se Kokai parecera velho em Basim, ali em Agats parecia tão selvagem quanto um morcego. Suas roupas estavam sujas e ele cheirava a suor, fumaça e umidade. Uma bolsa de penas de cacatua pendia de seu peito.

Peguei os pacotes de Lampion, o tabaco que eles adoravam, e os distribuí. Eles enrolaram cigarros, fumaram e trocaram olhares entre si.

— Muito bem — comecei —, conte-me a história. Como Michael Rockefeller foi assassinado?

Kokai olhou para mim, com o rosto parecendo uma máscara de pedra. E começou a falar, com sua voz grave.

— O turista americano foi até Otsjanep e ficou lá por três dias. Ele prometeu construir um grande posto e disse que iria até Agats e retornaria. Em seu caminho de volta, seu barco virou e ele jamais foi visto novamente. Zegwaard chegou com a Bíblia e agora somos católicos. Lembro de quando o conheci: ele me deu uns tapinhas na cabeça e disse que eu deveria frequentar a escola.

Era a mesma história clichê que haviam me contado antes. Não havia nada de novo e a narrativa retornava imediatamente à Bíblia. Amates explodiu.

— Vocês disseram que contariam a história — gritou ele. — Então contem a história, não isso!

O passado era passado, garantiu ele, nada de ruim aconteceria, os asmats agora eram amigos dos americanos e assim por diante, mas Kokai permaneceu sentado, olhando para mim, suando, engolindo em seco e sem dizer nada.

Finalmente, perguntei sobre os óculos. Kokai remexeu em uma sacola e retirou algo embrulhado em um pano sujo. Abri o embrulho.

Um par de óculos de sol, com armação de plástico, no estilo típico dos anos 1990.

— Não! — disse eu. — Esses não são os óculos certos. Esses são modernos. Não são os óculos dele.

A tensão no quarto era tão grande que poderia fazer parte de um filme de terror. Todos tragamos profundamente nossos cigarros. A chuva começou a martelar o teto de lata. O ambiente estava abafado, fazendo com que ficássemos cobertos de suor.

O homem idoso ao lado de Kokai, Beatus Usain, começou a falar.

— Sou professor — disse ele. — Kokai é o catequista de Pirien. Somos católicos agora.

Ele fez uma pausa e esperou, querendo se assegurar de que eu compreendera. Ele tinha cabelo curto, queixo quadrado com covinha e malares tão altos que poderiam estar recheados com rolos de moedas. Era destemido e bonito.

— Pep e Fin estavam na foz do rio Ewta. "Olhem", disse Pep, "um crocodilo".

Ele parou novamente, para que Amates pudesse traduzir. Era a primeira vez que isso acontecia.

— Mas não era um crocodilo, era um homem. Ele estava nadando de costas. Ele os viu, ficou em pé na água e gritou: "Ajudem-me, Tuan! Ajudem-me, Tuan!" Pep enfiou a lança em suas costelas. Eles o levaram para Kali Jawor.

— Quem lhe contou essa história? — perguntei.

— Pep era meu tio — respondeu ele. — Ele se parecia comigo.

Perguntei quem estava com eles e também sobre Ajim e a cabeça, mas ele não disse mais nada. Kokai não se moveu e não falou, permanecendo imóvel como uma estátua, fumando. Eles queriam ir embora.

Eu os agradeci, perguntei se poderíamos conversar novamente no dia seguinte e eles partiram.

Eu não sabia o que pensar. Os óculos haviam sido uma ousada tentativa de ganhar dinheiro fácil. Talvez tivessem sido ideia de Amates, e não de Kokai, mas eu achava que não. Amates parecera tão surpreso e irritado quanto eu mesmo. Kokai não possuía nada, nenhum deles possuía. Eram extremamente pobres. Eu oferecera muito dinheiro. Ou Kokai não estava com os óculos verdadeiros ou eles eram tão sagrados — ou talvez estivesse tão assustado — que nenhuma quantidade de dinheiro o faria se desapegar deles. Quanto à história, não era muito, mas correspondia aos relatos originais de Van Kessel e Von Peij em seus elementos essenciais.

Eu ainda ponderava a respeito quando Amates retornou, no início da manhã seguinte. Estava repleto de detalhes adicionais. Eles haviam matado Michael e o comido no Kali Jawor, enterrando alguns dos ossos sob uma touceira de bambu. A cabeça estava no oco de uma árvore, em algum lugar do rio Ewta. Deveríamos dar a Kokai um colar de dentes caninos e um machado de aço; talvez assim ele nos contasse mais.

— Será que ele não prefere dinheiro? — perguntei.

— Não — respondeu ele. — Vamos até o Kali Jawor dar uma olhada. Fui até lá quando fui buscar Kokai e há um bambuzal no fim do rio.

Senti que estava prestes a embarcar em uma busca infindável e inútil. A gasolina para o barco custava 10 dólares o galão, além do barco em si, dos salários de Wilem e Amates e da comida e do tabaco para todos nós. Voltar ao Kali Jawor custaria centenas de dólares.

E eu precisava levar em conta que cinquenta anos haviam se passado. De modo algum encontraríamos ossos na lama de Asmat, sob cinquenta anos de correntes, marés e raízes de bambu. Um colar de dentes caninos custava centenas de dólares e um machado de aço, o mesmo valor — eu conseguia me ver seguindo em frente, de modo infindável, sem saber se as informações que conseguia eram acuradas ou se eles as inventavam para manter ativo o rentável negócio da morte de Michael Rockefeller. Meu visto estava prestes a expirar e meu dinheiro estava quase no fim. Eu me sentia como se estivesse perdido na selva — uma selva de informações, mitos e histórias.

Era hora de voltar para casa.

22.
JANEIRO, FEVEREIRO E MARÇO DE 1962

Em público, os oficiais agiram rapidamente para encerrar o caso Michael Rockefeller. Em 20 de dezembro de 1961, um mês após o desaparecimento de Michael, o tribunal de justiça da Nova Guiné holandesa anunciou a intenção de registrar sua morte.[1] No dia seguinte, Platteel enviou o telegrama secreto a Bot, informando sobre os relatos de Van Kessel e Von Peij de que Michael chegara à costa e fora assassinado.

De todo modo, no mesmo dia Platteel encerrou oficialmente as buscas públicas por Michael, enviando um cabograma a Nelson Rockefeller: "Toda a área foi intensivamente vasculhada por vários grupos, em estreita cooperação com os habitantes locais, e até mesmo rumores foram cuidadosamente investigados. [...] Após ter examinado todos os relatórios, lamento informar minha decisão de encerrar as buscas infrutíferas, pois sinto que nada mais pode ser feito."[2]

Nelson Rockefeller imediatamente convocou uma entrevista coletiva para anunciar a decisão de Platteel e tornar pública sua resposta. "Todos em nossa família serão eternamente gratos ao senhor pela [...] completa e exaustiva busca realizada por seu governo. O senhor foi além do chamado do dever em seus esforços e sempre encontraremos conforto no fato de que tudo que poderia ser feito o foi."[3]

Nos bastidores, contudo, uma nova busca por Michael estava apenas começando, embora de maneira relutante. Os relatórios que Van Kessel enviara ao governo e que chegaram a Herman Tillemans, então vicário apostólico (na época, o mais alto cargo oficial da Igreja Católica

225

na Nova Guiné holandesa), eram a última coisa que se queria ouvir. Van Kessel e Von Peij haviam citado quinze homens como possuindo partes do corpo de Michael e outros 35 presentes na cena — toda a estrutura política do maior vilarejo do sul de Asmat, todos os seus homens mais importantes.[4] Se tivessem matado Michael Rockefeller e os Rockefeller ficassem sabendo, algo teria de ser feito. Mas o quê?

No auge do colonialismo, em lugares como o Congo belga, a Índia inglesa ou mesmo a Nova Guiné holandesa, a resposta à morte de um homem branco era simples: ataque armado, vilarejos incendiados, homens arrastados para destinos incertos e extrajudiciais. Uma resposta rápida, impiedosa e violenta — uma lição, como Max Lapré teria dito — seria a ordem do dia.

Mas os tempos haviam mudado, mesmo desde o ataque de Lapré em 1958, apenas quatro anos antes. Os holandeses ainda tentavam convencer os Estados Unidos e as Nações Unidas de que a Nova Guiné holandesa era um território organizado e com um governo funcional, e que a própria Holanda era uma administradora eficaz e esclarecida. E Michael Rockefeller não era um homem branco qualquer. Se tivesse sido assassinado — e comido, como descrito por Van Kessel e Von Peij —, não seria o simples caso de um ou dois homens culpados de uma anomalia moral, facilmente identificados e presos, mas sim de um vilarejo inteiro fazendo o que considerava justo, mantendo sua cultura, uma cultura sob intensa pressão por mudança e em uma época na qual esses mesmos elementos culturais eram celebrados por pessoas como Nelson Rockefeller e seu novo museu.

Prender os quinze homens citados? Todos os cinquenta homens presentes? E se resistissem, como certamente fariam? E se todo o vilarejo tentasse defendê-los? Quantos policiais e soldados seriam necessários? Quantas pessoas morreriam, vítimas das armas modernas? E se o governo conseguisse prender alguém, o que fazer em seguida? Submeter guerreiros nus da Idade da Pedra a um padrão moral e a um processo administrativo totalmente incompreensíveis para eles, enquanto os holandeses insistiam que já não praticavam caça às cabeças e canibalismo há tempos? Talvez ainda mais importante, como lidar com a questão do motivo? Como admitir que tudo começara com os próprios oficiais administrativos da Holanda, com uma patrulha holandesa que matara cinco homens de maneira injustificada?

Era uma situação impossível. Prender os homens envolvidos incorria no risco de uma violenta carnificina e da alienação de todo um vilarejo (se não de toda Asmat), tanto em relação ao governo quanto em relação à Igreja, enquanto a Holanda ainda defendia seu caso na ONU. Arriscando expor o Plano Luns como absurdo, além de alienar os Estados Unidos, cujo apoio era necessário para que a Holanda tivesse alguma chance de manter o controle de sua colônia.

Van Kessel insistira em viajar para a Holanda e agora a Igreja o queria fora de Asmat.[5] Embora vivesse em Asmat há anos e falasse a língua, ele era considerado um rebelde, um homem que jamais seguira as ordens de seus superiores. A Igreja queria substituí-lo o mais rapidamente possível por Anton van de Wouw. Tillemans, seu superior, enviou-lhe uma mensagem: "Recebi do residente aprovação para ler seu relatório sobre o sr. Rockefeller. Você tem de admitir que é ligeiramente incomum que não o tenha submetido também a mim. De toda forma, espero que seja extremamente cauteloso, para que nem você nem o padre Van de Wouw tenham problemas em relação a esse assunto e a missão não caia em desgraça perante a população."[6]

No fim de janeiro de 1962, Tillemans questionou Van Kessel cuidadosamente sobre os detalhes de seu relatório e então enviou uma série de cartas a ele e a Von Peij. Quando me encontrei com Von Peij em Tilburg, em 2012, ele disse que permaneceu em silêncio sobre o caso por lealdade a seus superiores.

— Escrevi ao bispo e ele me proibiu de falar, de contar a história. O governo estava envergonhado e o bispo [Tillemans] concordava, então o governo se manteve em silêncio e eu também não disse nada. Mas não tenho dúvidas. Morei em Asmat por seis anos, e depois em Merauke até 1991, e tenho certeza.[7]

As cartas originais, com timbre do vicário apostólico, suportam suas afirmações. "Em relação ao sr. M. Rockefeller, solicito enfaticamente que vocês tenham extrema cautela", escreveu Tillemans novamente a Von Peij e Van Kessel. "As anotações que recebi de von Kessel mostram que se trata de um segredo público. Todavia, nada foi publicado na mídia. Seria lamentável se as primeiras notícias a virem a público partissem da missão. Peço a ambos que não atraiam publicidade sobre o que sabem ou sobre o fato de terem certeza sobre o que ocorreu. Deixem que outra pessoa fale. Com o tempo, tudo será revelado."[8]

A pedido do residente holandês na Nova Guiné, Eibrink Jansen, Tillemans solicitou um relatório de Alphonse Sowada, um padre americano que, em 1969, se tornaria bispo da recém-criada diocese católica de Agats. "O que me intriga", escreveu Sowada, "é a crença de que os asmats mataram e consumiram Michael Rockefeller. Até onde sei, no passado, o povo asmat jamais matou — e muito menos consumiu — um indivíduo de origem branca. Por que começariam tão tarde, se tiveram amplas oportunidades de fazê-lo em tempos mais antigos? Até hoje, mesmo com intenso contato ocidental em alguns poucos vilarejos asmats, a crença que prevalece é de que o homem branco é um ancestral recém-chegado, trazendo muitos benefícios para o povo. Em várias ocasiões, fui chamado de *Mbji*, uma criatura do mundo espiritual. Para mim, parece bastante improvável que, nesse estágio inicial de seu desenvolvimento, o povo asmat possua o desejo ou a coragem de matar um homem branco".[9]

Sowada, contudo, era um recém-chegado e estava em Asmat havia apenas seis meses. Ele nunca visitara o sul de Asmat, nem Otsjanep ou Omadesep, enquanto Von Peij e Van Kessel falavam a língua fluentemente e estavam em campo há anos. E ambos os padres estavam convencidos de que Michael fora assassinado — e comido — pelos homens de Otsjanep.

Von Peij, mais conservador que Van Kessel, temia pela própria segurança: ele queria uma resposta do governo e escreveu para

COLHEITA SELVAGEM

Tillemans em 3 de fevereiro. "Recebi sua carta em relação a esse assunto e seguirei seu conselho [sobre se manter em silêncio]. Posso entender por que isso deve ser mantido em segredo em relação ao mundo externo. Contudo, ninguém será capaz de me convencer de que não foi isso que aconteceu." Se o governo age "como se nada tivesse acontecido, está cometendo um crime. Essa é minha honesta convicção. Em Ndanim, um bom vilarejo no qual as pessoas estão muito satisfeitas com seu obtuso catequista, o [...] catequista atirou em um cachorro que matara sua galinha. E os habitantes locais lhe disseram: 'Ei, seja mais cuidadoso, aquele Tuan dos Estados Unidos foi assassinado em Otsjanep e ninguém fez nada a respeito.' Assim, sem relação com o mundo externo, algo precisa ser feito em Asmat. Temo que o que aconteceu a Rockefeller possa ocorrer comigo ou com um catequista se esses assassinatos forem simplesmente negligenciados".[10]

Zegwaard concordava com Von Peij. "Em toda parte, presume-se que Rockefeller Jr. foi morto pelos habitantes de Otsjanep", escreveu ele a Eibrink Jansen, em 14 de fevereiro. "O fato de que isso não teve consequências, de que não houve nenhum tipo de represália, faz com que eles se sintam livres e aptos a agir com arbitrariedades em todas as circunstâncias, sem serem punidos por isso".[11]

Van Kessel queria contatar a família de Michael e até mesmo ir pessoalmente aos Estados Unidos. Tillemans, em Merauke, a 240 quilômetros de distância, manteve-se inflexível. "Quero pedir que deixe claro para o padre Van Kessel", escreveu ele ao chefe de Van Kessel, o superior da província, em 28 de fevereiro de 1962, "que é necessária absoluta discrição em relação ao caso de Michael Rockefeller. Levar essa história sádica ao conhecimento do mundo não serve aos interesses de ninguém. Ele não pode provar nada [...] Deixe o caso aos cuidados do governador [Platteel], que está completamente informado e sabe mais do que Van Kessel pode imaginar. Ou mais do que ele acha que é repassado a mim.

229

"Rejeito esse plano de ir aos Estados Unidos e não concedo minha aprovação. Qualquer correspondência com o sr. Rockefeller, por mais tentadora que seja a ideia, deve ser proibida. O caso é precário demais para que ele seja envolvido.

"O governador e o residente de Merauke estão preocupados com o comportamento irresponsável do padre Van Kessel. Espero que ele poupe a missão de constrangimentos. Ele pede clemência para o vilarejo que teria cometido o assassinato. O padre Van Pey [sic] pede medidas imediatas contra o vilarejo etc., etc., etc. Que ele tenha fé nas pessoas responsáveis por cuidar da situação. Essa responsabilidade não cabe ao padre Van Kessel."[12]

Três dias depois, Tillemans enviou outra carta ao superior da província. "Confio que você proibirá Van Kessel de ir aos Estados Unidos, quaisquer que sejam as circunstâncias, e que também o proibirá de se corresponder com a família Rockefeller."[13]

As cartas de Tillemans se parecem com a defesa dos pedófilos da Igreja ou a reação da Penn State às acusações contra seu treinador de futebol, Jerry Sandusky. *Como tal coisa pode ser possível? Não há provas. Os rumores podem prejudicar nossa reputação. É melhor não dizer nada.* Proteger a si mesma, é claro, era o procedimento-padrão da Igreja, como revelado em dezembro de 2011 nos anais da Conferência dos Bispos Holandeses e na Conferência das Ordens Religiosas Holandesas, detalhando o abuso sofrido por mais de 12 mil crianças nas mãos de padres holandeses entre 1945 e 2010.[14] A Igreja raramente investigava essas alegações e, quando o fazia, a punição mais comum era uma transferência discreta.[15] No fim de janeiro, Van Kessel foi enviado de volta à Holanda e substituído por Van de Wouw.

A despeito de suas negativas públicas, contudo, o governo holandês levou a sério os relatos de Van Kessel e Von Peij. Embora tenha informado os Rockefeller de que cada pedra havia sido revirada e o caso havia sido encerrado, Eibrink Jansen decidiu despachar o patrulheiro holandês Wim van de Waal para Otsjanep, juntamente

COLHEITA SELVAGEM

com nove policiais papuásios armados, a fim de conduzir uma investigação. Em 4 de março, o padre Van de Wouw enviou Gabriel (o antigo assistente de Van Kessel, que passara a trabalhar para ele) até Otsjanep, com o pretexto de construir uma casa para Van de Wouw, mas com a esperança de que ele ouvisse algum detalhe a mais sobre o assassinato e preparasse os moradores para a chegada de Van de Waal e da polícia.[16]

Em 23 de março, o padre Van de Wouw escreveu a Tillemans dizendo que "Gab não ouviu mais nada em Ocenep [sic] que indicasse o assassinato de M. R. ou o oposto" e que Van de Waal e a polícia chegariam na semana seguinte.[17]

Tillemans respondeu, aconselhando: "Se receber novas informações sobre o caso Rockefeller, seja cuidadoso, pois o assunto é como uma prateleira de cristais. É claro, desde que não haja prova, pode-se dizer que não se sabe de nada, e com razão. Se encontrar alguma evidência, não a mencione a ninguém! Por favor, tudo deve ser feito através de mim. Não envie mensagens a outros padres ou a KvK [Kees van Kessel] na Holanda. Permaneça calado também em Agats. Eu realmente peço que mantenha esse assunto estritamente confidencial, em cartas separadas dentro de envelopes duplos, com a palavra 'Secreto' no envelope interno."[18]

Mas a notícia vazaria. Em 13 de janeiro de 1962, W. Hekman, um padre que trabalhava em Asmat, enviou a seus pais em Arnhem, Holanda, uma carta cheia de detalhes sórdidos.[19] Michael Rockefeller, escreveu ele, fora ferido com uma lança e então comido pelos habitantes de Otsjanep, em retaliação pelos homens mortos pela polícia alguns anos antes. Os nomes dos homens que ainda tinham seus ossos eram conhecidos. Uma mulher americana também fora comida (isso não é verdade). E ninguém podia ir até o vilarejo ou também seria assassinado e comido. Os pais vazaram a carta, que explodiu nas linhas da Associated Press na terceira semana de março. Em 27 de março, Jan Herman van Roijen, embaixador holandês nos Estados

CARL HOFFMAN

Unidos, enviou um cabograma ao ministro do Exterior. "Há relatos na imprensa holandesa sobre uma mensagem que um missionário holandês alegadamente enviou à família [...] dizendo que Michael Rockfeller de fato chegou à costa da Nova Guiné, mas foi comido pelos nativos e que seu crânio e seus ossos foram preservados. Por solicitação do gabinete do governador Rockfeller, que contatou esta embaixada em relação ao assunto, eu gostaria de ser informado sobre a fonte e o valor desses relatos."[20]

Joseph Luns, o próprio ministro holandês das Relações Exteriores, respondeu a Van Roijen no dia seguinte. "Rumores similares também circularam previamente em um pequeno círculo na Nova Guiné holandesa", escreveu ele. "Esses rumores foram contraditos e considerados completamente infundados pelo [...] vicário apostólico de Merauke [Tillemans]. Todos os rumores dessa natureza foram investigados profundamente pelo residente da Nova Guiné, F. R. J. Eibrink Jansen, e seu conteúdo foi considerado inteiramente incorreto."[21] Era a clássica negação governamental. Na realidade, o vicário apostólico, Tillemans, não demonstrara interesse em investigar o caso, baseara-se na opinião de homens que não estavam próximos dos eventos e fizera todo o possível para silenciar Von Peij e Van Kessel, os dois únicos homens que estavam em campo e em Asmat há mais tempo que qualquer outro homem branco. Quanto à profunda investigação governamental, Eibrink Jansen acreditava que os relatórios eram sérios o bastante para enviar Van de Waal e um grupo de policiais até Otsjanep na mesma semana em que as notícias chegaram aos jornais, para uma investigação que sequer fora iniciada.

Mesmo assim, a negação produziu resultados: no dia seguinte, os jornais de todo o mundo anunciaram que os rumores não eram verídicos.[22]

Entretempos, Van de Waal construiu um posto policial em Otsjanep e se instalou no vilarejo. Lentamente, começou a ganhar a confiança dos moradores, dando sabonetes para as crianças e tabaco

COLHEITA SELVAGEM

para os homens e ajudando a construir passadiços de madeira sobre a lama e o pântano.

— Deve ter sido estranho para as pessoas de lá — disse-me ele em torno de sua mesa de jantar na ilha espanhola de Tenerife, onde vivia desde 1968.[23]

Aos 73 anos, Van de Waal parecia forte e em forma, com um cavanhaque grisalho e profundos olhos azuis. Ele se sentia confortável consigo mesmo e em lugares estranhos — estava casado com uma espanhola havia décadas —, com uma autoconfiança discreta e a mesma solidez que lhe servira tão bem em Asmat. Não havia dito uma palavra sobre o caso em cinquenta anos. Mas o caso e seu tempo em Asmat — o exótico interlúdio de um jovem — sempre permaneceram com ele. Van de Waal mostrou-me pastas de documentos cuidadosamente organizadas, incluindo o recibo que recebera de René Wassing pelo catamarã e fotos suas em Asmat e de Nelson e Mary em Pirimapun.

— Os asmats de Otsjanep não entendiam por que eu estava lá — disse ele. — Era um vilarejo complicado e eles achavam que falar sobre essas coisas dava azar. Assim, tive de fazer tudo pouco a pouco, fumando com eles e distribuindo presentes. Eventualmente, eles começaram a falar sobre velhos assassinatos e caça às cabeças, contando quem fora morto. Quando eu contava uma história, eles respondiam: "Sim, isso está correto."

Ele se concentrou no *jeu* Pirien, que considerava o mais moderado, dizendo aos homens que podiam falar livremente e que não seriam recriminados se o fizessem. Finalmente, perguntou quem matara Michael Rockefeller. "A resposta", escreveu Van de Wouw a Tillemans no início de maio de 1962, "foi imediata".[24]

"Até agora, a informação não corresponde exatamente à contida no relatório do padre Van Kessel. Ajim teria sido o homem que feriu letalmente M. R. com uma lança (segundo Kees van Kessel, Pep teria sido o autor, a partir da proa, usando uma lança de pesca). Além disso, a distribuição do crânio e dos ossos não é a mesma do relatório.

O short teria sido enterrado na lama em Kali Jawor. M. R. teria sido comido e Ajim teria consumido seu cérebro.

"Em resposta à chegada de A. A. (Van de Waal) e dos policiais em Otanep [sic] [...] Ajim teria coletado todo o *corpora delicti*, cortado os ossos em pedaços e os jogado atrás de sua casa.

"Supostamente, a informação acima já foi enviada ao residente em Agats. Contudo, eu poderia repetir que a investigação ainda não chegou ao fim.

"Mas A. A. é da opinião de que o residente não interferirá até que alguma prova real seja produzida (short, crânio ou ossos). Sem dúvida, esse caso terá sérias consequências para Lapré, pois, quando perguntados, os envolvidos de Otanep [sic] dirão que o assassinato foi vingança pelas pessoas mortas por Lapré naquela época.

"Por fim, devo acrescentar que tenho tremendo respeito pela pacífica maneira de agir de nosso jovem oficial. O caso certamente pode ser confiado a ele.

"O padre Van Kessel estava realmente convencido de que Ajim foi o principal instigador deste e de assassinatos anteriores e que os habitantes de Otanep [sic] não aceitariam a prisão dessa figura desagradável (também em aparência, se comparada à de Pep e de alguns outros líderes). Isso também ficou claro na investigação de A. A."

Van de Wouw também relatou que Otsjanep estava descaradamente mantendo suas tradições de caça às cabeças e que, no início de maio, uma mulher e uma garota de Warkai, um pequeno vilarejo entre Otsjanep e Omadesep, haviam sido assassinadas por homens de Otsjanep, com mais duas pessoas feridas.[25]

Após três meses em Otsjanep, Van de Waal pediu que os homens entregassem os restos mortais de Michael.

— Preciso de provas, e não apenas nomes — disse.[26]

Eles o levaram até a selva, cavaram na lama e mostraram um crânio e ossos. O crânio estava sem a mandíbula inferior e tinha um buraco na têmpora direita, mostrando que fora aberto para permitir o consumo do cérebro.

COLHEITA SELVAGEM

— Há tantos ossos em Asmat e eu queria perguntar sobre os óculos — disse-me ele —, mas era perigoso demais.

Van de Waal fez uma chamada via rádio para Eibrink Jansen, em Merauke.

— Eu tinha um rádio novo, com misturador, para que ninguém pudesse interceptar a chamada. Contei a ele o que havia descoberto e ele respondeu que enviaria alguém para buscar os ossos.

Logo depois, chegou Rudy de Iongh, o recém-nomeado patrulheiro holandês de Agats. Van de Waal lhe entregou os restos mortais em um saco de tecido.

— Ele estava com muito medo; foi até lá em um barco de patrulha e um bando de policiais armados com metralhadoras. E esse foi o fim da história. Fiquei lá por mais duas semanas e Eibrink Jansen disse que eu podia voltar para Pirimapun. Foi o que fiz.[27]

Ele jamais ouviu outra palavra sobre os ossos ou sobre qualquer coisa relacionada a Michael Rockefeller, com exceção de um negociante holandês de pau-ferro que acompanhara De Iongh para coletar os ossos. O negociante disse que os restos mortais haviam sido entregues a Eibrink Jansen, que os enviara a um dentista em Merauke antes de despachá-los para Utrecht, na Holanda. Isso aconteceu em junho de 1962.

— A situação política estava ficando estranha — disse De Waal.

Paraquedistas indonésios chegaram a Merauke no fim do mês, a fim de pressionar a ONU para que forçasse a retirada do governo holandês, e todas as mulheres e crianças voltaram para a Holanda.

A batalha pelo controle da Papua Ocidental estava chegando ao fim. Os holandeses estavam capitulando e Van de Waal foi enviado para Merauke.

— Nunca me pediram um relatório sobre meu tempo em Otsjanep — disse ele. — E, nas vezes em que me encontrei com Eibrink Jansen, jamais falamos sobre minha investigação.

Hoje, nenhum registro nos arquivos governamentais holandeses menciona as atribuições de Van de Waal em Otsjanep, o tempo que passou ali ou os ossos que descobriu — as únicas menções escritas aparecem nas cartas de Van de Wouw e em um altamente exagerado relato de Rudy de Iongh em um livro, sobre a história colonial holandesa, publicado na década de 1990.

— Por que não há registros governamentais? — perguntou Van de Waal. — Se não havia provas, não custaria nada ao governo dizer a verdade: que passamos três meses em Otsjanep e fizemos nosso melhor. Mas ninguém fez nada, porque a verdade seria muito ruim para os planos holandeses e, por isso, era preciso manter tudo em segredo.

Em setembro de 1962, a ONU ratificou o Acordo de Nova York, que transferia a Nova Guiné holandesa para a Autoridade Executiva Temporária das Nações Unidas (e então para a Indonésia, oito meses depois). Os holandeses haviam perdido sua colônia e Van de Waal voltou para casa.

— Jamais falei sobre isso publicamente — admitiu ele em Tenerife, dando de ombros e segurando uma adaga feita de um osso de casuar. — Acho que, a essa altura, ninguém será prejudicado.

PARTE III

23.
NOVEMBRO DE 2012

A multidão se aglomerava, com corpos suados pressionados contra a balaustrada sob o sol quente enquanto o *Tatamailau* percorria o rio Asawets em direção à doca de Agats. Eram 17 horas e o rio, o céu, a selva e mesmo as palhoças brilhavam suavemente à luz do sol poente. Esquifes, canoas e lanchas corriam ao encontro do navio quinzenal que percorria a costa da Papua indonésia — o navio que era a única conexão com o mundo externo para a maioria das pessoas que viviam ali. A multidão guinchava, gritava, apontava e acenava. Eu já estava viajando há uma semana; não conseguira um assento no voo da Tregana saindo de Timika e fora forçado a embarcar no *Tatamailau*, de 120 metros de comprimento, às 3 horas, para uma jornada de quatorze horas até Asmat.

Eu tentara repetidamente contatar Amates e Wilem dos Estados Unidos, mas jamais conseguira, até que Wilem finalmente recebera uma das mensagens de texto que eu havia enviado ao chegar em Timika, dizendo que, após sete meses, eu estava de volta. Ele disse que me encontraria no navio.

Ainda estávamos a 150 metros da doca, no início da aproximação, quando senti uma mão em meu ombro. Wilem, descalço e sorrindo, pulara para o navio ainda em movimento e me encontrara.

— Sr. Karo! — exclamou, me abraçando. — O senhor voltou e fala indonésio!

Nos sete meses desde que partira de Asmat, eu fora atacado por dúvidas.

As peças do quebra-cabeça que eu descobrira se encaixavam, e se encaixavam bem. Michael Rockefeller nadara para longe do catamarã na manhã de 19 de novembro de 1961, com dois dispositivos de flutuação; René Wassing testemunhara sua partida. Wassing havia dito que estavam perto o bastante da costa para vê-la a distância, embora de maneira indistinta, e a curvatura da Terra era facilmente verificável em tabelas rotineiras de distância marítima até o horizonte: se as árvores tivessem 4,5 metros de altura, então ele e Michael estavam a não mais de 15 quilômetros da costa — longe, mas não longe demais para que um homem de 23 anos, determinado e em boa forma, nadasse nas águas cálidas e calmas, com um par de asas marítimas improvisadas. E eles poderiam ter estado ainda mais perto.

O vilarejo de Otsjanep tinha uma longa tradição de violência e relutara em abandonar seus costumes. Um grande grupo de homens do vilarejo retornara de Pirimapun na tarde do dia 19: Wim van de Waal os vira partir. Por qualquer cálculo, isso os colocava na foz do rio Ewta no início da manhã do dia 20. Eu sabia, com uma margem de erro de uns 3 quilômetros, onde Michael e Wassing haviam perdido o motor no dia 18 e tinha a latitude e a longitude de onde Wassing fora visto pela primeira vez na tarde do dia 19 e de onde fora recolhido na manhã do dia 20.[1] Assim, o ponto no qual Michael se afastara do catamarã estava claro. Se ele tivesse nadado a 800 metros por hora, teria se aproximado da foz do Ewta na manhã do dia 20. Eu tinha as tabelas das marés ao longo da costa para aquela manhã e a água perto do Ewta chegara a seu ponto mais alto às 8 horas, o que também significava que a maré o ajudara a se aproximar da costa no momento em que estava mais exausto.

Os homens de Otsjanep presentes naquele momento estariam todos relacionados — embora eu ainda não soubesse como — aos homens mortos por Max Lapré em 1958, apenas três anos antes, e aquelas mortes não haviam sido reciprocadas. Dezessete homens, mulheres e crianças haviam sido mortos na década anterior, oito por caçadores de

COLHEITA SELVAGEM

crocodilos chineses indonésios (considerados brancos pelos asmats) e cinco por Lapré, e Michael encontrara dezessete estacas *bisj* ainda nos *jeus*. Os asmats eram conhecidos por serem oportunistas, preferindo vítimas sozinhas e desprotegidas, e Michael estaria exausto, vulnerável de uma maneira que nenhum outro homem branco estivera antes. E ele já estivera no vilarejo: eles o teriam conhecido e talvez lembrado seu nome, um fator importante na escolha de uma vítima de caça às cabeças.

Os dois padres que tinham certeza de que ele fora assassinado, Van Kessel e Von Peij, falavam asmat, conheciam bem os vilarejos e, mais que qualquer outra pessoa, tinham profunda experiência com a cultura local. Tudo que Von Peij me dissera — que ele e Van Kessel haviam feito relatórios para o governo e para seus superiores na Igreja, que haviam sido proibidos de falar em público sobre tais relatórios, que tinham listas com os nomes dos homens do vilarejo, que Max Lapré realizara um pesado ataque em resposta ao massacre entre Otsjanep e Omadesep — fora verificado por mim em documentos oficiais e cartas nos arquivos do governo holandês e da Ordem do Sagrado Coração (a ordem à qual ambos os padres pertenciam), assim como pelos próprios vilarejos. Eu não encontrara nenhuma anomalia, nada que não pudesse ser explicado pela lógica cultural asmat, e nenhuma incorreção ou exagero nos relatos das testemunhas ainda vivas.

E, contudo, a despeito de toda a certeza de Van Kessel e Von Peij, suas histórias eram de segunda mão, nenhum dos acusados confessara diretamente e nenhum deles vira qualquer prova física concreta. O principal argumento do bispo Sowada — o de que nenhum asmat jamais matara um homem branco antes — não podia ser facilmente ignorado. Ele me incomodava. Como isso poderia ter acontecido? Van de Waal tinha fotos do crânio que entregara, mas, quando as mostrara a um patologista forense, a conclusão fora de que o crânio "muito provavelmente não era de origem europeia". E, quanto mais eu aprendia sobre Asmat, mais certo ficava de que, se os homens de

Otsjanep tivessem matado Michael, os ossos e o crânio seriam objetos sagrados que jamais seriam entregues a um ocidental. Afinal, minha oferta de mil dólares pelos óculos — uma fortuna em Asmat — só conseguira uma falsificação. Eu tinha certeza de que o crânio e os ossos de Michael não estavam guardados em uma gaveta de algum museu da Holanda.

Também havia a questão da confiabilidade. Os asmats eram mentirosos habilidosos. Dependiam da trapaça para conseguir vantagens sobre seus inimigos e aplacar ou escapar dos espíritos. Eram abundantes os relatos sobre o que quer que os brancos quisessem ouvir. O canibalismo é o ápice da alteridade, a maior transgressão, a coisa que torna as pessoas menos humanas, e talvez os missionários quisessem acreditar que os asmats haviam matado e comido Michael. Isso certamente fortalecia sua convicção na necessidade de evangelizá-los.

E talvez eu também quisesse acreditar nisso. Talvez essa crença fosse tudo que quiséssemos. Ela confirmava nossa imagem de Asmat tanto como horrível quanto exótica e refletia sobre nós, tornando-nos mais ousados, intrépidos e corajosos: estávamos convivendo com canibais! Era o que o antropólogo Gananath Obeyesekere chamou de "papo canibal": nossa necessidade de acreditar que essas pessoas existiam e que estávamos entre elas. Ainda mais porque Michael era tão rico e sua família era tão poderosa.[2] De modo perverso, o fato de que o herdeiro do poder americano pudesse ter sido não apenas assassinado, mas cozido, consumido, digerido e expelido por seus opostos — homens selvagens que nada tinham, nenhum poder, dinheiro ou influência — parecia nivelar o campo de jogo. Talvez todas as coisas que haviam levantado suspeitas em Van Kessel e Von Peij estivessem apenas em suas próprias cabeças, projeções de seus próprios preconceitos e necessidades, e talvez asmats de outros vilarejos tivessem apenas inventado histórias.

O relatório inicial de Von Peij viera de Omadesep, o inimigo tradicional de Otsjanep: talvez a história tivesse sido inventada apenas

COLHEITA SELVAGEM

para criar problemas para o vilarejo. E a distância percorrida a nado, embora possível, teria sido extremamente difícil. Para ter chegado à costa, Michael teria de ter nadado entre 15 e 16 quilômetros em 24 horas, percorrendo boa parte desse percurso contra fortes correntes e em águas infestadas por tubarões. Embora factível, ainda seria um feito de força física e determinação — e sorte.

Finalmente, havia a consistente negação dos homens em Otsjanep e Pirien. Eles jamais haviam dito que o vilarejo não o fizera, jamais negaram diretamente, mas eram consistentes em dizer que não sabiam nada sobre o assunto — exceto no escuro da noite, para Amates e minha equipe. Eles realmente mentiriam para mim tantos anos depois, quando nenhum dos perpetradores ainda estava vivo? Por que Kokai e Tapep, seus filhos, não falariam francamente sobre o assunto?

Debatendo-me com essas questões e com a lógica cultural do canibalismo, eu procurara Peggy Reeves Sanday, antropóloga e professora emérita da Universidade da Pensilvânia e autora de *Divine Hunger* [Fome divina], um importante livro sobre canibalismo. Ela vivia a uma hora de distância da minha casa e começamos a passar longos dias juntos, revisando os relatórios e as provas, minhas notas e toda a literatura etnográfica e antropológica sobre Asmat. Sanday também ficou intrigada com a questão de Sowada sobre os asmats jamais terem matado um homem branco antes. Mas uma coisa era clara e irrefutável para nós: todos os asmats "sabiam" da história de que Otsjanep matara Michael Rockefeller. E os próprios homens de Otsjanep e Pirien haviam dito, várias vezes, mesmo quando vacilavam e prevaricavam para os missionários (e negavam para mim), que o haviam matado ou que tinham visto uma cobra ou crocodilo gigante no mar naquela manhã.

Se Michael tivesse se afogado ou sido consumido por tubarões e jamais chegado à costa, parecia improvável que fabricassem uma história tão específica e consistente. Se os homens de Otsjanep jamais o tivessem visto na manhã de 20 de novembro, toda conversa com

Von Peij e Van Kessel, toda história e todo detalhe eram uma menti- ra, uma invenção. Embora os detalhes às vezes divergissem, os fatos básicos não haviam mudado em cinquenta anos: o envolvimento de Fin, Pep e Ajim, o ferimento com lança, a morte no rio Jawor, um lugar escondido e silencioso que até hoje carrega um poder sagrado. A descrição do short era particularmente relevante. A especificidade de Fin ter ficado com a cabeça. Os relatórios posteriores de Von Peij e Van Kessel sobre o crânio ter sido colocado na selva e então os relatos sussurrados a Amates, cinquenta anos depois, de que o crânio fora deixado em uma árvore na selva.

Inventar tudo isso e então sustentar a história durante meio século parecia mais improvável e ilógico que a resposta simples e direta: Michael nadara até a costa, fora encontrado pelos homens de Otsjanep e assassinado para equilibrar o caos criado por Lapré. E a constante ameaça de trapaça envolvida no tecido da vida em Asmat criava outra questão. Se os homens de Otsjanep tivessem matado Michael, teria sido uma grande transgressão, uma coisa que jamais havia sido feita antes, algo incrível e inacreditável. Na experiência de Van de Waal, ninguém em Otsjanep ou em outros vilarejos teria acreditado na história se não tivesse havido alguma prova concreta, se eles não tivessem visto os ossos, partes do corpo ou o crânio.

Sanday achava significativo que, quando questionados por Van Kessel, os homens tivessem respondido que haviam visto algo grande e incomum no mar naquela manhã. Ela levantou outra possibilidade. Era significativo que a história tivesse persistido durante tanto tempo entre os próprios asmats.

— Os asmats estão tentando nos dizer algo — observou ela.

Para Sanday, o que importava não era que Michael Rockefeller pudesse ter sido assassinado e comido, mas sim que os asmats suge- rissem que havia sido. Mesmo que não o tivessem matado e comido, eles o teriam feito, teriam desejado e pensado durante anos em matar um homem branco. Ela achava haver um significado importante em suas explicações a Van Kessel de que só haviam visto uma gigantesca cobra mítica ou um crocodilo. Por que esses animais? Todas as histórias diziam que Michael havia sido confundido com um crocodilo, um animal de grande importância simbólica. O crocodilo, que representa um comedor de homens, é entalhado na parte inferior de praticamente toda estaca *bisj*.

Sandy também acreditava que eram coisas demais para inventar se eles não o tivessem encontrado. Mas postulava que poderiam tê-lo visto ser morto por tubarões ou crocodilos. Ou que ele tivesse morrido no mar e seu corpo tivesse sido levado até a costa pelas águas — que o factual e o ficcional, o físico e o espiritual, pudessem ter se misturado, como tende a acontecer em Asmat. Na opinião de Sandy, essa teoria resolvia a questão sobre o que os levara a matar um homem branco e se acomodava aos cenários nativistas nos quais os povos tribais tentavam recuperar o poder, a influência e o status do passado. Em um mundo no qual os homens brancos interferiam diretamente em sua cultura, homens outrora poderosos como Ajim e Fin podiam propagar seu próprio poder dentro de suas comunidades ao não apenas encontrar o corpo, mas também dizer que o haviam matado, comido, caçado.

Durante os últimos cinquenta anos, os missionários haviam registrado vários exemplos de erupções cultistas nos vilarejos: homens alegando poderes sobrenaturais e afirmando serem capazes de produzir tabaco e outros objetos de origem branca, com suas crenças tradicionais estranhamente distorcidas pelo contato com o mundo moderno. No exemplo mais impressionante, em 1966, no vilarejo de Ewer, um homem de 27 anos começara a invadir o armazém do pastor para roubar tabaco, roupas e dinheiro.[3] Entregando as mercadorias a outras pessoas em Ewer, ele dissera tê-las recebido do Tuan Tanah, o "Senhor da Terra", que lhe dera uma chave secreta com a qual ele era capaz de abrir buracos no chão. Todos que acreditassem em Tuan Tanah eventualmente se tornariam brancos e ricos. Quando o pastor finalmente flagrara o homem, ele e seus seguidores eram as figuras mais poderosas do vilarejo. Teria o "assassinato" de Michael sido uma história nativa que alguns homens haviam criado para aumentar seu status e seu poder em um mundo que mudava velozmente?

Eu também pensava sobre a família de Michael, perguntando-me o que haviam feito para encontrar paz, especialmente com os rumores de que não ele havia se afogado. Os Rockefeller haviam iniciado os procedimentos legais para declará-lo morto meses após seu desaparecimento. Por meio do Museu de Arte Primitiva, rapidamente enviaram tudo que ele coletara de volta a Nova York — cerca de quinhentos objetos no total, avaliados pelas seguradoras, em agosto de 1962, em 285.520 dólares.[4] Era uma soma chocante: um quarto de milhão de dólares angariado com anzóis, linhas de pesca, machados e pedaços de tabaco, explorando os talentos de homens iletrados e paupérrimos. Como peças centrais da Ala Michael C. Rockefeller no Museu Metropolitano de Arte, seu valor em atrair visitantes e patrocinadores é incalculável, sem mencionar o prestígio (e as fartas deduções tarifárias) que sua doação ao museu conquistou para Nelson Rockefeller e sua família. Em 2012, o Met [Museu Metropolitano de Arte] recebeu 6 milhões de visitantes, com ingresso voluntário recomendado de 25 dólares.[5] Se cada visitante tiver pago apenas 15 dólares, o Met recebeu 90 milhões de dólares apenas dessa fonte, enquanto o neto do homem que Michael considerava um dos melhores artistas de toda Asmat, Chinasapitch, que entalhou a adorável canoa exibida com destaque no museu, varre o chão do Museu Asmat em Agats, descalço.[6] Até que eu lhe contasse, ele não tinha ideia do que acontecera à canoa. Se terras ou direitos sobre exploração mineral tivessem sido adquiridos de moradores iletrados por alguns pedaços de tabaco e rolos de arame farpado, gritos de injustiça teriam sido ouvidos, exigindo que pessoas incapazes de compreender o acordo que haviam feito fossem devidamente recompensadas.

COLHEITA SELVAGEM

Em setembro de 1962, menos de um ano depois de Michael ter deixado o catamarã e começado a nadar, o Museu de Arte Primitiva montou uma espetacular exibição em Nova York, em um pavilhão especialmente construído ao lado do museu para, segundo o comunicado à imprensa, "evocar parcialmente o espírito da vida asmat".[7]

Em destaque entre os artefatos estavam as estacas *bisj* que Michael coletara. "Quando um guerreiro asmat é assassinado por um vilarejo inimigo, uma cerimônia *bisj* é realizada para honrar sua morte e invocar sentimentos de vingança."[8] Os detalhes de como essa vingança deveria se manifestar foram omitidos do programa. "Após dias de cerimônia, uma estaca *bisj* com mais de 6 metros de altura, de design intrincado e apresentando figuras humanas, é entalhada [...] Ao som de tambores de guerra, canções e danças que imitam batalhas, a estaca é erguida em frente à casa cerimonial. Alguns dias depois, é depositada nas florestas de palmeira-sagu que cercam o vilarejo. A madeira macia apodrece rapidamente e, de acordo com a tradição asmat, o espírito da vítima assim honrado passa para as palmeiras e, delas, para as pessoas que comem sagu." A versão pública não mencionava a vingança real: assassinato e canibalismo.

A exibição foi um sucesso retumbante. O Comitê de Afiliação, Publicidade e Publicações do museu relatou que, em fevereiro de 1963, matérias sobre a exibição haviam sido publicadas em seiscentos jornais e revistas, "com um público combinado de 30 milhões de leitores. É o mais perto da saturação local e nacional a que qualquer matéria sobre arte jamais chegou".

Em um esforço para identificar alguns dos objetos antes da exibição, o museu até mesmo escreveu para Van Kessel em maio de 1962, em Pirimapun, durante o auge da investigação de Van de Waal. A carta chegou não a Van Kessel, que já retornara à Holanda, mas ao padre Van de Wouw, que respondeu em junho.[9] Foi uma estranha correspondência. O patrulheiro Van de Waal, com a ajuda de Van de Wouw, morava em Otsjanep e investigava oficialmente o caso, mas

Van de Wouw jamais mencionou o fato. Tão estranha quanto foi a carta que o próprio Van Kessel enviou ao museu em 1974, requisitando uma cópia de *Os asmats: o diário de Michael C. Rockefeller*, que o museu publicara em 1967.[10] Na correspondência, ele lamenta a perda de Michael e menciona "tristes memórias", mas não sua certeza de que Michael fora morto e comido; ao menos para os Rockefeller, o padre manteve a promessa de jamais discutir o assassinato.

Mas o que os Rockefeller sabiam em caráter privado permanece um mistério. Nos arquivos do governo holandês há cabogramas e cartas de Nelson Rockefeller a vários oficiais, agradecendo por seus esforços. Há uma mensagem do embaixador holandês nos Estados Unidos perguntando a seus superiores sobre os rumores de que Michael havia sido assassinado, e a resposta do ministro do Exterior Joseph Luns de que os rumores tinham sido cuidadosamente investigados e eram comprovadamente falsos. Há cartas entre os advogados de Rockefeller e os holandeses, solicitando o relatório final das buscas,[11] a fim de que um tribunal americano pudesse declarar a morte de Michael por afogamento, o que finalmente foi feito em 1º de fevereiro de 1964, avaliando seu espólio em 660 mil dólares.[12] Essa correspondência também é surreal, uma vez que ocorreu durante os mesmos meses em que disparavam cartas entre o governo holandês e Van Kessel, Von Peij e a Igreja e Van de Waal realizava sua investigação em Otsjanep. Em uma das mensagens, enviada pelo escritório Milbank, Tweed, Hope & Hadley ao cônsul-geral holandês em Nova York, o advogado William Jackson, representando os Rockefeller, afirma: "Seria muito útil se pudéssemos providenciar cópias autenticadas de todos os relatórios feitos por oficiais do governo holandês com respeito à natureza, à extensão e aos resultados das várias buscas realizadas na Nova Guiné, em um esforço para localizar Michael Rockefeller."[13] Mas não há vestígio de nenhuma correspondência entre os holandeses e os Rockefeller ou seus advogados que mencione ou questione sua morte por Otsjanep ou a investigação oficial que ocorria naquele

COLHEITA SELVAGEM

mesmo momento. O governo holandês e a Igreja Católica parecem ter se mantido em silêncio a esse respeito, em caráter tanto público quanto privado, embora se comunicassem ativamente com a família de Michael. Durante a década de 1960, parecia não haver razão para que Nelson duvidasse de que Michael morrera por afogamento.

Em 1974, Milt Machlin, editor de uma revista de Nova York, publicou *The Search for Michael Rockefeller* [A busca por Michael Rockefeller]. Em sua maioria, o livro é a história de uma busca infrutífera: em certo dia do fim da década de 1960, um misterioso australiano apareceu no escritório de Machlin e afirmou ser um contrabandista que estivera trabalhando nas remotas ilhas da Oceania e vira Michael vivo, refém de uma tribo nas ilhas Trobriand, a 1,6 mil quilômetros de Asmat. Grande parte da história detalha as buscas de Machlin, iniciadas em 1969, mas, perto do fim do livro, ele menciona os rumores originais vazados para a imprensa no início de 1962 e descobre Van Kessel na Holanda. Van Kessel então conta a ele sua história, e Machlin envia a Asmat um assistente não nomeado, que entrevista várias pessoas. Talvez os eventos ainda fossem muito recentes ou talvez Machlin simplesmente não tenha procurado, mas ele jamais viu nenhum dos documentos comprobatórios do governo holandês ou da Igreja Católica ou os relatórios de Lapré; nunca se encontrou com Von Peij ou Van de Waal; e, aparentemente, jamais leu os relatórios originais de Van Kessel. A teoria de que Michael chegou à costa e foi assassinado surge como especulação de um padre rebelde, e o livro tem tão poucos detalhes e tão pouca documentação que chega a ser inacreditável. Mesmo assim, era um começo e ele explicou suas descobertas em uma carta aos Rockefeller, cujos advogados enviaram um agradecimento e nada mais.[14]

Logo depois de Nelson Rockefeller se tornar vice-presidente, durante uma reunião na Casa Branca com o primeiro-ministro australiano Gough Whitlam, ele agradeceu publicamente à Austrália pela ajuda durante as buscas por Michael. "Quando o sr. Whitlam

CARL HOFFMAN

comentou que o desaparecimento jamais fora solucionado", relatou o *New York Times*, "o vice-presidente respondeu: 'Acredito não restarem dúvidas — não é possível nadar 20 quilômetros contra a maré'".[15]

E então há a história de Frank Monte. Investigador particular australiano, Monte afirma em sua biografia, *The Spying Game* [O jogo de espionagem], que, logo após a morte de Nelson, em 1979, ele foi contratado pela mãe de Michael, Mary Todhunter Clark Rockefeller, para investigar os rumores de que seu filho fora assassinado, após ter sido impedida de fazê-lo durante anos, por ordens do ex-marido. O detetive, ávido por fama e citando várias celebridades como clientes, parecia a última pessoa que qualquer Rockefeller contrataria. Na melhor das hipóteses, seu relato se assemelha a uma hiperbólica mistura de fatos e ficção. É possível que tenha examinado o caso — ele cita detalhes suficientes sobre o resgate de Wassing para ter encontrado alguns documentos ou artigos —, mas, procurando algo mais importante, conclui: "Descobri algo estranho. Os registros desapareceram. Por meio de suas vastas e poderosas conexões [...], Rockefeller fez com que qualquer coisa escrita ou publicada sobre seu filho desaparecido fosse destruída. Ele contratou pessoas para percorrer os arquivos em toda parte e remover tudo relacionado ao desaparecimento."[16]

Isso, é claro, não é verdade. Fui capaz de encontrar centenas de páginas de cabogramas e memorandos.

Monte então relata a história de sua arriscada viagem ao vilarejo que matara Michael com uma gangue de sanguinários comandos do Exército indonésio que deixa uma trilha de corpos em uma viagem de semanas, no estilo Kurtz, com um guia de Otsjanep. Nada disso faz sentido. Ele troca os nomes dos rios, confunde-se com a geografia, descreve os locais usando capas penianas (que os asmats não usam) e escreve sobre arrastar barcos de borracha durante dias pelos pântanos. Esses detalhes indicam que — se de fato fez uma viagem — abordou não os asmats, mas os korowais, que produzem pouca arte, vivem no interior rio acima e jamais receberam uma visita

COLHEITA SELVAGEM

de Michel. A conclusão de que Michael foi assassinado após ter sido flagrado roubando um "totem" sagrado decorado com crânios (que as estacas *bisj* não possuem) juntamente com o filho do chefe, com quem tinha um relacionamento homossexual, e que Wassing e o catamarã emborcado eram apenas uma invenção para esconder a verdade é absurda. Assim como sua alegação de que entregou três crânios a Mary, recebeu 100 mil dólares e, mais tarde, soube pelo intermediário dos Rockefeller que um deles fora positivamente identificado como pertencente a Michael.

Após minha primeira viagem a Asmat, fiz um esforço para contatar Mary Rockefeller Morgan (anteriormente Mary Rockefeller Strawbridge), irmã gêmea de Michael. Por meio de uma amiga, iniciei uma correspondência com uma mulher em alta posição na hierarquia do clã, na esperança de que pudesse me apresentar a Mary, e ela concordou em almoçar comigo em Nova York. Embora entusiasmada em nossa correspondência inicial, quando nos encontramos ela tivera uma longa conversa com o marido e chegara à conclusão de que não poderia me ajudar: era algo sobre o que a família não falava, ao menos não em público. Em maio de 2012, Mary publicou suas memórias, *Beginning with the End: A Memoir of Twin Loss and Healing* [Começando com o fim: memórias gêmeas de perda e recuperação], um relato triste e graciosamente escrito de seus longos esforços para se recuperar após a morte do irmão gêmeo. Como sugere o título, o desaparecimento de Michael em Asmat é apenas o início da história. Ela escreve: "Rumores e histórias sobre Michael ter chegado à costa — sobre ter sido encontrado, capturado e morto por caçadores de cabeça asmats — persistiram por mais de quarenta anos. Mesmo hoje, esses boatos abastecem a imaginação e ajudam a encher os bolsos de romancistas, dramaturgos, cineastas e promotores de turismo de aventura. Essas especulações jamais foram substanciadas por qualquer evidência concreta. Desde 1954, o governo holandês banira a guerra tribal e a resultante caça às cabeças para vingar a morte de uma figura importante. Em 1961, foi-nos dito que as guerras tribais e a caça às cabeças não haviam sido inteiramente erradicadas, mas eram raras. Todas as evidências, baseadas nas fortes correntes, nas marés sazonais e nas águas turbulentas, assim como o cálculo de que Michael estava a aproximadamente 16 quilômetros da costa, suportam a teoria prevalente de que morreu afogado antes de chegar à terra firme."[17]

Minha carta a Mary, na qual eu me oferecia para partilhar toda minha pesquisa, não foi respondida. O escritor Peter Matthiessen, que permaneceu próximo de Mary e escreveu uma sinopse de seu livro, disse-me que "a família se recusa a acreditar em qualquer versão que não a de afogamento".[18]

Os documentos que eu tinha eram públicos; se eu os encontrara, os Rockefeller ou qualquer um agindo em seu nome poderiam ter feito o mesmo. Isso posto, eu sabia que eles jamais haviam conversado com Von Peij ou Van de Waal. Não fora difícil localizá-los, mas os Rockefeller jamais tentaram.

Ou Mary e sua família sabiam de algo e se recusavam a reconhecer isso em público, ou ela e o pai partiram de Merauke e jamais olharam para trás, prendendo-se a uma versão dos eventos que era trágica, mas limpa e organizada — embora improvável. Qualquer que fosse o caso, eu sabia que jamais fizeram o que eu teria feito se meu filho ou irmão tivesse desaparecido em meio a rumores de assassinato, aquilo que poderia levar a um melhor entendimento: aprender a língua, ir até lá e investigar pessoalmente a cena do crime. Era irônico que uma família de enorme fortuna e recursos desdenhasse dos esforços para solucionar a morte de Michael e acusasse qualquer um que o fizesse de explorar o nome da família em busca de lucro. Afinal, fora seu desinteresse em investigar rumores e relatórios que forçara outros a seguirem adiante com isso. Quanto mais eu descobria sobre Asmat, mais dificuldade tinha para não inserir Michael no cosmos do local, como sendo um daqueles espíritos cuja gente não havia feito o

COLHEITA SELVAGEM

bastante para empurrá-lo até Safan, a terra depois do mar. Todas as especulações continuavam porque sua família falhara em encontrar uma conclusão definitiva e ninguém conseguira reunir informações essenciais. Que nenhum Rockefeller tivesse ido até Asmat, com exceção de algumas poucas horas em uma delegação oficial holandesa via PBY Catalina, cercada por falanges de oficiais, era algo que me aturdia.

Com tantas questões intrigantes, eu sabia que tinha de voltar. Minha primeira viagem a Asmat levara dois meses, mas grande parte do tempo fora passada em trânsito, esperando em Agats para organizar as coisas ou navegando pelos rios para que pudesse ver e compreender o lugar como um todo. Eu estivera duas vezes em Otsjanep e Pirien, mas a primeira visita só durara 24 horas, e a segunda, dois dias. Amates levara Kokai até Agats, mas aquela fora uma conversa tensa e forçada. Beatus Usain, o homem que finalmente me contara a história de Pep matando Michael, era sobrinho de Pep. Seu pai, o irmão mais novo de Pep, casara-se com uma mulher de Biwar Laut, onde Usain crescera. Ele fora capaz de contar a história porque não era de Otsjanep — mas isso significava que eu ainda não conseguira nenhuma espécie de confissão de alguém do vilarejo.

E por todo o tempo eu estivera totalmente cercado e dependente de meu entourage — Amates ou Hennah para tradução, Wilem e seus assistentes para comida, acomodações e logística. Todos haviam agido como filtros, e eu jamais soubera o que estava sendo realmente dito, o que eu não estava ouvindo, o que não era partilhado comigo ou se minhas questões eram traduzidas exatamente. Eu era culpado dos mesmos pecados pelos quais criticara Michael e os Rockefeller: passando por Asmat rapidamente, assumindo ser tão importante que poderia enchê-los de perguntas e eles partilhariam seus mais profundos segredos e não retornando depois que novas questões fossem suscitadas. Afinal, a história de Michael Rockefeller não era uma história qualquer. Era a história de um assassinato, um crime sangrento e hediondo que terminara não apenas em morte, mas no mais egrégio tabu, o canibalismo, uma prática que os asmats sabiam ser inconcebivelmente errada a nossos olhos, que lançara mais navios, aviões, helicópteros e policiais em seu mundo do que jamais tinham visto antes e que, cinquenta anos depois, era tida como vergonhosa pelos pastores e padres de sua nova religião católica. Se tivessem feito aquilo, seria um segredo muito profundo. Os filhos dos homens acusados estavam com medo. Com medo dos espíritos. De Deus. Dos militares e policiais indonésios. Dos Estados Unidos. Da família Rockefeller, que, em sua mente, tinha a obrigação de vingar sua morte.

Se eu quisesse resolver o mistério de Michael Rockefeller, teria de conhecê-los. Sem filtros, tradutores, guias e cozinheiros. Tinha de falar sua língua e adquirir um entendimento muito mais profundo de sua vida do que conseguiria em algumas semanas em um rio, alguns dias em um vilarejo ou em livros e teses sobre sua cultura.

Meu plano era ir até Otsjanep ou Pirien e encontrar uma família que me recebesse por um mês — idealmente, um dos filhos dos homens nomeados por Van Kessel, alguém idoso e poderoso. Talvez Tapep, filho de Pep, em Otsjanep, embora ele tivesse sido especialmente relutante em falar e os outros sempre tivessem se calado quando ele surgia. Ou talvez Kokai, que se lembrava da época em que Michael desaparecera, testemunhara o ataque de Lapré, estivera disposto a falar sobre o assunto e que, segundo Amates, fora chefe de vilarejo e estava relacionado a Dombai — o homem que, de acordo com Van Kessel, ficara com os óculos. Em meus sonhos mais desvairados, após algumas semanas, eles confessariam tudo e nós iríamos até a selva, encontraríamos o crânio e tudo ficaria claro. Mas, se não conseguisse isso, ao menos queria um melhor entendimento da estrutura do vilarejo: quem era quem, como se relacionavam, quem Lapré havia matado e como eles se relacionavam com os homens citados nos relatórios de Van Kessel e Von Peij. Eu queria ouvir suas histórias e canções e entender mais claramente a importância de crocodilos e tubarões em sua cosmologia. Graças aos arquivos do Museu Metropolitano de Arte de Nova York, tinha cópias das fotografias que Michael fizera durante sua primeira viagem a Otsjanep. Eram belos retratos em branco e preto de homens nus adornados com dentes de cães e porcos, posando com seus entalhes e com as magníficas estacas *bisj* que Michael havia comprado, remando em grandes grupos e tocando tambor em suas casas. Será que Michael conhecera os homens que o mataram? Será que os fotografara? Eu esperava mostrar as fotos aos homens do vilarejo e ver se identificavam aqueles citados nos relatórios de Van Kessel, e talvez até mesmo descobrir para quem as estacas haviam sido entalhadas.

Eu precisava saber se a história desmoronaria ou se ficaria mais forte.

E agora estava de volta. Quando o navio se aproximou da doca, Wilem pegou minha mala e me empurrou pela multidão, descendo pela passarela e até seu escaler. Eu já conseguia sentir que as coisas estavam diferentes. Wilem sabia cerca de dez palavras em inglês e, durante minha primeira viagem, eu sabia mais ou menos o mesmo número de palavras em indonésio, que rapidamente estava substituindo a língua asmat nativa. A despeito do tempo que havíamos passado juntos, eu e Wilem havíamos nos limitado a algumas palavras e a uma pantomina de expressões faciais e gestos com as mãos. Mas, em Washington, eu encontrara uma professora indonésia que me dava aulas três vezes por semana. Jamais me empenhara tanto em aprender um idioma, e o indonésio era relativamente fácil. Quando voltei a Asmat, estava longe de ser fluente, mas fiquei surpreso com o quanto sabia. Eu e Wilem passamos três dias trocando mensagens de texto e, quando ele ligou o motor e partimos em direção à parte principal da cidade, estávamos conversando como velhos amigos — sem um tradutor. Era como se um pesado véu tivesse sido removido.

Eu e Wilem caminhamos pelos passadiços de Agats até o hotel. Tudo parecia igual e, contudo, era diferente. As pessoas me reconheciam, acenando e dizendo "Ei, você voltou!", e eu respondia, dessa vez em sua própria língua. Sete meses haviam se passado, mas até mesmo o recepcionista do hotel se lembrava de mim. Eu e Wilem fomos até meu quarto, e eu contei a ele sobre meu plano.

— Kokai está aqui em Agats! — disse ele. — Amanhã nós vamos encontrá-lo e trazê-lo até o hotel.

Trocamos um aperto de mãos e ele partiu ao cair da noite, quando os céus se abriram e a chuva começou a cair. Dormi com o som da chuva e dos mosquitos em meus ouvidos.

Acordei cedo no dia seguinte, logo ao amanhecer, feliz por respirar aquele ar agradável. Os passadiços estavam molhados e exalavam nuvens de vapor. Perto do cais, passei por um homem e parei, olhando para trás. Era Kokai. Ele me reconheceu e seus olhos se arregalaram de surpresa. Eu esquecera quão selvagem era sua aparência. Agats estava cheia de indonésios de todo o arquipélago, assim como muitos asmats, muito mais pobres que os indonésios, mas mesmo os mais destituídos pareciam pertencer à cidade e usavam chinelos. Kokai, porém, tinha aquele cheiro de suor e fumaça do qual eu me esquecera. O buraco em seu nariz era do tamanho de uma moeda. Uma bolsa trançada e enfeitada com penas de cacatuas e casuares pendia de seu peito. E seus olhos eram os mesmos: castanhos e sombrios, movendo--se de um lado para o outro, absorvendo tudo e não revelando nada.

Poucos ocidentais iam até Asmat e, certamente, a maioria nunca retornava para lá. Eles chegavam, tiravam fotos e iam embora. Mas eu estava lá novamente. Conseguia sentir a importância disso — eu nunca vira Kokai sorrir antes, e ali estava ele, sorrindo — e conseguia falar com ele. Perguntei o que estava fazendo, e ele respondeu que estava voltando a Pirien.

— Vim ver meu filho — contou-me —, mas não sei quando vou voltar. Preciso de um barco e não tenho dinheiro.

Eu sabia que era bom demais para ser verdade, mas, mesmo assim, expliquei meus planos: eu queria viver em Pirien por um mês, em sua casa. Seria possível? Podíamos viajar juntos e contratar Wilem para nos levar até lá.

— Minha casa? Por um mês? — E então não consegui entender mais nada, pois ele passou a falar muito rapidamente e com uma pronúncia indistinta.

— Wilem vai falar com você — respondi — e levá-lo até meu hotel. Então poderemos conversar.

Ele se virou e saiu caminhando.

Ele e Wilem voltaram algumas horas depois. Eu e Wilem conseguíamos entender um ao outro; Kokai era outra história. Ele falava indonésio fluentemente, sabia ler e escrever, mas não era sua língua nativa. Seu sotaque era estranho e ele parecia não entender a necessidade de falar lentamente ao conversar comigo. Repeti meu pedido: eu poderia viver com ele, em Pirien, durante um mês? Sem problemas, segundo ele. Eu podia viver com ele, em sua casa.

— Mas o que ele vai comer? — perguntou, olhando para Wilem.

— O que você comer — respondi.

— Sagu? — insistiu ele.

— Sim, sagu. E qualquer outra coisa.

— Eu vou até a loja — disse Wilem. — Vou comprar um pouco de arroz, SuperMi [o talharim instantâneo que os asmats adoram], café, açúcar e tabaco.

Estava feito. Kokai nunca perguntou por que eu queria ir até lá, mas eu contei como queria aprender sobre a cultura asmat, sobre a língua, os entalhes, tudo. Embora da última vez em que nos víramos eu tivesse perguntado sobre Michael, nenhum de nós o mencionou. Entreguei um punhado de notas a Wilem, pagando pelo barco e acrescentando 100 dólares para os mantimentos. Eu tinha um telefone via satélite e disse que telefonaria quando fosse hora de voltar. Se eu não ligasse após três semanas e meia, ele deveria ir até lá de qualquer forma. Partiríamos às 6 horas da manhã seguinte.

24.

NOVEMBRO DE 2012

O mundo é sempre mais bonito ao amanhecer e ao entardecer, mas em nenhum outro lugar isso é tão verdadeiro quanto nos trópicos. O sol é tão quente e brilhante que dá vontade de fugir dele durante a maior parte do dia. O amanhecer e o entardecer, todavia, são momentos suaves nos quais o mundo se enche de cor. Ao embarcarmos, uma névoa ligeira cobria o Asawets e o céu estava azul na luz da manhã. O nascer do dia em Asmat chega sem vento, e o rio, a cerca de 1 quilômetro dali, estava plácido, sem uma única marola. Kokai mantinha seu comportamento habitual, inescrutável, silencioso e atento. Wilem assumiu a proa, e seu companheiro, o motor. Empilhados no centro do barco estavam uma caixa de macarrão instantâneo, um pacote de 13 quilos de arroz, duas caixas de Lampion (o tabaco preferido dos asmats), 2,5 quilos de açúcar e um saco de dormir plástico do Mickey Mouse, todo colorido e brilhante, que Wilem comprara para mim.

Navegamos pelo rio diretamente até o mar — o dia estava tão calmo que iríamos pela rota marítima, a mesma que Michael e Wassing haviam seguido há quase exatamente 51 anos. Eu me sentia bem por estar na água, com o imenso céu acima e o mar tão plácido quanto uma piscina. Pensei em Michael naquele último dia, ali naquele mesmo lugar, e sobre quão bem também deveria estar se sentindo ao viajar para o sul a fim de se encontrar com Van Kessel em Basim. Ele era tão jovem e, embora tivesse cometido vários erros e nunca pudesse ter chegado até lá sem o dinheiro de sua família, eu o admirava. Havia um milhão de lugares mais acessíveis que Asmat, especialmente em 1961, para um garoto rico e privilegiado. Ele tivera uma visão e seguira sua paixão, buscando algo original e profundo, escavando um lugar para si próprio que era o mesmo de seu pai e de sua família e, ainda assim, era diferente, só seu. Se uma única onda tivesse sido diferente, se o vento tivesse sido mais brando, se ele tivesse seguido a rota pelo interior, sabe-se lá quanto tempo teria permanecido em Asmat, quantas vezes teria retornado, quanto poderia ter entendido e talvez devolvido àquele lugar e a seu povo.

Mas o mundo está sempre em movimento, somos apenas peças insignificantes e o controle é uma ilusão. Criamos nossa própria sorte e nosso próprio destino, mas somente até certo ponto, e nunca sabemos o que pode acontecer a qualquer momento — essa era a lição da meia--idade sobre a qual eu pensava enquanto viajávamos até Otsjanep e eu tentava me acalmar. Asmat era diferente de qualquer outro lugar no qual eu já estivera. Os homens podiam ser tão amigáveis e tão fechados. Eu desejava algo mais puro, aquela coisa que, em minha mente, chamava de "primitiva" e sobre a qual fora tão romântico durante tanto tempo. Era algo que experimentara em curtas excursões, mas jamais durante um mês inteiro. E eu ainda não sabia exatamente o que significava ser primitivo, embora começasse a compreender que a palavra era inadequada. Eu esperava que aquele mês vivendo em Pirien, em meio a pessoas que haviam sido caçadoras de cabeças e canibais há apenas uma geração e que ainda viviam amplamente à parte do mundo desenvolvido, pudesse me ajudar a entendê-las melhor. E queria investigar um possível assassinato e falar sobre segredos. Eu me perguntava se eles se lembrariam de mim e do que estivera investigando antes. Será que me isolariam por causa disso? Será que eu conseguiria me comunicar? Como reagiriam às minhas perguntas? Otsjanep e Pirien haviam me deixado de cabelo em pé durante minhas visitas anteriores, por mais breves que tivessem sido.

E, contudo, embora me sentisse ansioso e um pouco assustado com o fato de estar me dirigindo para um vilarejo remoto com uma reputação tão apavorante, em um mundo de lama e calor, eu lembrava que Van Kessel estivera lá em 1955, Van de Wouw entre 1962 e 1968, Van de Waal em 1962, e Tobias Schneebaum nos anos 1970 e 1980. Otsjanep/Pirien era muito remoto. Não havia nenhum tipo de serviço, eletricidade, água encanada ou lojas, mas o vilarejo estava repleto de pessoas reais, e eu estava convencido de que, mais do que qualquer outra coisa, eu estava com medo do meu próprio medo. Se abordasse minha estada com humildade e graça e conseguisse conquistar Kokai, tudo ficaria bem. De algum modo, as respostas estavam lá, prontas para serem encontradas.

Michael amara Asmat, e eu não conseguia acreditar que nenhum dos seus familiares imediatos tivesse feito o menor esforço para vê-la e conhecê-la com os próprios olhos.

Uma grande águia com asas imensas e garras afiadas mergulhou rente ao barco e, graciosamente, capturou um peixe na água, tirando-me dos meus devaneios. Estamos passando pela foz do Betsj, onde o barco de Michael virara, e não havia uma única onda à vista. Eu escrevia palavras indonésias em meu caderno e Wilem escrevia seus equivalentes em asmat. Às 10h30, viramos em direção à terra e à foz do rio Ewta. De nossa posição, a 800 metros da foz, o mar parecia uma floresta de palitos de dente: estacas finas, com redes amarradas a elas, projetavam-se da água, e mulheres mergulhavam até o pescoço, aos pares, com suas cestas ovais para pescar camarão.

A maré estava começando a baixar. Quando estava alta, o mar inundava a terra e a foz do rio se tornava uma abertura indistinta. Bancos de lama brilhantes se estendiam pela costa, com o rio sendo um corte estreito a alguns metros de distância. Garçotas passeavam pela lama, andorinhas voavam no céu acima e então a selva nos engoliu.

Passamos por uma choupana com um homem descansando na varanda. Wilem entoou uma breve canção e o homem respondeu. Tudo aconteceu rapidamente a partir daí. O rio estreito, cercado por um muro de selva verde e cipós dependurados, serpenteou por 5 quilômetros e então se abriu em uma clareira de choupanas de palmeira e palha sobre palafitas. Fomos saudados pelos gritos das crianças pulando no rio marrom e pelo cheiro de fumaça. Atracamos em um banco de lama em frente a uma pequena casa de madeira com telhado de metal. Homens e crianças surgiram do nada. Nossas coisas foram descarregadas sob orientação de Kokai.

A casa tinha três cômodos sem mobília, as paredes nuas e cinzentas recobertas por anos de sujeira e fuligem. As tradicionais esteiras de folhas de palmeira cobriam o chão. No cômodo frontal, havia três escudos de 1,80 metro, um arco da mesma altura, um cesto de flechas, um punhado de lanças e dois remos de 3,5 metros. Uma porta de fundos levava a uma cozinha aberta com teto de palha, com vãos entre as tábuas do piso, um fogo quase apagado sobre um punhado de lama e uma panela enegrecida. Mulheres emaciadas retiraram as esteiras do cômodo frontal e o varreram com uma vassoura de folhas.

— Você pode ficar com meu quarto — disse Kokai.

— Venha — chamou Wilem, colocando uma caixa de tabaco Lampion em minhas mãos. — Precisamos ir até Otsjanep.

Eu, ele e Kokai voltamos ao barco e navegamos cinco minutos rio acima, passando por uma breve terra de ninguém, até Otsjanep. Mesmo agora, cinquenta anos depois, o outro lado tinha de ser aplacado para manter as antipatias sob controle. Homens nos cercaram a caminho de uma casa com teto de palha. Subimos uma escada de troncos e entramos.

— O sr. Karo vai ficar em Pirien durante um mês — disse Wilem. — Ele come de tudo, peixe e até mesmo sagu, e está interessado em ver Asmat.

Os homens, em um grupo compacto, concordaram com a cabeça e olharam para mim. Reconheci vários da vez em que eu e Amates os questionamos sobre Michael.

— Muito obrigado por me receberem tão bem — disse eu, entregando a caixa de tabaco.

COLHEITA SELVAGEM

Partimos rapidamente, Wilem nos deixou em Pirien e foi embora. Eu estava sozinho. Inseguro sobre o que fazer em seguida. E então os homens começaram a chegar. Homens idosos como Kokai, esguios e musculosos, com buracos nos narizes, bolsas penduradas no pescoço e faixas de cabeça feitas de pele de cuscus, com as ubíquas penas brancas de cacatua. É difícil determinar a idade das pessoas em Asmat — elas tendem a parecer mais velhas do que são —, mas todos deviam ter mais de 50 anos, alguns uma ou duas décadas mais velhos. Todos já teriam nascido quando Lapré foi ao vilarejo, quando Michael passou por lá três anos depois e quando desapareceu alguns meses mais tarde. Eram grandes as chances de que os mais velhos tivessem consumido carne humana. Eu daria tudo para ler suas mentes e saber o que sabiam, não apenas sobre Michael, mas sobre tudo — como viam o mundo agora e quanto do tradicional mundo dos espíritos ainda remanescia. Eles apertaram minha mão e me deram tapinhas no ombro. Sentamos em um círculo no chão. Kokai trouxe tabaco — o tabaco que eu comprara — e os homens o dividiram, cada um pegando um punhado. Eles conversaram e fumaram, jogando as cinzas no chão e nos vãos entre as tábuas, acrescentando outra camada de sujeira à lama seca e à poeira que cobriam tudo. Eles falaram e falaram e falaram e eu ouvi, da melhor forma que pude, compreendendo apenas uma ou outra palavra. Embora eles falassem a maior parte do tempo em indonésio, a conversa era muito rápida e muito coloquial para mim. Eu prometera a mim mesmo que não perguntaria nada e não mencionaria Michael, Lapré ou qualquer uma das circunstâncias cercando a morte de Michael durante ao menos uma semana. Eu estava simplesmente lá e me sentia completamente diferente da maneira como me sentira antes. Isso me fez perceber quão grande fora meu erro — e o de Michael antes de mim — ao fazer apenas uma breve visita. Agora eu pertencia a Kokai e ao próprio vilarejo. Estava sob sua proteção. Era sua responsabilidade.

Quando eles finalmente foram embora, a esposa de Kokai nos trouxe duas tigelas de plástico contendo arroz e macarrão instantâneo e uma única colher antes de desaparecer novamente na cozinha. Não havia sal ou temperos. Kokai comeu com os dedos. A luz estava diminuindo, o sol prestes a se pôr. Moscas zuniam e pousavam em minhas mãos, pernas e braços e na comida. Estávamos sozinhos.

— *Adik* — disse ele. Irmão mais novo. — Você é meu irmão mais novo. Então fomos até a varanda para fumar.

Com exceção do ocasional barco, não havia som de motores, apenas o constante ruído das crianças brincando — e quase todo dia e noite depois disso foram iguais aos primeiros. Alguns homens se aproximavam, se sentavam e fumavam conosco. Cachorros corriam pelos passadiços e pelo chão pantanoso sob as casas, às vezes atacando uns aos outros em uma confusão selvagem de latidos, grunhidos e rosnados. O ar fedia a fezes humanas — a embolorada e sempre molhada latrina ficava na cozinha e o buraco jogava os dejetos diretamente no chão embaixo da casa. O odor penetrava pelos vãos nas tábuas do piso. Havia casas em torno da de Kokai, atrás dela e também na frente, do outro lado de um pequeno riacho. Havia casas por toda parte e cada uma delas estava repleta de pessoas defecando diretamente no chão. O cheiro rico e pungente permeava o vilarejo e jamais me acostumei a ele.

Quando escurecia, pequenos morcegos do tamanho de ratos desciam dos beirais e lagartos de patas largas corriam pelo teto, soando infinitamente maiores do que eram. Sem lua, o vilarejo era escuro como breu; tudo que eu conseguia ver era o brilho do cigarro de Kokai e os relâmpagos que espocavam no horizonte como um ataque de artilharia da Primeira Guerra Mundial. Tudo era misterioso para mim, tudo. Quando os mosquitos se tornavam insuportáveis, nós entrávamos e, sob a luz de uma única chama de querosene, nos sentávamos entre homens, mulheres e crianças nuas, com barrigas estufadas e muco esverdeado e viscoso saindo do nariz.

As pessoas iam e vinham em um fluxo constante. O tempo se arrastava, com cada minuto parecendo uma hora. Eu estava em um lugar sem coisas. Não havia cadeiras, camas, mesas, livros, cobertores ou lençóis. Não havia quadros nas paredes, muito menos computadores, televisões, rádios ou telefones. Kokai era um ancião importante, mas ele e a mulher não tinham nada além de uma mochila, uma velha maleta cheia de tigelas e copos de plástico, uma esteira e um travesseiro sujo. Ninguém tinha cama. Lentamente, eles apenas pareciam desligar, escorregando para o chão e dormindo. Eu ia para meu quarto, estendia a rede contra mosquitos, que ficava pendurada em um prego, e adormecia também.

O sol nasceu antes das 5 horas e, imediatamente, as crianças começaram a ulular. Faziam isso todas as manhãs, batendo no chão com pés e punhos, berrando e gritando como se seus membros estivessem sendo arrancados. Era assim durante uma hora inteira. Kokai sibilava, mães e tias sibilavam, mas, como aprendi rapidamente, não importava se as crianças eram colocadas no peito, estapeadas, abraçadas ou consoladas: elas gritavam incontrolavelmente e não havia nada a ser feito. Em meu cada vez mais profundo entendimento do que passei a chamar de pessoas extremas, esse fato exemplificava quem eram os asmats e carregava consigo um vestígio de consciência sobre o que jazia sob o canibalismo que haviam praticado durante centenas e talvez milhares de anos: uma consciência de extremos emocionais, uma dualidade bipolar. Os asmats não possuem equilíbrio inerente em suas vidas, nenhuma síntese. Pais e filhos partilham intensa proximidade. Os pais — tanto homens quanto mulheres — abraçam e acariciam os filhos constantemente, carregando-os nos braços ou nas costas, sentando-se com eles, dormindo com eles e rindo quando as crianças urinam neles. As mulheres amamentam os filhos até os 3 ou 4 anos. Elas cantam para as crianças, mas também as esbofeteiam nas costas e nos peitos como se fossem lutadores profissionais, com tanta força que é difícil acreditar que nenhum osso foi quebrado. Adultos e crianças rolam de rir e gritam em desespero. Brigam uns com os outros e podem gritar e bater pés durante horas.

Vi meninos lutando ferozmente, aos socos, ou então caminhando e saltitando de mãos dadas, abraçados. Vi uma mulher agredir o marido com uma tábua. Vi um homem ao lado de uma casa gritar durante duas horas, até que finalmente Kokai foi até ele e gritou de volta. Esses confrontos sempre pareciam prestes a se tornarem letais. Se tivessem tabaco, eles o fumavam imediatamente até o fim e então caminhavam a esmo, desesperados e sofrendo de abstinência. Se tivessem açúcar, colocavam imensas quantidades no chá ou café, de modo que o suprimento acabava em um dia. Cantavam e tocavam tambor durante um dia e uma noite inteiros e então dormiam todo o dia seguinte ou simplesmente caíam no chão ao pôr do sol. Qualquer tipo de equilíbrio sempre exigia um oposto. Corrigir uma morte exigia outra. Pareciam não ter limites — ou talvez seus limites fossem tão porosos que os asmats tropeçavam neles, tornando-se eles mesmos apenas quando consumiam o outro. Era tudo parte da mesma coisa.

Às 6 horas, tendo desistido de dormir, encontrei Kokai colocando borlas de penas de cacatua no topo dos remos que entalhara. Sua mulher trouxe café e ele a apresentou: Maria, sua terceira esposa. As duas primeiras estavam mortas. Ela tinha cerca de 25 anos, ou talvez menos, com um rosto bonito e redondo. Eles tinham dois filhos. A filha mais velha de Kokai com a primeira mulher também havia morrido; e o filho mais velho vivia em Agats. Ele e a segunda esposa tiveram três filhos: um que morrera; uma filha que vivia na casa com seus três filhos; e um caçula ligeiramente retardado que parecia normal, mas não era e vivia em Otsjanep, embora ninguém soubesse por quê. Kokai venderia os remos, os escudos e as lanças em Agats; sua única fonte de renda.

Embora passássemos horas e horas juntos, era frequentemente durante a manhã que ele falava mais, abrindo-se um pouco, dando tapinhas no chão a seu lado para que eu me sentasse. Nós mastigávamos sagu seco e sem gosto e pequenos peixes, fumávamos nossos primeiros cigarros e bebíamos café — um luxo para ele, uma vez que eu trouxera o café de Agats. Apontando para as armas, ele indicou seus nomes na língua asmat. *Amun*, arco. *Jamasj*, escudo. *Po*, remo. Então disse:

— Olhe! — E mostrou uma cicatriz no antebraço, do tamanho de uma moeda. — Foi uma flecha!

Ele bateu no antebraço, na coxa e na virilha — quatro ferimentos, um dos quais feito por uma flecha que penetrara a virilha e saíra do outro lado.

— Otsjanep! — gritou. Ele se levantou, pegou um escudo, escondeu-se atrás dele, avançou, desviou, avançou novamente e gritou, imitando o lançamento de uma flecha.

Em um mundo sem fotografias, televisão ou qualquer tipo de registro, os asmats são maravilhosos contadores de histórias, expressivos e dramáticos com suas vozes e corpos. Seus relatos são repletos de cabeças sendo cortadas, flechas sendo disparadas e lanças sendo atiradas. Quando Kokai falava sobre canoas ou remos, ele se inclinava para a frente e abria os braços, tornando-se uma canoa deslizante sobre o mar, uma canoa que eu conseguia ver. Uma vez, imitou um morcego frugívoro: ele encolheu o corpo e fez uma careta assustadora, expondo os dentes, guinchando e movendo as mãos como se estivesse escalando. Ele *era* o morcego, e eu conseguia vê-lo pendurado de cabeça para baixo em uma árvore.

Eu já ouvira a história sobre a ruptura entre Otsjanep e Pirien, mas pedi que ele a contasse novamente. O que acontecera? Por quê?

Ele fez o gesto de agarrar alguém, lutando, empurrando e puxando. Então fez um círculo com o indicador e o polegar, num movimento de vaivém com o indicador da outra mão: uma luta a respeito de mulheres e sexo. Agora que eu sabia quem era quem, os detalhes ganhavam vida. Dombai, pai de Ber, cuja casa ficava em frente à casa de Kokai, tinha sido traído — e ele era o líder do *jeu*, o homem mais importante do clã. O homem que dormira com suas mulheres fora Fin, o líder de Otsjanep. Fora uma traição ousada, um desafio direto e um grave insulto a Dombai e a cada membro do *jeu* — um gesto designado para provocar violência.

Pirien e Otsjanep eram lugares profundamente complexos. Em média, havia dez de nós dormindo na casa de Kokai: ele, a esposa e seus dois filhos; sua filha, seu genro e os três filhos do casal. Mas éramos tão poucos apenas porque eu estava lá. Outras pessoas começaram a chegar e, após algumas semanas, podia haver vinte pessoas dormindo na casa. Pirien estava dividido em cinco subvilarejos, cada qual com um nome, baseados em cinco famílias principais, que formavam um clã e pertenciam ao mesmo *jeu*.[1] Ao menos cinquenta pessoas em cinco casas viviam em Ufin, todas diretamente relacionadas a Kokai. Ele era o patriarca e servira como *kepala desa* (líder) de Pirien durante cinco anos. Era uma posição essencialmente eleita — ele era uma espécie de prefeito e recebia um pequeno salário (e por isso recebera a pequena casa de madeira). Mas havia outro líder, chamado de *kepala perang* ou *kepala adat*, líder guerreiro ou líder da tradição. Essa era a posição mais importante de todas e a maioria dos homens que a ocupavam o faziam até morrer. Eles eram os líderes dos *je*. Havia cinco anos dois vilarejos gêmeos: Otsjanep, Kajerpis e Bakyer em Otsjanep e Pirien e Jisar em Pirien.

Estranhamente, embora cada vilarejo que eu visitara até então tivesse um *jeu* — uma grande casa de 30 metros de comprimento que servia como centro cerimonial —, nem Otsjanep nem Pirien tinham um; um mistério para o qual nunca recebi uma resposta direta. Suspeito que a ausência de *jeu* estava relacionada à longa história de violência dos dois vilarejos e talvez até mesmo à morte de Michael Rockefeller. Apesar de todas as mudanças impostas a Asmat pelos holandeses, os oficiais indonésios foram muito mais extremos. Os holandeses baniram a caça às cabeças e a guerra ritual e levaram o cristianismo para a região, ao passo que os oficiais governamentais indonésios queimaram *jeus* e baniram todo tipo de entalhes rituais e festividades.[2] Os poucos missionários holandeses que ficaram para trás foram suplantados por uma onda de padres crúzios americanos. As tensões entre missionários e indonésios se tornaram tão intensas que, em 1965, o padre Jan Smit recebeu um tiro fatal de um oficial indonésio em Agats.[3] Somente no início da década de 1970 a Indonésia começou a suavizar sua posição e, lentamente, permitiu que os costumes tradicionais asmats voltassem a florescer, sob pressão e sutil manipulação dos missionários americanos.[4] Mas, mesmo hoje, os vilarejos precisam de permissão do governo para construir um novo *jeu* e desconfio que os oficiais temam que a manifestação mais visual da vida espiritual tradicional — cinco grandes *jeus* em um vilarejo que, durante décadas, foi dividido por lutas pelo poder — possa trazer de volta velhas animosidades e orgulhos feridos, causando uma nova erupção de violência.

É claro que, como demonstrado pelos esforços holandeses para banir a caça às cabeças, as tradições não morrem tão facilmente. Minha pergunta sobre a ausência de um *jeu* em Otsjanep e Pirien era complicada pelo fato de que ninguém entendia o que eu estava dizendo. Havia cinco *jeus* em Otsjanep e Pirien, diziam eles, e todo mundo sabia quem pertencia a cada um, mesmo que não houvesse um edifício tradicional. É claro! Não eram as construções em si — as igrejas, por assim dizer — que contavam.

Um dia, Kokai apontou para uma casa em frente a sua e disse:

— Aquele é o *jeu*.

— Oh — respondi —, posso vê-lo?

Quando entramos, descobri que aquela era a casa de Ber, então *kepala desa* de Pirien. Otsjanep e Pirien não tinham *jeus* formais e construídos segundo a tradição, mas isso não tinha a menor importância.

Entretanto, os homens de Jisar haviam convencido as autoridades locais de que um novo *jeu* poderia incentivar o turismo e receberam permissão para iniciar sua construção. Alguns dias depois de minha chegada, o genro de Kokai, Bouvier, me levou até lá para ver. Pirien consistia em cerca de trinta casas, nove delas sobre palafitas, ao longo das margens do Ewta. Embora eu não conseguisse ver nenhuma divisa, outras vinte casas rio abaixo estavam tecnicamente em Jisar, talvez a 400 metros de distância pelos passadiços.

Em uma clareira ao longo da margem, uma fantasia da Idade da Pedra estava surgindo. Sobre uma fundação de 33 estacas, cada uma delas a 90 centímetros da outra, estava a estrutura do novo *jeu*. Em cada estaca na fila frontal, de frente para o rio, havia um rosto entalhado. O piso já estava pronto, uma camada flexível de estacas estreitas, e, sobre ele, havia sido encaixada a estrutura: um contorno quadrado no qual as paredes e o teto seriam fixados. Todos os *jeus* tinham teto alto e inclinado, sob uma viga central encaixada em uma série de troncos de apoio, e eram esses troncos que trinta homens empurravam pela lama. Eles trabalhavam rapidamente, cantando, agarrando os troncos com os braços e empurrando com os pés, fincando-os profundamente na lama. A cena me fez pensar em uma colmeia ou formigueiro: sem nenhum "arquiteto" responsável, sem plantas ou maquinaria, os homens trabalhavam em misteriosa harmonia, empurrando os troncos, colocando as vigas no lugar e amarrando tudo com longos fios de ratã.

— Mais! Um pouco mais! — gritava alguém, e os homens empurravam e cantavam até que tudo estivesse perfeitamente alinhado. Sem pregos. Sem arame. Eles trabalhavam sem nada além de um punhado de machados e machetes e, embora nenhuma estaca fosse uniforme em altura ou largura ou mesmo completamente plana, o *jeu* parecia tão correto quanto se estivessem trabalhando com prumos e ferramentas elétricas.

COLHEITA SELVAGEM

Durante o calor do dia, praticamente ninguém se moveu, com exceção das crianças, mas, perto do fim da tarde, o vilarejo voltou à vida e, na noite seguinte, encontrei uma cena completamente diferente. O *jeu* não tinha paredes nem teto, mas os asmats não conseguiam esperar. Era o primeiro *jeu* a ser construído em anos e as festividades e celebrações haviam começado e continuariam até que estivesse terminado.

Caminhei até lá, acompanhado pelas trinta e tantas crianças que me seguiam por toda parte e riam constantemente de mim. Os homens estavam encostados à estrutura inacabada e um círculo de tocadores de tambor se sentava no centro. Eles me chamaram, acenando, e um velho idoso na ponta do círculo se moveu para o lado e deu tapinhas no chão, indicando um lugar a seu lado.

— Terminaremos em duas semanas — disse ele —, quando o *Bupati* (governador distrital) vier de Agats. Precisamos cobrir as paredes com *gabagaba* e o teto com *atap* (caules de palmeiras) no dia em que ele chegar.

Então, até que o sol se pusesse, e por muitas tardes depois daquela, vi-me perdido em meio aos devaneios tribais. Uma fogueira queimando em um monte de lama. A luz brilhante, o verde suave da selva, o ar quente, úmido e parado, o rio correndo, sempre correndo como grãos que escorrem em um relógio de areia, o sol queimando seu círculo amarelo no oeste. Os homens se enfeitavam, afirmando sua história, com dentes de cães e presas de javalis pendentes dos braços, penas de cacatua despontando de seus cabelos e faixas, rostos pintados — alguns de ocre, alguns de preto — e adagas de ossos de casuar em braceletes de ratã nos bíceps. Os homens mais velhos usavam ossos de porcos ou conchas no nariz. Sauer, o velho ao lado do qual eu estava sentado, era o *kepala perang* de Jisar, com os clássicos malares altos dos asmats e um corpo constituído de músculos rijos, ossos e pele negra, coberta de pinturas de guerra.

No mito de criação asmat, Fumeripitsj tocara tambor para dar vida aos asmats a partir de suas esculturas, e Sauer e seus companheiros de *jeu* tocavam tambor para reafirmar sua existência, reconstituindo-se como aquilo que eram e como viam a si mesmos.[5] Meses antes, quando eu contatara uma mulher americana profundamente envolvida com a arte asmat e com a ordem dos crúzios e contara a ela sobre meu projeto, sua resposta fora fria.

— Basta de caçadores de cabeças e canibais primitivos — dissera ela. — Isso acabou. É passado. Há tantos problemas por lá, problemas reais, e os asmats precisam ser vistos como são atualmente, sofrendo com a AIDS, a pobreza, a falta de acesso à educação e aos serviços de saúde.

Eu entendia seu ponto de vista, mas ele era tão utópico quanto o meu, cheio de ideais e preconceitos ocidentais. Se eu os visse pelos olhos dela, veria vítimas paupérrimas vestindo trapos, recobertas de porrigem e sujeitas à exploração indonésia. O que eram. Os asmats são um povo que vive em choupanas de troncos de palmeira no meio da selva, às margens da civilização, sem água encanada ou eletricidade, vestindo camisetas furadas e shorts esfarrapados, substancialmente iletrados e com pouco futuro em uma economia global dinâmica e tecnológica.

No entanto, eu não os via dessa maneira e, observando-os voltarem à vida, senti que eles tampouco se sentiam assim. Meu contato americano queria que fossem vítimas, requerendo nossa ajuda e nossa piedade, mas sua dignidade, seu orgulho e seu senso de identidade jazem no que foram e, em suas mentes, ainda são: guerreiros. Antigos caçadores de cabeças profundamente envolvidos em um rico mundo espiritual. Retire isso e eles não são nada além de vítimas habitando um gueto pantanoso. Embora se vissem como católicos e frequentemente se persignassem antes das refeições, e embora evitassem responder perguntas diretas sobre assassinatos e canibalismo, o que estava acontecendo diante de mim — e em cada história e canção que eu ouviria nas semanas seguintes — revelava os asmats como eles viam a si mesmos.

COLHEITA SELVAGEM

Eles tocavam seus tambores sentados e em pé, duzentas batidas por minuto, e cantavam. Os homens e as crianças dançavam e o suor escorria por seus corpos. Outros tocavam trompas, produzindo sons etéreos e lamentosos, e o chão do *jeu* pulsava. Eles se moviam no espaço entre a margem do rio e o *jeu* e mais homens apareceram, além de mulheres, algumas com os seios de fora e vestindo saias de capim, pulando e se sacudindo, com os joelhos se movendo para dentro e para fora. Eles dançavam com armas, arcos e flechas e lanças. O sol começou a baixar e a fumaça serpenteava por seus corpos suados. Em sua uniformidade, cada um deles estava vestido de maneira ligeiramente diferente. Uivavam, gritavam e urravam, em uma selvageria de pura alegria e abandono, na celebração de uma cultura que se estendia para além da memória.

Comecei a chorar. Era um espetáculo poderoso, belo e sem filtros; puro, rico e vindo da terra, do rio e da lama. Pesadas nuvens se formaram no céu e um jovem com listras vermelhas no rosto e um gritante short alaranjado subitamente agarrou uma lança e, desvairado, começou a chutar, agitar as mãos e gritar "Uá! Uá! Uoooueeeee!" As pessoas seguiam os tambores em filas, de um lado para o outro em frente ao *jeu*, e, logo antes de o sol desaparecer atrás do horizonte verde e emaranhado, pássaros gigantescos surgiram: pássaros que não eram pássaros, mas sim morcegos. Imensos morcegos frugívoros do tamanho de águias, centenas deles, milhares, surgindo de seus locais de descanso perto do mar e voando alguns metros acima de nós em uma única direção — para longe do sol, no sentido leste. Eles voavam não como morcegos, mas como pássaros, batendo as asas duas vezes por minuto, de modo lento e constante. Pensei em Hitchcock ou nos macacos voadores de *O mágico de Oz*. Eles pareciam determinados: não planavam, eram apenas asas e corpos bulbosos pulsando, com dois minúsculos pés na parte de trás.

Os tambores, canções e danças continuaram pelas duas semanas seguintes, até o grande dia em que os oficiais governamentais deveriam chegar e os homens terminariam o *jeu*, instalando o teto e acendendo as lareiras familiares alinhadas nas paredes. Meu indonésio estava melhorando e eu entendia cada vez mais. Kokai se acostumara a falar lentamente e de modo mais simples. Os dias começaram a seguir um padrão. A casa e o vilarejo acordavam ao amanhecer. Embora houvesse uma escola primária, estava sem professor há dois meses. As crianças brincavam o dia todo, correndo, lutando, escalando árvores e pulando no rio. Os meninos faziam pequenos arcos e flechas e caçavam cobras e ratos; juntos, meninos e meninas construíam pequenos fortes nos arbustos e as meninas coletavam madeira para as fogueiras. Os adolescentes corriam, nadavam, trançavam o cabelo uns dos outros e disputavam ferozes partidas de futebol na lama espessa do "campo" atrás da escola. Logo após o nascer do sol, as mulheres remavam suas canoas até o mar, onde, durante todo o dia, pescavam, recolhiam camarões ou cortavam madeira para fazer fogo na cozinha.

As mulheres faziam tudo. Lavavam as roupas esfarrapadas no rio lamacento e preparavam toda a comida, uma dieta eterna de panquecas e bolinhos de sagu, arroz, macarrão instantâneo, pequenos peixes e minúsculos camarões, que enrolavam em folhas de palmeira e assavam no fogo. A maioria da comida e da madeira na casa de Kokai vinha das famílias de outros lares. Nunca vi um vegetal ou fruta, com exceção de coco. Se os homens não estivessem tocando tambor, cantando ou entalhando, não faziam nada, exceto ocasionalmente ajudar as esposas a cortar sagu na selva. Eram guerreiros sem uma guerra para lutar. Nos velhos tempos, se não estivessem lutando, estariam caçando ou protegendo as mulheres, mas isso já não era necessário e, durante minha estadia, nunca vi ninguém caçar — embora devam ter caçado, pois havia um suprimento infindável de ossos e penas de casuar e cacatua e peles de cuscus no vilarejo. Para tomar banho, eles pulavam no rio, completamente vestidos, e ninguém usava sabonete. O rio me repugnava. Era marrom e lamacento. Na maré alta, invadia os vilarejos e lavava as latrinas — e todo o vilarejo de Otsjanep ficava rio acima. Mas era isso ou nada. Um dia, quando eu estava prestes a mergulhar, vi fezes boiando na água.

O genro de Kokai frequentemente me escoltava onde quer que eu fosse e nunca soube direito se ele gostava de minha companhia ou se recebera ordens para me seguir. Ele era jovem, bonito e devia ter uns 20 e poucos anos. Sabia ler e escrever, pois frequentara a escola primária. Uma vez, perguntei sua idade. Ele pensou durante muito tempo e respondeu:

— Quinze.

A qualquer hora do dia ou da noite, havia sempre uma criança chorando, uma canção flutuando sobre a lama e uma leve brisa, entremeando a onipresente fumaça e o cheiro de merda. A filha e as sobrinhas de Kokai e suas famílias, sempre indo e vindo de uma casa para a outra, cantavam melodias suaves e belas — mesmo sua irmã, uma mulher idosa, magérrima e praticamente sem dentes que vivia na casa ao lado, cantava bem, apesar da voz grave. Ouvindo esses sons humanos, percebi que, nos Estados Unidos, grande parte de cada conversa ou experiência ocorre por meio de fones de ouvido, telefones, computadores, televisores, e-mails ou mensagens de texto. Grande parte da nossa experiência é pré-gravada, produzida e frequentemente divorciada de sua fonte imediata. O Ocidente é um lugar de realidades sobrepostas e em competição. Mas tudo em Asmat é imediato, presente, tangível, vivo. Se quiser música, você tem de criá-la. Se quiser falar com alguém, tem de estar em sua presença. Se quiser uma história, alguém tem de contá-la e você tem de estar perto dessa pessoa.

Tudo em Asmat é à flor da pele, com uma constante intensidade emocional de alegria e tristeza, de lutas e abraços. Todos são muito próximos, sabem seu lugar e estão conectados à família, à vizinhança, ao *jeu* e ao vilarejo. Eu pensava muito sobre minha obsessão a respeito do que chamava de primitivo, a coisa que me atraíra para Asmat e

CARL HOFFMAN

para a história de Michael. Parte daquilo era simplesmente romance
— o romance da selva e das fogueiras, dos tambores, lanças, arcos,
flechas e colares de dentes caninos. Mas era também a esperança de
presenciar algo, de entender algo sobre mim mesmo, e reconhecer
que havia algo faltando em minha vida, que eu ansiava por algo. A
família do meu pai era composta por judeus ortodoxos que sempre
se viam como separados da vida americana padrão. Contudo, por
maior que fosse a conexão com essa comunidade que meus avós e
tios pudessem ter sentido, meu pai se rebelara, rejeitara tudo e, aos 17
anos, dissera a minha avó que era ateu. Então se casara com minha
mãe, anglo-saxã e protestante, uma mulher discreta e amante de livros que não tinha muito interesse pela vida comunitária. Nenhum
deles gostava de assistir ou praticar esportes, não frequentávamos a
igreja e vivíamos em uma vizinhança predominantemente católica
habitada por grandes famílias: os Murray, na casa ao lado, tinham
onze filhos; os Hague, na casa da esquina, tinham seis; e os Vieth, a
alguns quarteirões de distância, dezesseis. Não éramos como eles.
Desde o início, meus pais disseram a mim e a minha irmã que não
existiam coisas como Papai Noel ou Coelho da Páscoa. Cresci sem
tribo, crença ou ritual, sem pertencer a nada, sem jamais ser capaz
de me render a um grupo maior.

No comportamento asmat, eu reconhecia uma verdade. Eu sempre ansiara por mais conexões, mesmo enquanto fugia delas, e, em
Pirien, a despeito de sua estranheza, jamais me sentira sozinho. Em
se tratando de amor, eu tinha pouco equilíbrio, evitando intimidade
e mantendo as pessoas à distância ou mergulhando ferozmente na
outra direção, sentindo-me consumido pelo amor, querendo tudo o
tempo todo, querendo consumir o outro, comê-lo. Eu me sentia capaz
de compreender o dualismo asmat, sua falta de equilíbrio, e reconhecia que, às vezes, estava a apenas um passo desse mesmo dualismo,
ao menos metaforicamente. O que chamava de primitivismo não se
relacionava exatamente à vida em uma casa ou em uma palhoça ou

a dançar freneticamente em um clube ou sob a luz da lua em um pântano, ao lado de uma fogueira, mas à consciência, ao senso de si. Kokai e sua família, todos os asmats em Pirien, estavam conectados uns aos outros e a seu vilarejo de uma maneira que eu mal conseguia compreender, e havia uma grande parte de mim que queria ser como eles. Seu modo de experimentar a vida de maneira imediata e sem filtros apelava a meu próprio primitivismo, mesmo que eu não conseguisse superar minhas inibições e me unir completamente a eles.

Tobias Schneebaum sentira o mesmo desejo e fora atraído até Asmat pelas mesmas razões. "Durante toda minha vida", escreveu ele, "busquei uma maneira de me conectar com outros seres humanos. Subitamente, vi-me em uma floresta entre os asmats, vivendo em seu mundo, onde perdi minhas inseguranças e me senti feliz".[6]

25.
DEZEMBRO DE 2012

Quando a segunda semana deu lugar à terceira, chegara a hora de começar a fazer perguntas. Eu estava confortável no vilarejo e o vilarejo parecia confortável comigo. Eu era bem-vindo e esperado nas danças em torno do novo *jeu* de Jisar. Homens e até mesmo mulheres me cumprimentavam durante minhas caminhadas diárias pelos passadiços e eu já não atraía uma multidão de observadores ao tomar banho no rio. Fizera três viagens curtas no pequeno barco de um dos sobrinhos de Kokai até Basim, a uma hora de distância, onde havia algumas lojas nas quais eu comprava arroz, macarrão instantâneo, tabaco, açúcar, pirulitos e uma bola de futebol para as crianças. Eu estava alimentando uma família de cinquenta pessoas — já consumíramos 40 quilos de arroz — e, quanto mais comprava, mais rapidamente a comida desaparecia entre os membros do feudo Ufin. Dentro da família, não há propriedade privada: tudo pertence a todos e tudo é dividido. Quanto mais importante você é, mais se espera que doe.

Ideias estavam começando a se formar em minha mente sobre Michael, sobre o que poderia ter acontecido, como e por quê.

Eu e Kokai conversávamos por cada vez mais tempo durante as manhãs, bebendo café e fumando, em meio à fumaça e aos gritos das crianças. Ele frequentemente falava de si mesmo na terceira pessoa.

— Meu avô e meu pai contaram a história de Asmat, a história do vilarejo. Canções, muitas canções. Canções sobre o *jeu*, sobre o sagu, sobre remos, pássaros, peixes e *bisj*. Kokai ouvia. Sempre ouvia e observava.

CARL HOFFMAN

O pai de Kokai fora Fom, um dos homens nomeados por Van Kessel como tendo ficado com uma das costelas de Michael. Se Fom tivesse participado da morte de Michael, Kokai saberia. Eu não tinha dúvidas.

Ele me contou como fora difícil encontrar uma nova esposa. Não tivera nenhuma sorte no vilarejo de Pirien, onde as mulheres tinham medo dele, talvez porque fosse tão velho. Ele encontrara Maria em Basim, mas fora necessário muito sagu, muito açúcar e vários colares de dentes caninos para convencer os homens do *jeu*.

— Eles fizeram Kokai esperar, esperar e esperar.

Ele me contou como os narizes dos meninos eram espetados com uma lasca afiada de bambu enquanto eles ficavam deitados no chão e como o orifício era gradualmente alargado com o passar do tempo. A mudança permeava cada história. Ninguém mais furava o nariz e Kokai se recusava a participar das festividades com tambores e canções. Em vez disso, ele se enfeitava com suas penas e sua faixa de cabeça de pele de cuscus e cantava sozinho, balançando-se para a frente e para trás, durante horas.

Kami é meu amor
Você é minha amada
Após sua morte, fiquei apenas com memórias
Para me orgulhar.
Kami é meu amor
Eu a desejo
Para tudo.
E Kami é minha mulher
Você é minha primeira mulher
Por que você morreu?
Preciso de você.
Mas agora você não vive comigo.
Faz muito tempo que vivo sozinho
Sem você na minha vida.

COLHEITA SELVAGEM

Amarei você para sempre.
Mas minha vida será para sempre porque
Sou seu amado.
Para sempre em minha vida.[1]

— Estou triste — disse ele. — No passado, celebrávamos durante semanas e semanas. Cortando sagu, pescando, e eu dava e dava e dava, tabaco, açúcar, sagu e peixe, e nós tocávamos tambor e cantávamos durante semanas, meses. Mas agora só fico sentado aqui, chorando. Estou triste e as lágrimas escorrem por meu rosto. Esfrego lama em minha testa, choro e me lembro. Hoje eu canto para minha primeira filha: ela morreu e está enterrada aqui — continuou ele, apontando para uma sepultura atrás da casa.

Bis é minha mulher
Você é uma bela mulher
Para onde você foi?
Você está procurando sagu?
Ou está procurando peixe?
Por que você não voltou para casa?
Estou esperando por você aqui.
Chorando por você.
Porque você é minha mulher, minha bela mulher.
Eu sou seu marido e choro por você
Para sempre.
E chorarei até o dia de minha morte.
Porque você tornou minha vida tão difícil
E eu choro, choro para sempre
E morro por você.[2]

Eu disse a Kokai que tinha algumas fotografias antigas. Ele gostaria de vê-las?

— Sim! — respondeu ele enfaticamente.

Eu as mostrei a ele, cinquenta e tantas fotocópias das fotografias em preto e branco que Michael Rockefeller tirara durante sua viagem a Otsjanep no verão de 1961. Estávamos sentados no chão coberto de cinzas, perto da porta da cozinha. Quando entreguei as cópias a ele, o espaço subitamente ficou lotado, com mulheres e crianças correndo de um lado para o outro, e quase instantaneamente homens de todo o vilarejo se aproximaram, incluindo o irmão de Kokai. Cada foto era acompanhada de uma breve explicação — o lugar e, às vezes, o *jeu* eram identificados, mas quase nenhum dos homens eram reconhecidos. Eles estavam nus e sorriam orgulhosos, com o cabelo em longas tranças. Alguns tinham búzios pendurados no abdome: o símbolo de um grande caçador de cabeças. Outras fotos mostravam homens tocando tambor nos *jeus* ou elaboradas estacas *bisj*, tanto no chão quanto em andaimes do lado de fora.

As mulheres e meninas davam risadinhas por causa da nudez, mas Kokai ficou em silêncio. Reverente. Ele manteve os olhos nas fotografias, segurando-as contra a luz, como se olhasse através de um portal para um passado há muito perdido, que devia reter na memória, mas não contemplava há meio século.

— Huummmm — murmurou, tocando as figuras dos homens com sua longa unha. Então começou a nomear as pessoas. Dombai, com suas grossas sobrancelhas, sorriso radiante e um osso de porco no nariz, citado no relatório original de Van Kessel, o antigo *kepala perang* de Pirien, o homem que fora traído, pai de Ber, e que vivera há uns 15 metros de distância. (Kokai chamou Ber de "meu irmão", embora eu jamais tenha entendido exatamente como eles estavam relacionados, uma vez que tinham pais diferentes e viviam em clãs distintos do vilarejo.) Tatsji, um dos intermediários entre Omadesep e Otsjanep e um dos homens que haviam contado a Von Peij que Michael fora assassinado. O chefe de Omadesep, Faniptas, que começara tudo ao convencer os homens de Otsjanep a acompanhá-lo até Wagin, em 1957. Ele parecia poderoso: 50 e poucos anos, nu, alto e musculoso, com o cabelo enfeitado com fibras de palmeira-sagu, coberto de dentes caninos, presas de javali, conchas e ornamentos, usando um espesso bracelete de ratã para proteger o pulso esquerdo da corda do arco. Kokai apontou para Jane e Bese, também citados no relatório de Van Kessel. Ele conhecia todos os *jeus* e sabia a qual deles os homens pertenciam.

Perguntei sobre Faniptas.

— Após a viagem a Wagin — disse Kokai —, ele deu uma de suas filhas a Dombai para trazer a paz.

Faniptas e seus homens haviam matado seis de Otsjanep e os homens de Otsjanep haviam matado dúzias de Omadesep, mas o equilíbrio fora restaurado. Os asmats não precisavam de Max Lapré ou de seu governo. Haviam feito isso por si mesmos e eu lembrei das palavras do padre Vince Cole: a despeito (ou talvez por causa) de suas constantes batalhas, os asmats haviam criado uma conexão, uma estratégia, que mantinha abertas as vias de comunicação, cimentava os relacionamentos e evitava que todos fossem aniquilados.

— E quanto àquelas estacas *bisj*? — perguntei. — Por que elas ainda estavam no *jeu*?

— O festival *bisj* ainda não tinha terminado.

— Para que serviam as estacas?

— Não sei.

A notícia se espalhou rapidamente por Pirien e Jisar. Nos dias seguintes, em meio aos tambores e às canções em frente ao *jeu*, onde os homens de Pirien também haviam começado a cantar e tocar tambor para celebrar Jisar e uma nova ideia — eles também construiriam um novo *jeu* —, os homens queriam ver as fotografias.

Eles identificaram seis dos quinze homens citados por Van Kessel e Von Peij como tendo partes do esqueleto de Michael, o que confirmou que os homens mencionados pelos padres de fato o conheciam. O que significava que, se Michael tivesse chegado à costa, teria encontrado homens que o conheciam e sabiam seu nome. Perguntei várias vezes sobre as estacas *bisj* e a resposta foi sempre a mesma: o festival ainda não havia terminado e eles não sabiam para quem as estacas haviam sido entalhadas. Era possível que fosse verdade; afinal, tudo acontecera cinquenta anos antes. Mas parecia improvável. Eles se lembravam de tudo, sabiam centenas de canções de cor, conheciam a genealogia de suas famílias, sabiam como fazer tambores e lanças e como construir uma casa sem usar pregos ou plantas baixas.

Certa tarde, fui caminhando até Otsjanep. Pirien percorria uma das margens do rio, com apenas algumas casas de profundidade. Otsjanep era muito mais espalhado e incluía ambas as margens do Ewta. Pirien se acostumara comigo. Em cada casa pela qual eu passava, os homens, mulheres e crianças sentados na varanda acenavam, dizendo "boa tarde" ou "boa noite". Mas o vilarejo de Otsjanep estava silencioso e as pessoas me encaravam. Perto do rio, encontrei um homem idoso com um único olho, sentado no passadiço. Sentei-me a seu lado e ofereci tabaco. Seu nome era Petrus. Alguns outros homens se sentaram conosco. Contei que estava vivendo com Kokai em Pirien. Eles menearam a cabeça, falando pouco. Parti alguns minutos depois.

Retornei na tarde seguinte com as fotografias. Os passadiços estavam desertos. Em meio ao calor da tarde, o vilarejo estava imóvel e os únicos sons e movimentos vinham das poucas crianças que me seguiam. Decidi voltar. Estava perto do limite do vilarejo quando os meninos me alcançaram. Eles me seguraram, apontando para um homem a alguns metros.

— Ele quer falar com você.

Dei a volta e caminhei até ele. Petrus veio em minha direção.

— Você gosta de sagu? — perguntou ele.

— Sim — respondi.

— Venha comigo até minha casa.

Eu o segui até a tradicional estrutura de palmeiras e *gabagaba* e subi pelo tronco inclinado na entrada. Havia fumaça saindo de duas lareiras. A casa era escura, cheia de corpos lânguidos e de seu odor doce e pungente, com bebês pendurados em seios flácidos. Sentamos com as pernas cruzadas. Ofereci tabaco e nós fumamos, com o suor escorrendo por minha testa. Uma mulher trouxe dois bolos de sagu. Eles estavam mornos, secos e com um sabor ligeiramente amendoado, difíceis de engolir. Tirei as fotos da mochila e, de algum modo, a notícia se espalhou. Homens, mulheres e crianças chegaram de todas as direções. *Crack!* Havia tantas pessoas dentro da casa que o piso se partiu e afundou a 10 centímetros de onde eu estava sentado.

— Sinto muito! Sinto muitíssimo! — disse eu.

— *Tidak apa apa!* — respondeu Petrus, rindo e me puxando para longe. — Não faz mal.

Fomos para fora e umas cem pessoas se amontoaram a nossa volta, com as páginas voando em um mar de mãos e corpos comprimidos. Um homem idoso se aproximou e fixou os olhos em uma das fotos das estacas *bisj*, passando o dedo sobre elas.

— Ele entalhou aquela estaca — disse alguém.

— Você entalhou essa estaca? — perguntei.

Ele olhou para mim. A situação era louca. Havia tanto empurra--empurra e tantas pessoas que eu mal conseguia ficar no lugar. Tentei chegar mais perto dele e, ao mesmo tempo, cuidar das fotografias, para que não se perdessem. Empurrei e cutuquei até me aproximar. Não era o momento ideal, mas eu tinha de perguntar.

— Qual estaca você entalhou? Para quem ela era?

Ele olhou para mim novamente. Encarou-me por alguns momentos. Então se virou, empurrou as pessoas a sua volta, caminhou para longe e desapareceu. Eu não podia segui-lo: havia muita gente ao redor e as fotos estavam espalhadas.

Lá estava aquele muro outra vez, aquele portal que não se abria e pelo qual eu ainda não conseguia passar. Eu simplesmente não conseguia acreditar que os homens, especialmente os mais velhos, soubessem tanto e pudessem identificar tão facilmente os indivíduos e os *jeus* em fotos com mais de cinquenta anos — mesmo homens de Omadesep, um vilarejo diferente — e nada soubessem sobre as estacas *bisj* em si. Mas, o que quer que fosse, não iriam me contar. Nenhum deles.

Outras peças estavam se encaixando. Enquanto fumávamos, com meu peito tão contraído que eu sentia que em breve precisaria de um transplante de pulmão, perguntei a Kokai e a Ber sobre os homens mortos por Lapré. Eu queria saber exatamente quem eram, quais haviam sido suas posições e como eles estavam relacionados aos homens que, supostamente, haviam ficado com partes do corpo de Michael. Suas respostas foram notáveis. Foretsjbai fora *kepala perang* de Kajerpis. Osom fora *kepala perang* de Otsjanep. Akon, *kepala perang* de Bakyer, e Samut, de Jisar. Das cinco pessoas que Lapré havia matado, quatro eram os homens mais importantes do vilarejo, os líderes de quatro dos cinco *jeus*. Ou Lapré os escolhera como alvos ou eles haviam estado à frente, sendo os homens mais visíveis e ameaçadores — ao menos para ele. Ele matara, com efeito, o presidente, o vice-presidente, o porta-voz da Câmara e o presidente do Senado. Era difícil para mim imaginar como o vilarejo deve ter se sentido. Muitos dos mais fortes e mais capazes guerreiros de um dos mais fortes e tradicionais vilarejos de toda Asmat mortos em um instante. E por um estrangeiro.

E os homens que haviam assumido seus lugares? Fin substituiu Osom como líder do *jeu* Otsjanep. Ajim e Pep substituíram Akon.[3] Kokai disse (e, mais tarde, Amates confirmou) que não era incomum que dois homens ficassem com a mesma posição, se ambos fossem igualmente poderosos. E não apenas isso: Pep ainda se casara com a viúva de Osom. Sauer, o *kepala perang* de Jisar, que se sentava a meu lado todos os dias, substituíra Samut. E Jane, um dos homens citados por Van Kessel como tendo uma tíbia de Michael? Ele se casara com a irmã de Samut, que por sua vez fora casado com a irmã de Jane.

Dombai já era *kepala perang* de Pirien, o único *jeu* que não perdera nenhum homem para Lapré — e o *jeu* que, segundo Van Kessel e Von Peij, fora contrário ao assassinato de Michael.

Nem toda morte podia ser vingada ou receber uma cerimônia *bisj*. Uma *bisj* exigia meses de celebrações e entalhes, durante os quais os entalhadores não podiam caçar nem ir até a selva para coletar sagu. Realizar uma cerimônia *bisj* exigia poder, influência e a habilidade de organizar e inspirar os homens, assumir a liderança e, por fim, planejar e liderar um ataque. Os *kepala perangs* eram os indivíduos mais poderosos do vilarejo e os que assumiram seus lugares estavam relacionados a eles e teriam tido o ímpeto e o carisma (*tes*) para responder. Mais que isso, tinham a obrigação de fazê-lo; sua própria posição como homens desejáveis pelas mulheres e líderes que inspiravam respeito dependia disso.

Mesmo assim, eles foram tornados impotentes por sua incapacidade de responder. Essa ferida não podia e jamais seria curada. Pior ainda: nos seis anos antes de Michael chegar a Otsjanep, dezessete pessoas haviam sido assassinadas. Oito por caçadores de crocodilos, quatro por Omadesep e cinco por Lapré. Michael relatara ter encontrado dezessete estacas *bisj* nos *jeus*, sete das quais "comprara", com apenas três sendo entregues. Talvez uma dessas três tivesse sido vingada com o assassinato de Sanpai em setembro de 1961, em uma revanche parcial contra Lapré ao matar um dos homens de Atsj que o haviam acompanhado. Considerando-se as posições políticas e sagradas dos homens mortos por Lapré e seu relacionamento com os homens na foz do Ewta na manhã em que Michael chegara à costa, o motivo para seu assassinato parecia cada vez mais sólido.

No início da manhã seguinte, um homem chamado John chegou para uma visita. Eu o conhecera em minha segunda noite em Pirien e ele parecia diferente dos outros. Os asmats nunca faziam perguntas sobre quem eu era ou como era a vida nos Estados Unidos. Só queriam saber por quanto tempo ficaria e se algum dia retornaria. Mas, na escuridão da varanda de Kokai, John me encheu de perguntas. Em que cidade eu morava. Se era noite nos Estados Unidos. Como era o clima. Qual era minha profissão. Todas as perguntas normais que, em qualquer lugar do mundo, as pessoas fazem. E então perguntou a coisa mais estranha de todas, para um asmat: será que eu gostaria de jantar em sua casa na noite seguinte?

Aceitei o convite, e tudo a respeito do jantar foi diferente do restante de Pirien. Ele vivia em uma casa de madeira isolada na terra de ninguém entre Otsjanep e Pirien. A casa estava impecavelmente limpa, assim como a latrina. Algumas fotos pendiam das paredes e um barco com motor de popa flutuava no riacho em frente à casa. Sua esposa me saudou expansivamente, com um grande sorriso, e, quando ele me apresentou seus três filhos, eles me olharam nos olhos e apertaram minha mão. Eles brincavam com os cachorrinhos espalhados pela casa, em vez de chutá-los. Para o jantar, a esposa de John serviu ovos e vegetais da horta em frente à casa. Também tinham um porco em um chiqueiro ao lado da varanda lateral. Eu conseguia entender o indonésio de John com facilidade. E o mais maluco de tudo: John tinha um gerador do tamanho de um motor automotivo que abastecia não apenas algumas lâmpadas, como também uma TV ligada a uma antena de satélite.

A explicação era simples: John e a esposa não eram asmats. Eles eram do povo bofun digul, e o pai de John fora para Pirien como catequista no início dos anos 1970. John nascera e crescera em Pirien, mas o contraste entre ele e os outros moradores do vilarejo era chocante. A cada poucas semanas, ele trabalhava para uma madeireira, o que lhe rendia riquezas impressionantes (em relação a todos os outros no vilarejo) e, sem cinquenta familiares a sua volta, tudo que ganhava era seu. Ele assistia à BBC e à CNN, comia vegetais e era curioso. Depois daquela noite, fui frequentemente a sua casa para conversar.

COLHEITA SELVAGEM

Na manhã em que ele, Kokai e eu estávamos conversando, perguntei a Kokai sobre a primeira vez que ele vira um homem branco. Sua resposta foi estranha, algo sobre "turistas".

— Não — disse eu —, bem antes dos turistas. Talvez algum pastor ou policial que tenha vindo até aqui, quando você era criança.

Ele e John começaram a conversar rapidamente e eu não consegui acompanhar. Ouvi as palavras "turista", "Pep", "Dombai", "mati" [morto] e "Rockefeller". Congelei. Eu tinha certeza de que Kokai estava contando a história de Michael Rockefeller. Finalmente! Eu não queria interromper ou pedir que falasse mais devagar, pois estava com medo de que mudasse de ideia. Ele falava mais com John que comigo e eu queria que continuasse assim. Kokai imitou o gesto de atirar uma flecha e ouvi a palavra *polisi*. Ele falou sobre helicópteros chegando e pessoas correndo para se esconder na selva. Em sua dinâmica história, Kokai era um menino correndo para se esconder atrás de uma árvore e olhando para o céu com medo. Não pela primeira vez, imaginei quão assustadoras e sobrenaturais devem ter parecido aquelas poderosas e vibrantes máquinas no céu. Sem se interromper, ele passou para a parte seguinte da história, um evento que eu conhecia, mas jamais conectara a Michael. Do helicóptero e do esconderijo na selva, ele passou para a epidemia de cólera que assaltara toda Asmat e atingira Otsjanep de modo particularmente devastador.

— Morto, morto — disse Kokai repetidamente, colocando uma mão sobre a outra, em uma demonstração das pilhas de corpos. — Tantos mortos. *Bensin.* –– A palavra indonésia para "gasolina".

Era verdade. Quando a cólera atingira Asmat em outubro e novembro de 1962, um ano depois do desaparecimento de Michael, os mortos de Otsjanep ainda eram deixados para apodrecer em plataformas elevadas no centro do vilarejo. Somente quando a carne desaparecia o crânio podia ser removido, a fim de ser preservado, decorado e transformado em objeto de veneração. É difícil imaginar o cheiro, as moscas e o horror de um único corpo apodrecendo a céu aberto sob o sol tropical; e a cólera matou dezenas. Se o fato de haver tantos corpos apodrecendo no vilarejo não fosse horrível em si mesmo, estar perto de dezenas de vítimas da cólera era suicídio. A doença produz diarreia violenta e as vítimas essencialmente definham até a morte. As fotografias de Van de Wouw são de partir o coração: homens, mulheres e crianças que não eram nada além de ossos, nus e pálidos, conectados a garrafas de soro.[4] No início de novembro de 1962, mais de setenta homens, mulheres e crianças estavam mortos em Otsjanep, apodrecendo em plataformas.[5] "De vez em quando, eu via cachorros com partes de um pé ou uma mão que — após terem apodrecido o suficiente — caíam das plataformas", escreveu Van de Wouw.[6] "Alguns dos corpos haviam sido quase totalmente consumidos pelos cães que conseguiam escalar as plataformas, subindo em troncos ou arbustos. Como havia muitas pessoas morrendo, as plataformas se tornaram cada vez mais precárias." Sua descrição sobre o que aconteceu em seguida merece ser citada na íntegra.

"Em 10 de novembro, Gabriel fez uma notável explicação para todos os *kepala kampongs*. Ele realmente tem o dom da palavra. Ele falou por ao menos meia hora e explicou às pessoas que os corpos eram fontes de novas infecções e que era difícil enterrá-los por causa das águas. O que fazer? Ele deixou a decisão para os *kepalas*. Quando eles não foram capazes de encontrar uma saída, ele veio com uma proposta do 'poderoso médico que vive sob a superfície da água'.

"Depois que os *kepalas* concordaram, todos os familiares envolvidos foram chamados. Parece que havia duas famílias nas quais o pai, a mãe e os filhos haviam morrido. Além disso, havia um homem cuja mulher e filhos também haviam falecido. Foi muito triste ver como esse sujeito ficou devastado.

"Enquanto isso, galões de petróleo chegaram de Basiem [*sic*]. Concordou-se que os familiares envolvidos cuidariam para que houvesse lenha suficiente sob cada plataforma no dia seguinte.

"Quando chegou o domingo, dia 10 de novembro, presidi a missa mais excepcional que já realizara e que jamais realizarei. Enquanto

COLHEITA SELVAGEM

eu levava adiante a cerimônia sagrada, o povo do vilarejo procurava lenha. Essa lenha foi colocada sob as plataformas dos mortos. Começando no fim do vilarejo, eu mergulhei na lama. Mas ocorre que as pessoas estavam mortalmente assustadas. Comparado a sua veneração aos mortos, esse tratamento era muito cruel. Ficou suficientemente claro, contudo, que somente sob essas circunstâncias excepcionais isso seria feito e jamais aconteceria novamente.

"Os familiares do sexo masculino estavam reunidos perto das plataformas e, antes que o petróleo fosse derramado sobre os corpos, perguntou-se novamente se eles concordavam com isso. Todas as vezes, eu pessoalmente iniciava o fogo. E, em cada plataforma, eu perguntava novamente se a família concordava.

"Assim que a lenha estava queimando bem, o ratã que prendia o corpo era cortado, e a plataforma e o corpo desciam para o fogo.

"Levamos o dia inteiro — por causa da lama atrás das casas — para descobrir e queimar todas as plataformas. No fim da cerimônia, os catequistas tentaram se aproximar usando um lenço sobre o nariz e a boca. Mas, quando se aproximaram, deram a volta. Os moradores comentaram repetidamente quão forte meu estômago devia ser. Eu sabia que não era, mas aquilo tinha de ser feito, então continuei. Quando todas as plataformas foram queimadas e uma fumaça horrivelmente nojenta cobriu o vilarejo, pulei no rio o mais rapidamente que consegui, após um enorme grito.

"Durante aquele dia, o catequista me disse várias vezes que os moradores do vilarejo queriam me matar. Mas, assim que tudo terminou, ficou claro que isso não era verdade. De fato, eles me deram flechas, arcos, pedras, machados etc., porque estavam convencidos de que a doença fora expulsa de Otanep [*sic*] para sempre."

Foi um grande momento na história de Otsjanep — um triste e trágico golpe —, não apenas as mortes de tantos homens, mulheres e crianças, mas a queima dos ancestrais. Kokai passara de uma história para a seguinte como se elas fizessem parte do mesmo evento, e então algo me ocorreu: e se a cólera tivesse sido vista como punição dos espíritos pela morte de Michael Rockefeller? Ainda mais significativo, helicópteros do Exército australiano haviam sido despachados para ajudar na luta contra a cólera, o que significava que as duas únicas vezes em que os asmats tinham visto helicópteros foram nos dias após a morte de Michael e quando ainda mais mortes, mais rápidas que quaisquer outras que tivessem experimentado, ocorreram em seus vilarejos.[7]

Naquela noite, fui conversar com John. Pedi que repetisse o que Kokai lhe dissera. Ele pareceu nervoso e disse que Kokai meramente contara uma antiga história: que Michael fora até o vilarejo, partira, retornara quando seu barco virara, nadara para longe do barco e desaparecera, e então a cólera chegara. Ele não mencionou os nomes de Pep e Dombai, e o lançamento da flecha.

— Eles estão com medo — disse.

Eu finalmente começava a me convencer, especialmente por causa da posição ocupada pelos homens mortos por Lapré e sua relação com aqueles que Van Kessel e Von Peij haviam citado como sendo os assassinos de Michael. Eu percorrera toda a costa e nunca vira um tubarão ou crocodilo. Os crocodilos ficavam nos rios, no interior, e não ao longo da costa, e certamente não em mar aberto. Os tubarões ficavam em águas profundas, jamais ouvi uma única história de humanos sendo atacados por eles em Asmat e sua presença era tão mínima que raramente eram retratados nos entalhes. A ideia de Sanday de que Michael poderia ter se aproximado da costa apenas para ser atacado por um tubarão ou crocodilo, à vista dos homens de Otsjanep lá reunidos, não fazia sentido. E, se ele tivesse morrido no mar, seu corpo teria boiado e sido levado para o sul, e não para a costa.

Se tivesse chegado à costa, teria encontrado os homens de Otsjanep: é fato que estavam lá naquele momento. O ataque de Max Lapré matara os líderes locais mais importantes, atingindo quatro dos cinco *jeus*, o que significava que praticamente toda pessoa do vilarejo estava relacionada a eles — ainda mais Pep, Fin e Ajim, que haviam assumido as posições de liderança dos falecidos.[8] Estacas *bisj* haviam sido entalhadas, muitas delas, e ainda estavam nos *jeus* quando Michael chegara, o que significava que as cerimônias não estavam completas. E, embora ele tivesse comprado e mesmo recebido algumas delas, outras não tinham sido entregues.

Quanto ao argumento do bispo Sowada de que "parece bastante improvável, nesse estágio inicial de seu desenvolvimento, que o povo asmat tenha desejado e, mais ainda, possuído a coragem de matar um homem branco", bem, isso era condescendência em seu pior aspecto, como finalmente percebi. Era o ápice do preconceito ocidental. Ele limitava os asmats, tornava-os menos que humanos, relegando-os a um povo incapaz de operar fora de seus limites culturais habituais, como se sociedades tribais remotas pudessem apenas seguir o roteiro de seus mitos e não possuíssem criatividade ou paixão para se desviar deles.

Eu estivera vivendo com Kokai e observando os homens do vilarejo tocarem tambor, cantarem, dançarem e contarem histórias há quase um mês. Viajara com Amates e Wilem e vira seres humanos. Indivíduos. Embora a maioria fizesse os mesmos movimentos de dança, eu vira um homem sacudindo as mãos e dançando em um só pé. Embora todos os anciões estivessem dançando e cantando para celebrar o novo *jeu*, Kokai cantava sozinho, em meio à tristeza pelos entes que havia perdido.

Tudo isso me atingiu de repente. Seres humanos não seguem roteiros. A história humana é a história de pessoas quebrando padrões e fazendo coisas que não são tradicionais, que ninguém fez antes. Atravessar o oceano para chegar ao Novo Mundo. Atravessar o Pacífico até as novas ilhas. Apaixonar-se por alguém da tribo ou da casta erradas. Ingleses brancos vestindo *dishdashas* árabes para unir tribos de beduínos. Homens negros tendo a ousadia de concorrer à presidência. Sempre há alguém fazendo algo diferente, rompendo o padrão — nesse caso, matando um homem branco. As histórias fascinantes não são sobre pessoas que seguem os padrões, mas sobre as que fazem coisas imprevisíveis. Como explicar homens que perdem o controle e matam esposas e filhos? Ciúmes. Irritação. Raiva. Amor. Tristeza. Inveja. Curiosidade. Orgulho. As pessoas amam e, mesmo assim, fazem coisas violentas e mesmo selvagens; nós, humanos, somos todos selvagens em diferentes épocas e de diferentes maneiras. Os asmats são o povo mais estranho que já vi, com seus profundos segredos e seus limites culturais aparentemente rígidos. Mas são homens, e vi esses sentimentos humanos elementares em cada um deles, sentimentos que pertencem à literatura e à poesia, e não à lógica e à razão.

Quem quer que tenha ferido Michael Rockefeller com a lança — Pep, Fin, Ajim — o fez porque podia. Porque era um homem. Um guerreiro. Porque Michael provavelmente era o primeiro homem branco que ele encontrara desamparado, sendo talvez o homem mais desamparado de toda Asmat ao terminar sua épica jornada a nado. Exausto. Desarmado. Sem família ou conexões com seu mundo. E ele sabia que Michael não era um espírito, mas apenas um homem como ele. Ele foi conquistado. Consumido. Ao tirar a vida de Michael, ele confirmou a sua e triunfou sobre a morte em um mundo frágil, no qual a qualquer momento qualquer um podia ser atacado por um inimigo ou fatalmente ferido em um movimento errado com o machado, e afirmou a vida de maneira não muito diferente da de qualquer motorista da Fórmula Indy ou montanhista que se sente mais vivo exatamente quando se aproxima da morte.

Matar é reivindicar, tomar, ter. Matar é raiva e paixão. Um homem mata a esposa não porque a odeia, mas porque a ama tanto que a odeia. O assassino em série que ataca mulheres toma o que mais quer e não pode ter: amor e aceitação. Os asmats daquele dia mataram Michael Rockefeller por paixão e amor, amor pelo que haviam perdido e ainda estavam perdendo — Ipi, Foretsjbai, Samut, Akon e Osom, sua cultura e suas tradições, a caça às cabeças — enquanto a modernidade e o cristianismo os cercavam por todos os lados. O assassinato se encaixava perfeitamente na lógica cultural asmat. Ele ajudou a enviar as almas dos líderes dos *jeus* para Safan. Corrigiu um desequilíbrio em seu mundo cósmico. Eles tomaram o poder de um homem e se transformaram nele e talvez tenham pensado que, sendo ele branco, poderiam adquirir um poder que não possuíam no mundo dos homens brancos. Mas foi algo além disso, algo mais elementarmente humano: um esforço para vingar sua própria impotência contra a intrusão do Ocidente. Nisso, o assassinato provavelmente se adequa à teoria nativista de Sanday: foi uma tentativa de reivindicar poder em um piscar de olhos. Uma asserção de orgulho.

No fim, contudo, o assassinato apenas apressou a mudança que se aproximava. Para os asmats de Otsjanep, enfiar aquela lança em Michael foi catastrófico. Foi o fim de uma vida e o começo de outra. Trouxe aviões, navios, helicópteros, policiais e mais tecnologia e poder do que eles jamais haviam visto. Os espíritos retaliaram e quase 10% do vilarejo morreu de cólera. Além disso, a epidemia encerrou centenas, talvez milhares de anos de práticas funerárias. Ampliou o papel de Van de Wouw e acelerou o fim da caça às cabeças e do canibalismo e a introdução do cristianismo e sua vergonha. Logo depois, a Indonésia assumiu, enviando representantes do governo a todos os vilarejos, onde eles queimaram todas as casas dos homens e proibiram todas as celebrações e entalhes durante uma década.

Em 1964, a tensão em Otsjanep chegou ao ápice quando Dombai foi traído — a história que eu ouvira durante minha primeira visita a Pirien agora tinha contexto — e os *jeus* entraram em guerra uns contra os outros.[9] Em 4 de dezembro, Ajim foi atingido por uma

CARL HOFFMAN

flecha e morreu alguns dias depois.[10] Pep, que a maioria afirma ter sido o autor do ataque a Michael Rockefeller, exigiu a irmã de 9 anos do guerreiro que atirara a flecha, a fim de que pudesse matá-la e equilibrar o conflito.[11] Os padres interferiram, mas os dois lados do vilarejo continuaram a lutar durante um mês. O padre Van de Wouw queria prender Pep. "Alguém tem de interferir", escreveu ele em seu diário.[12] "Posso continuar fazendo ameaças, mas, se nada acontecer, não seremos capazes de manter isso sob controle." E parecia cada vez mais provável que um desacordo tivesse se iniciado naquele dia na foz do Ewta entre Dombai, líder de Pirien, e Pep, Fin e Ajim, de Otsjanep, sobre a conveniência de matar Michael. Se assim foi, a epidemia de cólera deve ter ratificado o medo de Dombai e dos que lhe eram próximos, o que teria exacerbado profundamente as tensões entre os *jeus*.

Seis anos depois do envolvimento do padre Van de Wouw na epidemia de cólera, em setembro de 1968, finalmente chegara a hora de partir de Asmat e retornar à Holanda. Após seis anos de profunda intimidade com o lugar e seu povo, ele não tinha dúvidas sobre o destino de Michael. "Embora os dois lados dos vilarejos ainda não tenham se reunido", escreveu ele a seu superior, "agora estão mais próximos. Construí apenas casas temporárias para o catequista e para a escola, na esperança de que, após um ano, Pirajin [*sic*] volte a seu lugar anterior. Durante minha última visita a Otsjanep, retomei o assunto Rockefeller. É difícil interrogar os asmats, especialmente porque a inimizade entre as duas metades do vilarejo é bastante intensa e é possível que uma metade culpe a outra. Contudo, está claro que ele chegou vivo à costa".[13]

No fim, o vilarejo dividido jamais se curou e Otsjanep e Pirien estavam ligados por uma terra de ninguém que ainda permanece hoje em dia — e onde apenas John, um estrangeiro, vivia.

A coisa mais estranha e louca acerca de tudo aquilo era que Michael havia registrado muitos elementos importantes de sua própria morte. Fotografara Faniptas, cuja viagem a Wagin iniciara a cadeia de eventos que levara Lapré a matar os líderes dos *jeus* de Otsjanep. Fotografara as estacas *bisj* que foram entalhadas como resultado do ataque e que prometiam e previam o que, no fim, seria seu próprio assassinato. E fotografara o homem que o mataria.

Embora a maior parte da celebração ocorresse em Jisar, os dois vilarejos eram partes de um todo e Pirien também tinha de celebrar. Passei um dia inteiro na casa de Ber, que servia como *jeu* de Pirien, e permaneci sentado, com as pernas ardendo, enquanto Ber, Bif (*kepala perang* de Pirien) e outros homens tocavam tambor e cantavam, do início da manhã até uma hora ou mais após o pôr do sol, com o dia sendo pontuado apenas pelas pausas para fumar, pelo afinamento dos tambores sobre a fogueira, que enchia o cômodo de fumaça, e pelo almoço, quando as mulheres chegaram trazendo troncos de palmeira-sagu misturados a larvas de besouro e cozidos em longos tubos de folhas de palmeira. Era um alimento sagrado e o verme do sagu era equivalente ao cérebro humano.

— Tire fotos, tire fotos! — gritaram eles quando as mulheres começaram a chegar. Eles alinharam os troncos no centro do círculo e então começaram a tocar tambor, cantar e gritar. Em seguida, cada homem retirou um pedaço. Ber retirou o meu, uma honraria. O sagu era seco e sem tempero, como toda comida em Asmat, mas morder os pedaços de larvas liberava flashes de sabor e gordura. O gosto era amanteigado, como se fossem pistaches líquidos, como explosões de bacon e sorvete após semanas consumindo apenas sagu, arroz, macarrão instantâneo e peixes minúsculos.

Depois da refeição, Marco, um homem por volta dos 70 anos, começou a contar uma história na língua asmat. Todos ouviram, com alguns se deitando e mesmo dormindo. Também me deitei, notando uma bolsa de ratã escurecida pela fumaça e coberta de teias de aranha no topo do telhado de Ber. Era redonda, como se contivesse uma bola.

Um crânio?, pensei. Embora não conseguisse entender as palavras e a história não fosse para mim, observei o drama se desenrolar enquanto os cães farejavam por restos no pântano embaixo da casa. Houve saraivadas de flechas e vigorosos golpes de lanças. Ouvi as palavras "Otsjanep" e "Dombai". Marco andou. Parou. Deu outro golpe com a lança. Puxando as pernas da calça para cima, lançou os quadris para a frente, não como se estivesse fazendo sexo, mas como se estivesse urinando ou recebendo sexo oral. Os homens grunhiram. Concordaram com a cabeça. "Uh! Uh!" Finalmente, após uma hora, peguei minha câmera e comecei a filmar. Mas a encenação havia terminado: ele apenas falou e, após oito minutos, ficando sem bateria e sem ter como recarregar, desliguei a câmera.

Embora eu ainda não soubesse, seria talvez meu momento mais importante em Asmat.

Eles encerraram logo após o pôr do sol e recomeçaram do lado de fora, no passadiço, às 20 horas. A lua era apenas um risco no céu e estava tão escuro que eu não conseguia ver meus pés, mas uma fogueira queimava sobre um leito de lama no passadiço, brasas brilhavam na ponta de cigarros e um vasto número de estrelas cortava a escuridão acima, com a Via Láctea imensa e relâmpagos faiscando no horizonte. A princípio, havia cinco ou seis homens tocando tambor, mas uma voz gritou na escuridão, estrondosa, ressonante, metade canto e metade chamado, e em breve havia uns cem homens por lá. Os tambores ressoaram no escuro e as canções chamaram os espíritos — Kokai me dissera que eles eram uma "ponte" para os ancestrais. Os homens de Pirien fizeram estremecer o passadiço. Os espíritos estavam lá, serpenteando a nossa volta em meio à escuridão. Eu não conseguia vê-los, mas estavam lá, tão certamente quanto os mosquitos, lagartos e grilos, preenchendo a noite. O ar reverberava. Os homens, suas vozes profundas, a batida dos tambores, suas imaginações e as imagens que surgiam para eles eram parte da selva, tanto quanto os insetos, os relâmpagos, o ar úmido, as árvores e o rio, a alguns

COLHEITA SELVAGEM

metros de distância. Tudo estava reunido em uma única consciência e era impossível separar uma coisa da outra. Os tambores e as vozes teceram todos esses elementos em uma unidade que se estendia até o passado por gerações, talvez séculos e mesmo milênios. Eu não conseguia evitar: imaginei o espírito de Michael deslizando pela selva, passando pelas palmeiras e chegando às estrelas, um fantasma que finalmente estava livre, agora que eu entendera o mistério de seu desaparecimento.

Por volta da meia-noite, as mulheres começaram a chegar, trazendo grandes tigelas de arroz, pilhas de pálidas batatas-doces, sagu e mesmo duas tigelas de vegetais. Os homens dividiram o alimento em cinco pilhas, uma para cada seção de Pirien, e comeram. Bif depositou uma pilha a meu lado.

— Para Kokai — disse ele. Foi um momento de respeito e aceitação. Eu me tornara o representante de Kokai.

Sua resistência era incrível. Sem álcool ou drogas, eles continuaram por toda a noite. Por volta das 3 horas, eu finalmente me cansei e, contornando os corpos adormecidos de mulheres e crianças, voltei para a casa de Kokai e adormeci ao som das vozes ritmadas que ecoavam pela escuridão e por sobre o pântano.

Eu estava em Pirien há um mês e Wilem chegaria em breve. Eu me sentia estranho por estar partindo. O tempo passara tão lentamente a princípio e então deixara completamente de existir. Os dias haviam sido um borrão de calor, chuva, fumaça e monotonia, com o rio subindo e baixando e sempre fluindo. Ber apareceu para uma visita e, tomando meu último café e fumando meu último cigarro, olhei para ele e para Kokai e perguntei:

— Por que os homens de Otsjanep estão com tanto medo de falar sobre a morte de Michael Rockefeller?

Kokai voltou seus olhos escuros para mim, com o rosto tão impassível quanto um rosto pode ser. Ber meneou a cabeça.

— Não sabemos nada sobre isso — respondeu Kokai. — Há uma história em Asmat de que Michael Rockefeller morreu em Kali Jawor e todo o povo asmat diz que foi ferido com uma lança por Fin e Pep, mas não sei nada sobre isso.

Era o máximo que ele e Ber diriam. Estávamos nos encarando quando o som de um motor cortou o silêncio. Bouvier, genro de Kokai, entrou correndo.

— Wilem chegou!

A intimidade que eu construíra lentamente durante o último mês evaporou e se transformou em caos. Wilem saltou do barco juntamente com Amates, que chegara a Agats quando Wilem se preparava para me buscar. Os moradores do vilarejo afluíram de todas as direções, amontoando-se na casa de Kokai, lotando a varanda e se apoiando na janela e na porta. Eles haviam partido às 5 horas e enfrentado ondas enormes e ventos fortes ao cruzar a foz do Betsj, onde Michael e Wassing haviam tido dificuldades.

— Eu estava com tanto medo! — disse Amates. — Fiquei gritando: "Wilem, precisamos chegar à costa!" Semana passada, um barco quebrou bem naquele ponto e dezessete homens, mulheres e crianças morreram. Só uma pessoa sobreviveu.

— Temos de esperar uma hora — disse Wilem. — Temos de esperar o vento amainar. Daí precisamos partir.

A esposa de Kokai trouxe sagu e nós comemos, conversamos e rimos, cercados pelos habitantes do vilarejo. Subitamente, Kokai disse:

— Temos de ir até Jisar. Você precisa dar dinheiro para o *jeu*.

Peguei 300 mil rupias, cerca de 30 dólares, e eu, Kokai, Wilem e Amates, seguidos por uma multidão, caminhamos sob a luz da manhã até Jisar. Sauer, o *kepala perang*, e meia dúzia de outros homens estavam em torno das fogueiras. Pelo que eu sabia, era a primeira vez que Kokai ia até o *jeu*. Sauer ficou em pé e eu lhe entreguei as notas. Os homens começaram a entoar uma poderosa canção, pontuada por grunhidos e guinchos. Sauer disse que eu sempre seria

COLHEITA SELVAGEM

bem-vindo. Falei tão eloquentemente quanto possível em indonésio, agradecendo pela maneira como fora recebido, por terem feito com que eu me sentisse em casa e por permitirem que eu partilhasse sagu com eles. Pedi desculpas por falar indonésio tão mal. Eles cantaram novamente e Amates disse:

— Eles estão fazendo uma oração, sr. Carl, pedindo uma viagem segura sobre o mar.

Apertei mãos coriáceas e quentes e respirei pela última vez o ar do *jeu*, sempre rico com o cheiro de corpos, fumaça e relva.

Caminhamos de volta até a casa de Kokai e tudo aconteceu tão rapidamente que não consegui acompanhar. Homens pegaram minhas malas e as jogaram no barco. Wilem embarcou.

— Foto! — gritei. — Foto da família!

Kokai e sua ninhada ficaram imóveis como estátuas sob o sol quente enquanto Amates tirava algumas fotografias nossas. Kokai segurou minha mão, disse *"adik"* (irmão mais novo), esfregou minha mão em seu rosto quente e áspero e se virou para partir. Da última vez que partira de Pirien, eu me sentira amedrontado, aliviado por estar escapando, sob o olhar inescrutável de rostos impassíveis. Dessa vez, todo mundo gritou, disse adeus e acenou, até que Wilem ligou o motor e me levou para longe.

Eu me sentia oprimido, triste por estar partindo, exultante com a possibilidade de uma cama, um vaso sanitário, um banho quente e tantos vegetais quantos conseguisse comer. Eu ainda tinha tantas perguntas — na verdade, quanto mais descobria, mais perguntas surgiam. As crianças trocadas entre Omadesep e Otsjanep. Mais detalhes sobre a divisão entre Otsjanep e Pirien e seu papel na morte de Michael. Se Sauer, o *kepala perang* de Jisar, que substituíra seu pai Samur após o ataque de Jisar, estivera presente durante o assassinato. Eu poderia continuar pesquisando para sempre, mas, novamente, estava sem tempo. Já ultrapassara o período de estadia do meu visto.

Enquanto nos dirigíamos para o mar, imaginei Kokai sentado em sua esteira, cantando com uma voz que parecia vir das profundezas da terra, balançando-se para a frente e para trás enquanto o rio fluía a seu lado. O mundo era um quando Michael Rockefeller chegara a Amats e outro na época de sua morte. Kokai conhecera ambos, vivera em ambos, embora eu sentisse que não pertencia inteiramente a nenhum deles. Algo me intrigava. Naquela mesma manhã, que já parecia pertencer a outra era, eu estivera sentado com Ber e Kokai, o filho de Dombai e o filho de Fom, ambos, segundo Van Kessel, presentes ao assassinato de Michael e ambos *kepala desas*, patriarcas, líderes, repositórios de sabe-se lá quantas canções, memórias e histórias — toda a história de Pirien e Otsjanep. Ambos os homens haviam me dado sagu para comer, haviam me recebido em suas casas e vidas e cantado para mim. Será que realmente mentiriam sobre o que acontecera a Michael? Será que realmente não sabiam de nada? Se seus pais haviam feito aquilo, por que não simplesmente admitir e me contar a respeito? Será que, após tanto tempo, eles me olhariam nos olhos e fingiriam nada saber, nada lembrar?

De volta a Agats, mostrei a Amates os oito minutos do discurso de Marco que eu filmara na casa de Ber. O que eu havia registrado depois que ele terminara de contar sua história era um severo aviso aos homens reunidos em torno dele:

— *Não contem essa história a qualquer outro homem ou vilarejo* — dissera Marco. — *Não falem. Não falem e não contem a história. Espero que vocês se lembrem dela. Vocês devem mantê-la entre nós. Espero, realmente espero que ela fique entre vocês e apenas vocês. Não falem com ninguém, nunca. Não falem com outras pessoas ou outro vilarejo. Se fizerem perguntas, não respondam. Não falem, porque essa história é apenas para vocês. Se contarem essa história para outras pessoas, vocês morrerão. Morrerão. Vocês estarão mortos e sua gente estará morta se contarem essa história. Mantenham a história em nossa casa, somente para nós. Espero que para sempre.*

Para sempre. Realmente espero. Se algum homem vier e fizer perguntas, não falem, não falem. Hoje, amanhã e para sempre, vocês devem manter segredo sobre a história.

— *Nem mesmo por um machado de pedra ou um colar de dentes caninos, não compartilhem essa história.*

Por trás do livro

Comecei a viajar para lugares remotos mais ou menos com a mesma idade que Nelson Rockefeller. Tenho uma foto em Bornéu que espelha a fotografia amplamente distribuída de Michael com sua câmera no vale de Baliem, Nova Guiné, em 1961. Quando tinha uns 20 e poucos anos, vi o filme *Dead Birds*, a obra que o levou pela primeira vez à ilha. A história de Michael me capturou e jamais a esqueci. Fiquei intrigado não apenas por seu desaparecimento, mas também por sua curiosidade e por sua necessidade de ir até lá, em primeiro lugar. Para mim, sua morte adquiriu o status de mito — seu desaparecimento em um reino estranho e difícil de ser penetrado pelos ocidentais —, uma ideia reproduzida pelas matérias na mídia e, em particular, pela carta escrita por um fotógrafo que fez parte da equipe de imprensa. Ele contou que passou um dia em um dos aviões de busca, não no solo de Asmat, mas olhando de cima para a lama e a selva — esse mundo alienado no qual, segundo escreveu, "eles dizem que, se um homem cair na lama, não conseguirá se levantar sem ajuda". Eu sabia que isso não era verdade: o povo asmat que lá vivia não só rolava na lama, como a esfregava no corpo, caminhava sobre ela e vivia em meio a ela havia 40 mil anos.

Quando comecei a pensar na história como um possível projeto literário, eu já viajara como repórter para alguns dos cantos mais distantes e escondidos do mundo. Descobri que aqueles lugares remotos eram lugares reais, cheios de pessoas reais e com histórias reais que, com esforço, podiam ser vistos não como estranhos, mas sim como penetráveis — podiam ser desentranhados. E havia o bastante sobre o desaparecimento de Michael para me fazer acreditar que existia muito mais a ser descoberto; eu sabia que a história não era um mito, mas algo que acontecera a uma pessoa real, que desaparecera em um lugar real, e que eu poderia ser capaz de chegar ao coração do mistério se tivesse paciência e persistência.

Contratei um pesquisador na Holanda e, muito lentamente, começamos a encontrar documentos que eu acreditava nunca terem sido vistos. E havia pessoas próximas ao caso que nunca tinham falado sobre ele, homens como Wim van de Waal, o jovem patrulheiro holandês da mesma idade de Michael que pode ser visto ao lado de Nelson Rockefeller em uma conhecida fotografia da época. Foi Van de Waal que vendeu o catamarã a Michael e foi ele o enviado do governo holandês a Otsjanep para investigar os detalhados relatórios, submetidos à época por dois padres holandeses a seus superiores e ao governo holandês.

Esses documentos eram apenas uma peça do quebra-cabeça. Para entender o que acontecera a Michael (e por que), eu tinha de entender os asmats, as pessoas acusadas de tê-lo matado. Grande parte do livro é um mergulho na história asmat, uma história sobre um povo que sofreu profundas mudanças — e violências — impostas pelo mundo externo. Fiz uma jornada de dois meses até Asmat e esperei que fosse o bastante. Mas, enquanto lidava com todas aquelas informações, percebi que teria de mergulhar mais fundo. Aprendi indonésio e retornei por mais um mês, vivendo com um ancião e sua família no vilarejo de Otsjanep/Pirien sem tradutores, guias ou filtros de qualquer tipo. Foi difícil e belo. Levei as fotografias que Michael fizera no vilarejo e me maravilhei quando os homens viram seus pais pela primeira vez desde que haviam morrido, anos antes; tantos anos haviam se passado, mas eles eram capazes de identificar quase todos, seus no-

COLHEITA SELVAGEM

mes e as casas dos homens a que pertenciam. Os asmats sabem de tudo e se lembram de tudo: canções, mitos e linhagens familiares remontam a gerações. Aprendi a estrutura do vilarejo, sua história e como os homens citados nos relatórios originais como tendo estado presentes durante a morte de Michael estavam relacionados aos homens assassinados por um ultrazeloso administrador holandês em 1958. Os asmats viviam — e ainda vivem — em um mundo sagrado, e as mortes daqueles homens carregavam uma obrigação sagrada.

Tive sorte com meu timing, pois o vilarejo estava construindo uma nova casa dos homens e aquela foi uma época de constantes banquetes e celebrações, de tambores, músicas e danças, às vezes 24 horas por dia. Pensei frequentemente em Michael nessas oportunidades. Senti, especialmente tarde da noite, na escuridão da selva, enquanto os relâmpagos iluminavam o horizonte e trilhões de estrelas brilhavam no céu acima, enquanto os homens tocavam tambor, cantavam e suavam (criando uma ponte entre o mundo do aqui e agora e o mundo dos espíritos, dos ancestrais), que o espírito de Michael estava lá, entre nós, e que, a meu próprio modo, eu o estava ajudando a finalmente chegar a Safan, a terra além-mar, para onde todos os espíritos asmats devem ir, a fim de encontrar paz.

Uma nota sobre o título, *Colheita selvagem*. Ele vem de um poema de Pablo Neruda: "Estou faminto por teu riso ligeiro, / por tuas mãos da cor da colheita selvagem, / faminto pelas pedras pálidas de tuas unhas, / quero comer tua pele como se fosse uma amêndoa inteira." Trata-se, é claro, de um poema de amor que fala de fome e desejo e, em minha opinião, ele captura tudo sobre a poderosa necessidade dos asmats de equilibrar o mundo, sobre a necessidade de Michael de entender sua cultura e colecionar seus artefatos e sobre minha própria necessidade de esclarecer sua história.

Agradecimentos

Colheita selvagem não existiria sem Erik Thijssen. As cartas, telegramas, telexes, relatórios, diários, tabelas de marés e outras informações dos arquivos holandeses são sua fundação, e Erik, meu pesquisador em Amsterdã, descobriu todas elas. Durante quase dois anos, ele tenazmente meteu o nariz por toda parte, telefonou para todo mundo, encontrou documentos e os traduziu e até mesmo entrevistou várias pessoas em meu nome. Sem ele, eu jamais teria descoberto duas das mais importantes fontes desta história, Hubertus von Peij e Wim van der Waal, sem mencionar a viúva de Cornelius van Kessel, Mieke van Kessel, e outros. Não apenas isso, como ele também me deixou dormir em seu sofá em Amsterdã. Jamais poderei agradecer o suficiente.

Um grande obrigado aos amigos que passaram longas horas lendo cópias iniciais do manuscrito: Keith Bellows, Christian D'Andrea, Iwonka Swenson, Scott Wallace, Spencer Wells e Clif Wiens. Suas sugestões e comentários tornaram o livro mais forte em cada aspecto, e sou igualmente grato por seus conselhos, risadas e amizade, sem a qual eu jamais sobreviveria.

Iwonka Swenson também merece um agradecimento extra por tudo que fez.

Obrigado especialmente a Liz Lynch por sua amizade e por suas fotografias.

Tenho uma grande dívida para com Peggy Sanday. Suas perguntas, dúvidas, insights, experiência, paciência e sábios conselhos foram incrivelmente importantes para minha maneira de conceber e perceber o povo, o canibalismo e a cosmologia asmats e sua interseção com Michael Rockefeller. Ainda melhor, ela se tornou uma amiga, e eu a aprecio profundamente.

Minha segunda viagem para Asmat foi de enorme importância, e eu nunca teria sido capaz de bancar a viagem sem o generoso apoio das pessoas que contribuíram para minha campanha Kickstarter, especificamente James Angell, Tim Buzza, Juli Hodgson, Diane Hoffman e Alida Latham. E jamais teria havido uma campanha Kickstarter sem Kris Arnold, que passou horas filmando e editando o fundamental vídeo e me oferecendo sua sólida amizade.

Um grande obrigado a Uppy Zein Yudhistira por me ensinar indonésio, permitindo-me pagar o que eu podia e passando tantas horas e tardes trabalhando pacientemente comigo. Minha estada em Pirien jamais teria sido possível sem a ajuda de Uppy.

Todo mundo precisa de um velho lobo do mar para encher de perguntas, e o meu foi David Erickson, que nunca falhou em responder e a quem agradeço pelas tabelas de distância ao horizonte e por todas as informações sobre marés e correntes.

Tenho uma grande dívida para com Jennifer Larson, do Arquivo de Recursos Visuais do Museu Metropolitano de Arte, no Departamento de Artes da África, Oceania e Américas. Graças a ela e ao Met, tenho as notas de campo, cartas, relatos e fotografias de Michael e muitos outros detalhes.

Obrigado a Alain Bourgeoise, que me deu acesso aos documentos de seu pai, Robert Goldwater, no Arquivo de Arte Americana do Instituto Smithsoniano.

Um enorme agradecimento a Amy Fitch, arquivista do Centro de Arquivos Rockefeller em Sleepy Hollow, Nova York.

Ajuda incalculável foi fornecida por Wim van de Waal, que fez mais que apenas me contar sua história. Ele pacientemente respondeu minhas muitas, muitas perguntas em dezenas de e-mails, mostrou-me fotografias, confirmou fatos e grafias, disse-me para procurar por certos documentos e partilhou muitos detalhes que apenas alguém presente na época teria sabido. É difícil imaginar escrever este livro sem ele.

Obrigado a Jaspen van Santen, que traduziu o longo relato de René Wassing referente a sua primeira viagem a Asmat com Michael Rockefeller, e a Tanya McCown por sua ajuda com os documentos de Eliot Elisofon em Austin, Texas.

Meus filhos, Lily, Max e Charlotte, são inspirações diárias e agora até me buscam no aeroporto. Amo e agradeço vocês. Obrigado a minha irmã Jean por seu apoio constante e a minha mãe, que não gosta quando vou para longe.

Onde eu estaria sem meus agentes, Joe Regal e Markus Hoffmann? O incentivo, a perspicácia e a amizade de Joe, todos acima e além da mágica comercial que ele e Markus realizam, são parte importante da minha carreira há mais de uma década. Um agradecimento especial pelas edições realizadas por Joe. Foi difícil encontrar tempo para fazê-las, mas elas melhoraram imensamente este livro. Tenho uma grande dívida para com Joe, Markus e todos da Regal Literary.

Todo escritor deveria ter uma editora tão esperta e entusiástica quanto Lynn Grady. Ela sempre faz com que eu me sinta em boas mãos. Obrigado também a todos da Morrow, especialmente Sharyn Rosenblum e Kimberly Liu.

Obrigado a Terry Ward e Chris Jackson por sua afável hospitalidade em Bali; a Carla van de Kieft por sua hospitalidade em Amsterdã; e a Daniel Lautenslager por suas traduções.

Devo enormes agradecimentos a Tim Sohn por partilhar suas ideias sobre a viagem para Asmat e a Blair Hickman por seus serviços na web.

Obrigado a Leticia Franchi.

E obrigado a todos em Asmat que me ajudaram, aguentaram minhas infindáveis perguntas e me mantiveram seguro e alimentado, especialmente Amates, Wilem, Kokai, Harun, Ber, Sauer e Bif.

Comentário sobre as fontes

Esta é uma obra de não ficção. Todas as citações foram retiradas de documentos, cartas ou de entrevistas com testemunhas oculares. Passei quase dois anos pesquisando a história e fiz duas viagens, em um total de quase quatro meses, a Asmat, na Papua Indonésia, incluindo uma estada de um mês no vilarejo de Pirien, na casa de um informante-chave. Em alguns poucos casos, usei as melhores informações disponíveis para recriar uma cena, baseado em minhas observações e experiências no local exato em que os eventos ocorreram, ou em relatos antropológicos e etnográficos documentando as práticas culturais dos asmats. Informações completas sobre as fontes podem ser encontradas nas notas.

Notas

1.
19 DE NOVEMBRO DE 1961

1. Comunicação naval holandesa, 22 de novembro de 1961, Arquivo Nacional da Holanda, Ministério da Educação, Cultura e Ciência, Haia, Holanda
2. Tabela de marés da Nova Guiné holandesa (Getijuen Stroomtafels voor Nederlands New Guinea), 1961, Hydrographisch Bureau, Archief Dienst der Hydrografie, Koninklijke Marine, Ministerie van Defensie, Haia, Holanda.
3. Entrevista do autor com Hubertus von Peij, Tilburg, Holanda, dezembro de 2011. Além disso, a descrição feita por Wassing de como Michael tirou as calças e os sapatos antes de começar a nadar foi publicada, entre outros, em Mary Rockefeller Morgan, *Beginning with the End* (Nova York: Vantage Point, 2012), p. 24.
4. Comunicação naval holandesa, 22 de novembro de 1961, Arquivo Nacional da Holanda.
5. René Wassing é amplamente citado como tendo estimado estarem a 5 quilômetros da costa, mas que ela parecia mais perto, dado o tempo que haviam estado à deriva e a posição em que o catamarã foi encontrado naquela tarde. O que parece certo é que eles conseguiam ver a costa, ao menos vagamente. De outro modo, Wassing não teria feito a declaração sobre os 5 quilômetros e Michael jamais teria se afastado do barco, uma vez que não saberia para que lado nadar.

CARL HOFFMAN

A costa é baixa e plana, e as árvores não têm mais que 15 metros de altura. Com base nas tabelas de distância do horizonte, isso os colocaria a não mais que 15 quilômetros da costa.

6. Tabela de marés para a Nova Guiné holandesa.

7. Milt Machlin, *The Search for Michael Rockefeller* (Nova York: Akadine Press, 2000), p. 154; Morgan, *Beginning with the End*, p. 221.

8. Morgan, *Beginning with the End*, p. 223.

9. Entrevista do autor com Paul D'Andrea, classe de Harvard de 1960, fevereiro de 2013.

10. Entrevista do autor com o ex-patrulheiro holandês Wim van de Waal, que, durante à noite, estava no mar procurando por Michael Rockefeller, Tenerife, Ilhas Canárias, Espanha, dezembro de 2011.

11. Durante os quatro meses que passei em Asmat, se não estivesse chovendo, relâmpagos iluminavam o horizonte todas as noites.

12. Entrevista telefônica do autor com Rudolf Idzerda, o piloto que lançou os sinais luminosos, janeiro de 2012. Também descrito por Ben van Oers, que viu os sinais luminosos da costa; ver revista *HN* (dezembro de 1996), Arquivo Nacional da Holanda.

2.
20 DE NOVEMBRO DE 1961

1. Relatório de Cornelius van Kessel a Herman Tillemans, 23 de janeiro de 1962, arquivos da Ordem do Sagrado Coração (OSC), Centro de Vida Monástica do Patrimônio Holandês (Erfgoedcentrum Nederlands Kloosterleven), AR-P027, arquivo inventário dos Missionários do Sagrado Coração (Archiefinventaris Missionarissen van het H. Hart), St. Agatha, Holanda (de agora em diante, "Arquivos OSC").

2. Esse horário é uma aproximação razoável. Van de Waal os viu partir de Pirimapun para a viagem de volta a Otsjanep na noite de 19 de novembro; todos os relatórios e relatos sobre a morte de Michael — incluindo Van Kessel, relatório a Tillemans, 23 de janeiro de 1962, Arquivos OSC; Hubertus von Peij, relatório a Tillemans, dezembro

COLHEITA SELVAGEM

de 1961, Arquivos OSC; e entrevista do autor com Beatus Usain, Agats, Papua, março de 2012 — situam os homens de Otsjanep na foz do Ewta naquela manhã. De acordo com as tabelas de marés holandesas de 1961, a maré alta ocorreu às 8 horas; assim, os homens teriam desejado cobrir os 5 quilômetros rio acima antes que a maré se virasse contra eles.

3. Entrevista do autor com Hubertus von Peij, Tilburg, Holanda, dezembro de 2011; entrevista do autor com Beatus Usain, Agats, Papua, março de 2012; carta de Cornelius van Kessel a Cor Nijoff, 15 de dezembro de 1961 e seu relatório a Tillemans, 23 de janeiro de 1962, ambos nos Arquivos OSC.

4. Ibid.

5. Ibid.

6. Ibid.

7. Ibid.

8. Entrevista do autor com Kosmos Kokai, vilarejo de Pirien, Papua, março de 2013; ver também Van Kessel, relatório a Tillemans, 23 de janeiro de 1962, Arquivos OSC.

9. Van Kessel, relatório a Tillemans, 23 de janeiro de 1962; ver também Kees van Kessel, "My Stay and Personal Experiences in Asmat: A Historical Review" (biografia inédita), 1970.

10. Entrevista do autor com Beatus Usain, Agats, Papua, março de 2012; minhas observações acerca de vários asmats contando histórias sobre homens sendo feridos com lanças.

11. Entrevista do autor com Hubertus von Peij, Tilburg, Holanda, dezembro de 2011; Van Kessel, relatório a Tillemans, 23 de janeiro de 1962, Arquivos OSC.

12 As detalhadas descrições da caça às cabeças e do canibalismo asmats foram retiradas de Gerard Zegwaard, "Headhunting Practices of the Asmat of Netherlands New Guinea", *American Anthropologist* 61, n. 6 (dezembro de 1959): 1020-41. Outras boas fontes incluem Tobias Schneebaum, *Where the Spirits Dwell* (Nova York: Grove Press, 1988); *The Asmat of New Guinea: The Journal of Michael Clark Rockefeller*, editado,

com introdução, por Adrian A. Gerbrands (Nova York: Museu de Arte Primitiva, 1967), pp. 11-39.

13. "Headhunting Practices of the Asmat of Netherlands New Guinea". Jamais saberemos exatamente como Michael Rockefeller foi morto, mas, se os perpetradores foram asmats, eles devem ter seguido as tradições sagradas descritas por Zegwaard, em cujo livro o restante deste capítulo foi baseado.

3.
FEVEREIRO DE 2012

1. Entrevista do autor com George H. Burgess, diretor e coordenador de operações do museu, Programa de Pesquisas sobre Tubarões e Registro Internacional de Ataques de Tubarões da Flórida, Museu de História Natural da Flórida, Gainesville, Flórida, agosto de 2012. Ver também o site do Registro Internacional de Ataques de Tubarões, que contém as melhores estatísticas sobre o assunto: http://www.flmnh.ufl.edu/fish/sharks/attacks/perspect.htm.

2. Morgan, *Beginning with the End*, p. 62.

3. O livro de Mary Rockefeller Morgan, *Beginning with the End*, narra seus esforços para se recuperar da perda do irmão gêmeo.

4. Entrevista do autor com o padre Vince Cole, Agats, Papua, março de 2012.

4.
20 DE FEVEREIRO DE 1957

1. Resultado das pesquisas sobre clima para Nova York, NY, em 20 de fevereiro de 1961, www.farmersalmanac.com.

2. Cópia do convite original, Arquivos de Robert John Goldwater Papers, Arquivos sobre Arte Americana, Instituto Smithsoniano, Washington, DC.

3. Joseph Persico, *The Imperial Rockefeller: A Biography of Nelson A. Rockefeller* (Nova York: Washington Square Press/Pocket Books, 1983), p. 10.

COLHEITA SELVAGEM

4. "Rocky as a Collector", *New York Times*, 18 de maio de 1969.
5. Persico, *The Imperial Rockefeller*, p. 2.
6. Ibid., p. 3.
7. Convite original, Arquivos Goldwater, Instituto Smithsoniano.
8. "The Fetish and the Water Buffalo", *The Reporter*, 2 de maio de 1957.
9. Lista de convidados, sr. e sra. Nelson A. Rockefeller, 20 de fevereiro de 1957, Centro de Arquivos Rockefeller, Documentos Pessoais NAR, série Projetos, arquivos 1642 e 1664, Sleepy Hollow, NY.
10. Ibid.
11. Ibid.
12. Museu de Arte Primitiva, *Selected Works from the Collection* (catálogo), primavera de 1957, Departmento de Arte da África, Oceania e Américas, Arquivo de Recursos Visuais, Museu Metropolitano de Arte, Nova York (daqui para a frente, "Arquivos MMA").
13. Fotografias da coleção dos Arquivos MMA.
14. *Esquire* (julho de 1957).
15. Comunicado à imprensa do Museu de Arte Primitiva, 20 de fevereiro de 1957, Arquivos MMA.
16. Shelly Errington, *The Death of Authentic Primitive Art and Other Tales of Progress* (Berkeley: University of California Press, 1998), p. 9.
17. Ibid., p. 12.
18. Ibid.
19. Suzanne Loebl, *America's Medicis: The Rockefellers and Their Astonishing Cultural Legacy* (Nova York: HarperCollins, 2010), p. 8.
20. "Rocky as a Collector", *New York Times*, 18 de maio de 1969.
21. Persico, *The Imperial Rockefeller*, pp. 18-19.
22. Loebl, *America's Medicis*, p. 310.
23. Persico, *The Imperial Rockefeller*, p. 2.
24. Sally Price, *Primitive Art in Civilized Places*, 2ª ed. (Chicago: University of Chicago Press, 1989), p. 26.
25. "Month in Review", *Arts* (maio de 1957): 42-45.
26. Tobias Schneebaum, *Where the Spirits Dwell: An Odyssey in the Jungle of New Guinea* (Nova York: Grove Press, 1989), p. 52.

CARL HOFFMAN

27. Kathleen Bickford Berzock e Christa Clarke, eds., *Representing Africa in American Art Museums* (Seattle: University of Washington Press, 2011), p. 125.

28. Nelson Rockefeller, carta a Robert Goldwater, Arquivos Goldwater, Instituto Smithsoniano.

5.

DEZEMBRO DE 1957

1. Entrevista do autor com Kosmos Kokai, Basim, Papua, fevereiro de 2012.

2. Várias descrições dessa jornada podem ser encontradas. A primeira aparece no relato de patrulha de Max Lapré, feito em 17 de fevereiro de 1958 e enviado ao governador da Nova Guiné holandesa, "Relato de patrulha em Otsjanep, ref. caça às cabeças em Omadesep, último dia de dezembro de 1957", no Arquivo Nacional da Holanda. Detalhes adicionais estão disponíveis em "Coleção Projeto de História Oral: Memórias do Leste: A Entrevista Lapré", uma entrevista gravada em fita com Max Lapré, 116.2a (faixa 11) e 116.2b (faixas 1-2), agosto de 1997, Koninklijk Instituut voor Taal, Landen Volkenkunde (KITLV), Instituto Real Holandês para Estudos sobre o Sudoeste Asiático e o Caribe, Leiden, Holanda. Ver também Van Kessel, relatório a Tillemans, 23 de janeiro de 1962; e os diários inéditos de Van Kessel, todos nos Arquivos OSC. A história ainda é lembrada em Asmat atualmente e detalhes adicionais foram descobertos durante entrevistas com Kosmos Kokai, Basim e Pirien, Papua, fevereiro de 2012, e com Everisus Birojipts, vilarejo de Omadesep, Papua, fevereiro de 2012.

3. Canções tradicionais asmats, entoadas ao remar, fornecidas por Kosmos Kokai e Amates Owun e traduzidas por Owun.

4. David Bruener Eyde, "Cultural Correlates of Warfare Among the Asmat of South-West New Guinea" (tese de pós-doutorado), Universidade de Yale, 1967, p. 304.

5. Peggy Reeves Sanday, *Divine Hunger: Cannibalism as a Cultural System* (Cambridge: Cambridge University Press, 1986), p. 15.

COLHEITA SELVAGEM

6. Zegwaard, "Headhunting Practices of the Asmat of Netherlands New Guinea". Toda a história nos parágrafos seguintes vem do artigo de Zegwaard.

7. A dimensão do contato homossexual entre homens em Asmat é controverso, em parte porque ele foi escondido dos padres católicos e oficiais governamentais até que um homem homossexual, Tobias Schneebaum, escreveu pela primeira vez a respeito. Embora alguns aleguem que Schneebaum exagerou sua prevalência e papel, tendo a acreditar nele. Para mais, ver Schneebaum, *Where the Spirits Dwell: An Odyssey in the Jungle of New Guinea* (Nova York: Grove Press, 1989), *Secret Places: My Life in New York and New Guinea* (Madison: University of Wisconsin Press, 2000); e Bruce M. Knauft, *South Coast New Guinea Cultures: History, Comparison, Dialectic* (Cambridge: Cambridge University Press, 1993).

8. História contada por um grupo de homens no vilarejo de Pirien, fevereiro de 2012, traduzida por Amates Owun.

9. Cornelius van Kessel, "Algumas notas sobre a costa Casuarina" (inédito), Arquivos OSC.

10. Kirkpatrick Sale, *The Conquest of Paradise: Christopher Columbus and the Columbian Legacy* (Nova York: Knopf, 1990), pp. 76-78.

11. Jared Diamond, *Guns, Germs, and Steel: The Fates of Human Societies* (Nova York: Norton, 1999), pp. 38-40.

12. Zegwaard, "Headhunting Practices of the Asmat of Netherlands New Guinea", p. 1.038.

13. Adrian A. Gerbrands, ed., *The Asmat of New Guinea: The Journal of Michael Clark Rockefeller* (Nova York: Museu de Arte Primitiva, 1967), p. 21.

14. Canções tradicionais asmats fornecidas por Kosmos Kokai e Amates Owun e traduzidas por Owun.

15. Lapré, "Relato de patrulha em Otsjanep, ref. caça às cabeças em Omadesep, último dia de dezembro de 1957"; Van Kessel, relatório a Tillemans, 23 de janeiro de 1962; diários inéditos de Van Kessel. Detalhes adicionais surgiram a partir das entrevistas do autor com

CARL HOFFMAN

Kosmos Kokai, nos vilarejos de Basim e Pirien, Papua, fevereiro de 2012; e com Everisus Birojipts, vilarejo de Omadesep, Papua, fevereiro de 2012.

16. Entrevista do autor com Kosmos Kokai, vilarejo de Pirien, Papua, fevereiro de 2012; também descrito em Van Kessel, relatório a Tillemans, 23 de janeiro de 1962.

17. Entrevista do autor com Kosmos Kokai, vilarejo de Pirien, Papua, fevereiro de 2012.

18. Ibid.; também entrevista do autor com Everisus Birojipts, vilarejo de Omadesep, Papua, fevereiro de 2012.

19. Entrevistas do autor com Kosmos Kokai, Basim e vilarejo de Pirien, Papua, fevereiro de 2012; e com Everisus Birojipts, vilarejo de Omadesep, Papua, fevereiro de 2012.

20. Ibid.

6.
FEVEREIRO DE 2012

1. Sir Francis Chichester, *Gipsy Moth Circles the World* (Nova York: Coward-McCann, 1968), pp. 179-80.

7.
DEZEMBRO DE 1957

1. Entrevista do autor com Everisus Birojipts, vilarejo de Omadesep, Papua, fevereiro de 2012. Essa história possui muitas variações. Birojipts disse que quinhentos homens em cinquenta canoas haviam partido para Wagin e permanecido lá um ano antes de retornar, e que 250 homens haviam sido mortos, mas isso não faz sentido; os asmats tendem a exagerar datas e números. Os relatórios contemporâneos de Lapré e Van Kessel mencionam 124 homens, e foi esse número que adotei.

2. Ibid.

3. Ibid.

COLHEITA SELVAGEM

4. Ibid.
5. Ibid.
6. Ibid.
7. Ibid.
8. Ibid.
9. Ibid., entrevista do autor com Kosmos Kokai, Basim e vilarejo de Pirien, Papua, fevereiro de 2012.
10. Ibid.
11. Ibid.
12. Ibid.
13. Gavin Souter, *New Guinea: The Last Unknown* (Sydney, Austrália: Angus and Robertson, 1963), p. 18.
14. Howard Palfrey Jones, *The Possible Dream* (Nova York: Harcourt Brace Jovanovich, 1971), p. 27.
15. Knauft, *South Coast New Guinea Cultures*, p. 26.
16. Souter, *New Guinea*, p. 7.
17. Gerbrands, ed., *The Asmat: The Journal of Michael Clark Rockefeller*, p. 83.
18. Schneebaum, *Where the Spirits Dwell*, pp. 59-60.
19. Knauft, *South Coast New Guinea Cultures*, p. 33.
20. Gerard Zegwaard, "1953 Data on the Asmat People", in *An Asmat Sketchbook N. 6*, editado por Frank Trenkenschuh (Hastings, NE.: Museu Asmat de Cultura e Progresso, 1977), pp. 20-21; Van Kessel, "My Stay and Personal Experiences in Asmat", Arquivos OSC, p. 2.
21. Van Kessel, "My Stay and Personal Experiences in Asmat"; ver também Zegwaard, "1953 Data on the Asmat People"; Eyde, "Cultural Correlates of Warfare Among the Asmat of South-West New Guinea".
22. Zegwaard, "Headhunting Practices of the Asmat of Holanda New Guinea".
23. Ibid.
24. Ibid.
25. Ibid., Van Kessel, "My Stay and Personal Experiences in Asmat"; Schneebaum, *Where the Spirits Dwell*.
26. Ibid.

27. Zegwaard, "Headhunting Practices of the Asmat of Netherlands New Guinea".
28. Frank A. Trenkenschuh, ed., *An Asmat Sketchbook Nos. 1 and 2* (Hastings, NE.: Museu Asmat de Cultura e Progresso, 1982), p. 26.
29. Zegwaard, "1953 Data on the Asmat People".
30. Ibid.
31. Ibid.
32. Van Kessel, "Algumas notas sobre a costa Casuarina".
33. Schneebaum, *Where the Spirits Dwell,* p. 45.
34. Van Kessel, "Algumas notas sobre a costa Casuarina".
35. Trenkenschuh, ed., *An Asmat Sketchbook Nos. 1 and 2,* p. 22.
36. Entrevista concedida ao pesquisador Erik Thijssen por Mieke van Kessel, viúva de Cornelius van Kessel, Leeuwarden, Holanda, outubro de 2012.
37. Van Kessel, "My Stay and Personal Experiences in Asmat", p. 7.
38. Ibid.
39. Erik Thijssen, entrevista com Mieke van Kessel, Leeuwarden, Holanda, outubro de 2012.
40. Ibid.
41. Ibid.
42. Ibid.
43. Ibid., ver também "Subject: Behavior Father Van Kessel", carta 13/54, Arquivo Nacional da Holanda.
44. Van Kessel, relatório a Tillemans, 23 de janeiro de 1962.
45. Ibid.
46. Ibid.
47. Ibid.
48. Ibid.
49. Van Kessel, "My Stay and Personal Experiences in Asmat", p. 10.
50. Ibid.
51. Ibid., pp. 97-99.
52. Entrevista do autor com Hubertus von Peij, Tilburg, Holanda, dezembro de 2011.

COLHEITA SELVAGEM

53. Ibid.
54. Ibid.
55. Entrevista do autor com Everisus Birojipts, vilarejo de Omadesep, Papua, fevereiro de 2012; entrevista do autor com Kosmos Kokai, Basim e vilarejo de Pirien, Papua, fevereiro de 2012; Van Kessel, relatório a Tillemans, 23 de janeiro de 1962.
56. Van Kessel, "My Stay and Personal Experiences in Asmat", p. 24.

9.
FEVEREIRO DE 1958

1. Lapré, "Relato de patrulha em Otsjanep, ref. caça às cabeças em Omadesep, último dia de dezembro de 1957".
2. Ibid.
3. Entrevista do autor com Wim van de Waal, Tenerife, ilhas Canárias, Espanha, dezembro de 2011.
4. Van Kessel, relatório a Tillemans, 23 de janeiro de 1962.
5. Lapré, "Relato de patrulha em Otsjanep, ref. caça às cabeças em Omadesep, último dia de dezembro de 1957".
6. "Oral History Project Collection: Memories of the East: The Lapré Interview".
7. Ibid.
8. Ibid.
9. Ibid.
10. Ibid.
11. Ibid.
12. Ibid.
13. Van Kessel, "My Stay and Personal Experiences in Asmat", p. 19.
14. Ibid.
15. Ibid., p. 20.
16. Lapré, "Relato de patrulha em Otsjanep, ref. caça às cabeças em Omadesep, último dia de dezembro de 1957".
17. Ibid.

18. "Oral History Project Collection: Memories of the East: The Lapré Interview".
19. Ibid.
20. Sale, *The Conquest of Paradise*, p. 100.
21. Tobias Schneebaum, *Keep the River on Your Right* (Nova York: Grove Press, 1970), pp. 65-69.
22. Edward L. Schieffelin and Robert Crittenden, *Like People You See in a Dream: First Contact in Six Papuan Societies* (Stanford, CA: Stanford University Press, 1991), p. 79.
23. Ibid., p. 73.
24. Lapré, "Relato de patrulha em Otsjanep, ref. caça às cabeças em Omadesep, último dia de dezembro de 1957".
25. Ibid.
26. "Oral History Project Collection: Memories of the East: The Lapré Interview".
27. Lapré, "Relato de patrulha em Otsjanep, ref. caça às cabeças em Omadesep, último dia de dezembro de 1957".
28. Ibid.
29. Os detalhes da morte de Faratsjam e dos outros homens em Otsjanep vieram de uma entrevista do autor com Kosmos Kokai, Basim, Papua, fevereiro de 2012.
30. "Oral History Project Collection: Memories of the East: The Lapré Interview".
31. Van Kessel, relatório a Tillemans, 23 de janeiro de 1962; ver também Van Kessel, "My Stay and Personal Experiences in Asmat", p. 92.
32. Lapré, "Relato de patrulha em Otsjanep, ref. caça às cabeças em Omadesep, último dia de dezembro de 1957".
33. Entrevista do autor com Kosmos Kokai, Basim, Papua, fevereiro de 2012. Os relatórios de Lapré citam entre três e quatro mortos e o de Van Kessel menciona quatro. Os homens de Pirien/Otsjanep lembram que quatro homens e uma mulher, Ipi, foram mortos e outro homem foi ferido.
34. Lapré, "Relato de patrulha em Otsjanep, ref. caça às cabeças em Omadesep, último dia de dezembro de 1957".

COLHEITA SELVAGEM

10.
MARÇO DE 1958

1. Jones, *The Possible Dream*, p. 70.
2. Ibid., p. 57.
3. Ibid.
4. Arend Lijphard, *The Trauma of Decolonization* (New Haven, CT: Yale University Press, 1966), pp. 39-48.
5. "Australia's Attitude on West New Guinea Unalterable: Spender", *Canberra Times*, 26 de novembro de 1954; Bilveer Singh, *Papua: Geopolitics and the Quest for Nationhood* (Piscataway, NJ: Transaction Publishers, 2008), pp. 65-67.
6. Jones, *The Possible Dream*, p. 73.
7. Entrevista do autor com Wim van de Waal, Tenerife, ilhas Canárias, Espanha, dezembro de 2011.
8. Ibid., p. 70.
9. John Saltford, *The United Nations and the Indonesian Takeover of West Papua, 1962-1969: The Anatomy of Betrayal* (Londres: Routledge, 2006), p. 10.
10. Ibid., pp. 10-11.
11. Ibid.

11.
MARÇO DE 1961

1. Michael Rockefeller, carta a Samuel Putnam, 29 de março de 1961, Arquivos MMA.
2. Entrevista do autor com Karl Heider, Columbia, SC, junho de 2011.
3. Michael Rockefeller, carta a Samuel Putnam, 29 de março de 1961, Arquivos MMA.
4. Ibid.
5. "Rocky as a Collector", *New York Times*, 18 de maio de 1969.
6. Morgan, *Beginning with the End*, p. 215.

7. Entrevista telefônica do autor com Betsy Warriner, então namorada e mais tarde esposa de Samuel Putnam, junho de 2011.

8. Ibid.

9. Robert Gardner, *Making Dead Birds: Chronicle of a Film* (Cambridge, MA: Peabody Museum Press, 2007).

10. Ibid., p. 7.

11. Ibid., p. 8.

12. Ibid., pp. 12-19.

13. Entrevista do autor com Jan Broekhuijse, Nieuwkoop, Holanda, dezembro de 2011.

14. Gardner, *Making Dead Birds*, pp. x-xv.

15. Entrevista telefônica do autor com Peter Matthiessen, novembro de 2011.

16. Entrevista do autor com Karl Heider, Columbia, SC, junho de 2011.

17. Gardner, *Making Dead Birds*, p. 25.

18. Ibid., p. 33.

19. Ibid.

20. Ibid., p. 34.

21. Ibid., 35.

22. Michael Rockefeller, carta a Samuel Putnam, 2 de abril de 1961, Arquivos MMA.

23. Ibid.

24. Entrevista com Peter Matthiessen para *The Seekers of the Lost Treasure* (Discovery Channel, 1994).

25. Em março de 2012, passei quase uma semana no vale de Baliem, onde danis idosos que haviam se encontrado com a expedição Peabody me mostraram as locações onde Gardner e sua equipe trabalharam.

26. Entrevista do autor com Karl Heider, Columbia, SC, junho de 2011.

27. Michael Rockefeller, carta a Samuel Putnam, 14 de abril de 1961, Arquivos MMA.

28. Ibid.

29. Entrevista do autor com Karl Heider, Columbia, SC, junho de 2011.

30. Entrevista telefônica do autor com Peter Matthiessen, novembro de 2011.

COLHEITA SELVAGEM

31. Michael Rockefeller, carta a Samuel Putnam, 14 de abril de 1961, Arquivos MMA.
32. Entrevista com Peter Matthiessen para *The Seekers of the Lost Treasure* (Discovery Channel, 1994).
33. Entrevista do autor com Karl Heider, Columbia, SC, junho de 2011.
34. Ibid.
35. Ibid.
36. Michael Rockefeller, carta a Samuel Putnam, 29 de abril de 1961, Arquivos MMA.
37. Entrevista do autor com Karl Heider, Columbia, SC, junho de 2011; ver também minutas das reuniões do conselho do Museu de Arte Primitiva, Arquivos MMA.
38. Robert Goldwater, carta a Michael Rockefeller, 5 de maio de 1961, Arquivos MMA.
39. Ibid.
40. René Wassing, "Report from the Journey to the Asmat Region with the Gentleman M. Rockefeller", Arquivo Nacional da Holanda.
41. Entrevista do autor com Wim van de Waal, Tenerife, ilhas Canárias, Espanha, dezembro de 2011.
42. Ibid.
43. Ibid.
44. Trenkenschuh, ed., *An Asmat Sketchbook Nos. 1 and 2*, p. 37.
45. Schneebaum, *Where the Spirits Dwell*, p. 74.
46. Entrevista do autor com Wim van de Waal, Tenerife, ilhas Canárias, Espanha, dezembro de 2011.
47. Schieffelin e Crittenden, *Like People You See in a Dream*, p. 222.
48. Diamond, *Guns, Germs, and Steel*, p. 68.
49. Ibid., p. 76.
50. Schieffelin e Crittenden, *Like People You See in a Dream*, pp. 231-32.
51. Para a cultura e cosmologia asmat, ver Schneebaum, *Where the Spirits Dwell*; Knauft, *South Coast New Guinea Cultures*; Zegwaard, "Headhunting Practices of the Asmat of Netherlands New Guinea"; Eyde, "Cultural Correlates of Warfare Among the Asmat of South-West New Guinea"; Trenkenschuh, ed., *An Asmat Sketchbook*

Nos. 1 and 2; Van Kessel, "My Stay and Personal Experiences in Asmat"; e Gerbrands, ed., *The Asmat: The Journal of Michael Clark Rockefeller*.

52. Entrevista do autor com Wim van de Waal, Tenerife, ilhas Canárias, Espanha, dezembro de 2011.
53. Michael Rockefeller, carta (sem data) a Robert Goldwater, Arquivos MMA.
54. Michael Rockefeller, anotações de campo, Arquivos MMA.
55. Ibid.
56. Ibid.
57. Gerbrands, ed., *The Asmat: The Journal of Michael Clark Rockefeller*, p. 107.
58. Ibid.
59. Ibid., p. 111.
60. Wassing, "Report from the Journey to the Asmat Region", Arquivo Nacional da Holanda.
61. Michael Rockefeller, anotações de campo, Arquivos MMA.
62. Ibid.
63. Entrevista do autor com Vince Cole, Agats, Papua, março de 2012.
64. Michael Rockefeller, anotações de campo, Arquivos MMA.
65. Ibid.
66. Ibid.
67. Ibid.; Wassing, "Report from the Journey to the Asmat Region", Arquivo Nacional da Holanda.
68. Entrevista do autor com Kosmos Kokai, Basim e vilarejo de Pirien, Papua, fevereiro de 2012.
69. Gerbrands, ed., *The Asmat: The Journal of Michael Clark Rockefeller*, p. 127.
70. Wassing, "Report from the Journey to the Asmat Region", Arquivo Nacional da Holanda.
71. Ibid.
72. Gerbrands, ed., *The Asmat: The Journal of Michael Clark Rockefeller*, p. 128.
73. Michael Rockefeller, anotações de campo, Arquivos MMA.

COLHEITA SELVAGEM

74. Ibid.; Gerbrands, ed., *The Asmat: The Journal of Michael Clark Rocke-feller*, p. 141.
75. Michael Rockefeller, anotações de campo, Arquivos MMA.
76. Wassing, "Report from the Journey to the Asmat Region", Arquivo Nacional da Holanda.
77. Ibid.; Gerbrands, ed., *The Asmat: The Journal of Michael Clark Rocke-feller*, p. 142.
78. Michael Rockefeller, anotações de campo, Arquivos MMA.
79. Ibid.; Gerbrands, ed., *The Asmat: The Journal of Michael Clark Rocke-feller*, p. 142.

12.
MARÇO DE 2012

1. Schneebaum, *Keep the River on Your Right*, pp. 100-110.

13.
SETEMBRO DE 1961

1. Gerbrands, ed., *The Asmat: The Journal of Michael Clark Rockefeller*, p. 44.
2. Michael Rockefeller, carta a Robert Goldwater, 9 de julho de 1961, Arquivos MMA.
3. Hubertus von Peij, carta a Herman Tillemans, 3 de fevereiro de 1962, Arquivos OSC.
4. Michael Rockefeller, carta a Robert Goldwater, 9 de julho de 1961, Arquivos MMA.
5. Ibid.
6. Robert Goldwater, carta a Cornelius van Kessel, 27 de julho de 1961, Arquivos MMA.
7. Michael Rockefeller, carta a Robert Goldwater, 9 de julho de 1961, Arquivos MMA.
8. Tony Saulnier, *The Headhunters of Papua* (Nova York: Crown, 1963), pp. 69-92.

9. Michael Rockefeller, carta a Cornelius van Kessel, 10 de junho de 1961, Arquivos MMA.
10. Cornelius van Kessel, carta a Michael Rockefeller, agosto de 1961, Arquivos MMA.
11. Michael C. Rockefeller, anotações de campo, Arquivos MMA.
12. Gerbrands, ed., *The Asmat: The Journal of Michael Clark Rockefeller*, p. 44.
13. Ibid.
14. Ibid.
15. Entrevista do autor com Wim van de Waal, Tenerife, ilhas Canárias, Espanha, dezembro de 2011.
16. Ibid.
17. Ibid.
18. Ibid.
19. Ibid.
20. Ibid.
21. Ibid.
22. Relatos de M. C. Rockefeller, Arquivos MMA.
23. Michael Rockefeller, carta a Cornelius van Kessel, 7 de outubro de 1961, Arquivos MMA.
24. Michael Rockefeller, anotações de campo, Arquivos MMA.
25. Ibid.
26. Gerbrands, ed., *The Asmat: The Journal of Michael Clark Rockefeller*, p. 45.
27. Ibid., p. 46.
28. Michael Rockefeller, anotações de campo, Arquivos MMA.
29. Gerbrands, ed., *The Asmat: The Journal of Michael Clark Rockefeller*, p. 46.
30. Ibid.
31. Ibid.
32. Entrevista do autor com Hubertus von Peij, Tilburg, Holanda, dezembro de 2011.
33. Ibid.
34. Ibid.
35. Ibid.
36. Ibid.

COLHEITA SELVAGEM

15.
NOVEMBRO DE 1961

1. Entrevista com René Wassing, como relatado em Morgan, *Beginning with the End*, pp. 22-24; relatos de M. C. Rockefeller, Arquivos MMA.
2. Entrevista do autor com Hubertus von Peij, Tilburg, Holanda, dezembro de 2011.
3. Morgan, *Beginning with the End*, p. 22.
4. Ibid.
5. Ibid.
6. Ibid., pp. 22-24.
7. Ibid.
8. Ibid.
9. Ibid.
10. Marinha holandesa, telex para o navio de patrulha *Snellius*, Arquivo Nacional da Holanda.
11. Marinha holandesa, telex para o ministro das Relações Exteriores, 20 de novembro de 1961, Arquivo Nacional da Holanda.
12. Ibid.
13. Entrevista do autor com Hubertus von Peij, Tilburg, Holanda, dezembro de 2011.
14. Marinha holandesa, telex para o ministro das Relações Exteriores, 20 de novembro de 1961, Arquivo Nacional da Holanda.
15. Morgan, *Beginning with the End*, p. 23.
16. Ibid.
17. Matéria da Reuters, dossiê 39666, Ministerie Van Binnenlandse Zaken, Arquivo Nacional da Holanda.
18. Morgan, *Beginning with the End*, p. 23.
19. Ibid.
20. Ibid.
21. Marinha holandesa, telex para o ministro das Relações Exteriores, 20 de novembro de 1961, Arquivo Nacional da Holanda.
22. Tabelas de marés para a Nova Guiné holandesa.

CARL HOFFMAN

23. Matéria da Reuters, dossiê 39666, Ministerie Van Binnenlandse Zaken, Arquivo Nacional da Holanda; Morgan, *Beginning with the End*, p. 23.
24. Ibid.

16.
NOVEMBRO DE 1961

1. Van Kessel, relatório a Tillemans, 23 de janeiro de 1962.
2. Cornelius van Kessel, fotografia, Arquivos OSC.
3. Ibid.
4. Van Kessel, relatório a Tillemans, 23 de janeiro de 1962.
5. Tabelas de marés para a Nova Guiné holandesa.
6. Entrevista do autor com Hubertus von Peij, Tilburg, Holanda, dezembro de 2011; entrevista do autor com Wim van de Waal, Tenerife, ilhas Canárias, Espanha, dezembro de 2011.

17.
NOVEMBRO DE 1961

1. Marinha holandesa, telex para o ministro das Relações Exteriores, 20 de novembro de 1961, Arquivo Nacional da Holanda.
2. Singh, *Papua*, p. 77.
3. Entrevista telefônica do autor com Rudolf Idzerda, janeiro de 2012.
4. Ver Military Factory, "Lockheed P2V Neptune Land-Based Patrol Aircraft/VP Transport", disponível em http://www.militaryfactory. com/aircraft/detail.asp?aircraft_id=514; e Wikipedia, "Lockheed P-2 Neptune", disponível em http://en.wikipedia.org/wiki/ Lockheed_P-2_Neptune.
5. Ibid.
6. Entrevista telefônica do autor com Rudolf Idzerda, janeiro de 2012.
7. Ibid.
8. Entrevista do autor com Hubertus von Peij, Tilburg, Holanda, dezembro de 2011.
9. Van Kessel, relatório a Tillemans, 23 de janeiro de 1962.

COLHEITA SELVAGEM

10. Entrevista telefônica do autor com Rudolf Idzerda, janeiro de 2012.
11. Entrevista do autor com Wim van de Waal, Tenerife, ilhas Canárias, Espanha, dezembro de 2011.
12. Entrevista telefônica do autor com Rudolf Idzerda, janeiro de 2012.
13. Entrevista do autor com Wim van de Waal, Tenerife, ilhas Canárias, Espanha, dezembro de 2011.
14. Ibid.
15. Ben van Oers, revista *HN* (dezembro de 1996), Arquivo Nacional da Holanda.
16. Ibid.
17. Entrevista do autor com Wim van de Waal, Tenerife, ilhas Canárias, Espanha, dezembro de 2011; confirmado por cabogramas holandeses, Arquivo Nacional da Holanda.
18. Entrevista do autor com Wim van de Waal, Tenerife, ilhas Canárias, Espanha, dezembro de 2011.
19. Morgan, *Beginning with the End*, p. 4.
20. Ibid.
21. Ibid.
22. "Rockefeller in Honolulu", *New York Times,* 21 de novembro de 1961.
23. Ibid.
24. Ibid.
25. "Rockefeller Search Joined by Natives", *New York Times,* 25 de novembro de 1961.
26. Morgan, *Beginning with the End*, p. 7.

18.
NOVEMBRO DE 1961

1. Ministro das Relações Exteriores, cabograma 7425 para o ministro do Interior, Hollandia, 21 de novembro de 1961, Arquivo Nacional da Holanda.
2. Ibid.
3. A busca é detalhada em cabogramas e telexes entre oficiais do governo e o pessoal militar na Holanda e na Nova Guiné, Arquivo Nacional da Holanda, Haia.

CARL HOFFMAN

4. Ministro das Relações Exteriores, cabograma 7425 para o ministro do Interior, Hollandia, 21 de novembro de 1961, Arquivo Nacional da Holanda.
5. "Explorer Sought in Crocodile-Infested Jungle", *New York Times,* 22 de novembro de 1961.
6. Cabogramas governamentais, Arquivo Nacional da Holanda.
7. Ibid.
8. Ibid.
9. Ibid.
10. Ibid.
11. "Gouverneur Rockefeller naar erauke vertrokken (2)" (resumo do comunicado à imprensa), 23 de novembro de 1961, Arquivo Nacional da Holanda.
12. Peter Hastings, "The Press, the Press, the Awful Press", *The Bulletin,* 23 de dezembro de 1961.
13. Ibid.
14. Entrevista do autor com Jan Broekhuijse, Nieuwkoop, Holanda, dezembro de 2011.
15. Morgan, *Beginning with the End,* p. 18.
16. Carta de Eliot Elisofon (sem data, para destinatário desconhecido), Arquivos Eliot Elisofon, Centro Harry Ransom, Universidade do Texas-Austin.
17. Morgan, *Beginning with the End,* p. 19.
18. Ibid., p. 20.
19. Frota Americana no Pacífico, comunicações navais da Marinha da Nova Guiné holandesa, 23 de novembro de 1961, Arquivo Nacional da Holanda.
20. Almirante da Marinha da Nova Guiné holandesa, cabograma enviado à Frota Americana no Pacífico, 23 de novembro de 1961, Arquivo Nacional da Holanda.
21. Reuters, 24 de novembro de 1961, em uma coleção de matérias recolhidas pelo adido para assuntos da Nova Guiné, embaixada holandesa, Canberra, Austrália, Arquivo Nacional da Holanda.
22. COSTRING, comunicação naval holandesa, cabograma ao BDZ, 24 de novembro de 1961, Arquivo Nacional da Holanda.

COLHEITA SELVAGEM

23. Associated Press, 23 de novembro de 1961, em uma coleção de matérias recolhidas pelo adido para assuntos da Nova Guiné, embaixada holandesa, Canberra, Austrália, Arquivo Nacional da Holanda.
24. "Dutch Rejoin Navy Hunt", *New York Times*, 24 de novembro de 1961.
25. "Rockefeller Hunt Joined by Natives", *New York Times*, 25 de novembro de 1961.
26. Ibid.
27. Ibid.
28. Hollandia, telegrama para o Departmento do Interior, Haia, 25 de novembro de 1961, Arquivo Nacional da Holanda.
29. Capitão Dick Knight, "The Search for Michael Rockefeller", *Fourays Journal* 1, n. 1 (março de 1995), disponível em: http://beckerhelicopters.com/oscar/oscar-joins-the-army/Oscar-looks-for- rockefeller.html.
30. Ibid.
31. Ibid.
32. Comunicação naval holandesa para o ministro do Interior, Arquivo Nacional da Holanda.
33. "Rockefeller Search Joined by Natives", *New York Times*, 25 de novembro de 1961.
34. Fotografias nos Arquivos OSC.
35. Entrevista do autor com Wim van de Waal, Tenerife, ilhas Canárias, Espanha, dezembro de 2011.
36. Morgan, *Beginning with the End*, pp. 30-31.

19.
NOVEMBRO DE 1961

1. Entrevista do autor com George H. Burgess, Gainesville, Flórida, agosto de 2012.
2. Van Kessel, relatório a Tillemans, 23 de janeiro de 1962.
3. Ibid.
4. Ibid.
5. Ibid.

6. Ibid.

7. Ibid.; entrevista do autor com Kosmos Kokai, Basim e vilarejo de Pirien, Papua, fevereiro de 2012.

8. Van Kessel, relatório a Tillemans, 23 de janeiro de 1962; entrevista do autor com Kosmos Kokai, Basim e vilarejo de Pirien, Papua, fevereiro de 2012.

9. Ibid.

10. Entrevista do autor com Hubertus von Peij, Tilburg, Holanda, dezembro de 2011.

11. Ibid.

12. Ibid.

13. Ibid.

20.
DEZEMBRO DE 1961

1. Van Kessel, relatório a Tillemans, 23 de janeiro de 1962.

2. Ibid.

3. Ibid.

4. Ibid.

5. Ibid.

6. Ibid.

7. Ibid.

8. Ibid.

9. Ibid.

10. Entrevista do autor com Hubertus von Peij, Tilburg, Holanda, dezembro de 2011.

11. Ibid.

12. Ibid.

13. Ibid.

14. Ibid.

15. Ibid.

16. Ibid.

COLHEITA SELVAGEM

17. Ibid.
18. Ibid.
19. Ibid.
20. Van Kessel, relatório a Tillemans, 23 de janeiro de 1962.
21. Entrevista do autor com Hubertus von Peij, Tilburg, Holanda, dezembro de 2011.
22. Ibid.
23. Ibid.
24. Ibid.
25. Van Kessel, relatório a Tillemans, 23 de janeiro de 1962.
26. Ibid.
27. Ibid.
28. Ibid.
29. Ibid.
30. Ministro das Relações Exteriores, cabograma 7740 para o ministro dos Assuntos Internos, 21 de dezembro de 1961, Arquivo Nacional da Holanda.

22.
JANEIRO, FEVEREIRO E MARÇO DE 1962

1. P. J. Platteel, cabograma para a embaixada holandesa, Canberra, Austrália, 20 de dezembro de 1961, Arquivo Nacional da Holanda.
2. P. J. Platteel, telegrama para Nelson Rockefeller, 21 de dezembro de 1961, Arquivo Nacional da Holanda.
3. "New Guinea Dutch End Search for Rockefeller's Missing Son", *New York Times*, 22 de dezembro de 1961.
4. Van Kessel, relatório a Tillemans, 23 de janeiro de 1962.
5. Herman Tillemans, carta a Cornelius van Kessel, 27 de dezembro de 1961, Arquivos OSC.
6. Ibid.
7. Entrevista do autor com Hubertus von Peij, Tilburg, Holanda, dezembro de 2011.

8. Herman Tillemans, carta a Hubertus von Peij e Cornelius van Kessel, 1º de fevereiro de 1962, Arquivos OSC.

9. Alphonse Sowada, carta a Herman Tillemans, 22 de fevereiro de 1962, Arquivos OSC.

10. Hubertus von Peij, carta a Herman Tillemans, 3 de fevereiro de 1962, Arquivos OSC.

11. Herman Tillemans, carta a F. R. J. Eibrink Jensen, 14 de fevereiro de 1962, Arquivos OSC.

12. Herman Tillemans, carta ao superior da província, 25 de fevereiro de 1962, Arquivos OSC.

13. Herman Tillemans, carta ao superior da província, 28 de fevereiro de 1962, Arquivos OSC.

14. "Catholic Church Involved in Abuse of Dutch Children, Report Finds", *Los Angeles Times*, 17 de dezembro de 2011.

15. Ibid.

16. Anton van de Wouw, carta a Herman Tillemans, 4 de março de 1962, Arquivos OSC.

17. Anton van de Wouw, carta a Herman Tillemans, 23 de março de 1962, Arquivos OSC.

18. Herman Tillemans, carta a Anton van de Wouw, 4 de abril de 1962, Arquivos OSC.

19. "Zendeling Hekman: Rockefeller Jr. is opgegeten; Wraak tegen moorden van politie", *De Waarheid*, 29 de março de 1962.

20. Embaixada holandesa em Washington, DC, cabograma para o ministro das Relações Exteriores, Haia, 27 de março de 1962, Arquivo Nacional da Holanda.

21. Ibid.

22. "Rockefeller Not Eaten by Cannibals", *Canberra Times*, 29 de março de 1962.

23. Entrevista do autor com Wim van de Waal, Tenerife, ilhas Canárias, Espanha, dezembro de 2011.

24. Anton van de Wouw, carta a Herman Tillemans, 15 de maio de 1962, Arquivos OSC.

25. Ibid.

COLHEITA SELVAGEM

26. Entrevista do autor com Wim van de Waal, Tenerife, ilhas Canárias, Espanha, dezembro de 2011.
27. Ibid.

23.
NOVEMBRO DE 2012

1. Marinha holandesa, telexes, Arquivo Nacional da Holanda.
2. Gananath Obeyesekere, *The Man-Eating Myth and Human Sacrifice in the South Seas* (Berkeley: University of California Press, 2005).
3. Frank Trenkenschuh, "Cargo Cult in Asmat: Examples and Prospects", em Trenkenschuh, ed., *An Asmat Sketchbook Nos. 1 and 2*, pp. 59-65.
4. Seguro da Coleção Asmat de Michael Rockefeller, Museu de Arte Primitiva, Arquivos MMA.
5. Museu Metropolitano de Arte, "Metropolitan Museum Announces 6.26 Million Attendance", 16 de julho de 2012, disponível em http://www.metmuseum.org/about-the-museum/press-room/news/2012/attendance.
6. Entrevista do autor com o Museu Asmat de Cultura e Progresso, Agats, Papua, dezembro de 2012.
7. Museu Metropolitano de Arte, comunicado à imprensa, 11 de setembro de 1962, Arquivos MMA.
8. Ibid.
9. Anton van de Wouw, carta ao Museu Metropolitano de Arte, 26 de junho de 1962, Arquivos MMA.
10. Cornelius van Kessel, carta a Robert Goldwater, 3 de julho de 1974, Arquivos MMA.
11. Cartas dos advogados de Rockefeller, Milbank, Tweed, Hope & Hadley, ao governo holandês, 8 de fevereiro, 18 de abril, 3 de maio, 6 de junho e 6 de julho de 1962, Arquivo Nacional da Holanda.
12. "Rockefeller Son Ruled Dead; Estate Valued at $660,000", *New York Times*, 2 de fevereiro de 1964.

13. William Jackson, do escritório Milbank, Tweed, Hope & Hadley, carta ao cônsul-geral holandês em Nova York, 8 de fevereiro de 1962, Arquivo Nacional da Holanda.
14. Machlin, *The Search for Michael Rockefeller*, p. 193.
15. *New York Times*, 8 de maio de 1975.
16. Frank Monte, *The Spying Game: My Extraordinary Life as a Private Investigator* (Sidney, Austrália: Vapula Press, 2003), p. 180.
17. Morgan, *Beginning with the End*, p. 36.
18. Entrevista telefônica do autor com Peter Matthiessen, novembro de 2011.

24.
NOVEMBRO DE 2012

1. Entrevista do autor com Kosmos Kokai, Basim e vilarejo de Pirien, Papua, fevereiro de 2012.
2. Frank Trenkenschuh, "Some Additional Notes on Zegwaard from a 1970 Vantage", em Trenkenschuh, ed., *An Asmat Sketchbook Nos. 1 and 2*, pp. 31-36.
3. Frank Trenkenschuh, "An Outline of Asmat History in Perspective", em Trenkenschuh, ed., *An Asmat Sketchbook Nos. 1 and 2*, p. 32.
4. Ibid., pp. 31-36.
5. Gerbrands, ed., *The Asmat: The Journal of Michael Clark Rockefeller*, p. 21.
6. Schneebaum, *Secret Places*, p. 3.

25.
DEZEMBRO DE 2012

1. Kosmos Kokai, canção traduzida por Amates Owun.
2. Ibid.
3. Entrevista do autor com Kosmos Kokai, Basim e vilarejo de Pirien, Papua, fevereiro de 2012.
4. Arquivos OSC.
5. Diários de Anton van de Wouw, De Kasuarinenjust (1962-1969), Arquivos OSC.

COLHEITA SELVAGEM

6. Ibid.
7. Ibid., entrevista do autor com Kosmos Kokai, Basim e vilarejo de Pirien, Papua, fevereiro de 2012.
8. Entrevista do autor com Kosmos Kokai, Basim e vilarejo de Pirien, Papua, fevereiro de 2012.
9. Anton van de Wouw, De Kasuarinenjust (1962-1969), Arquivos OSC.
10. Ibid.
11. Ibid.
12. Ibid.
13. Ibid

Bibliografia selecionada

Anderson, Warwick. *The Collectors of Lost Souls: Turning Kuru Scientists into Whitemen*. Baltimore, MD: Johns Hopkins University Press, 2008.

Arens, William. *The Man-Eating Myth: Anthropology and Anthrophagy.* Oxford: Oxford University Press, 1979.

Avramescu, Catalin. *An Intellectual History of Cannibalism*. Princeton, NJ: Princeton University Press, 2011.

Bickford Berzock, Kathleen, e Christa Clarke, eds. *Representing Africa in American Art Museums*. Seattle: University of Washington Press, 2011.

Chichester, Sir Francis. *Gipsy Moth Circles the World*. Nova York: Coward--McCann, 1968.

Cook, James. *The Journals of Captain Cook*. Londres: Penguin Books, 1999.

Diamond, Jared. *Guns, Germs, and Steel: The Fates of Human Societies*. Nova York: W. W. Norton, 1999.

Errington, Shelly. *The Death of Authentic Primitive Art and Other Tales of Progress*. Berkeley: University of California Press, 1998.

Eyde, David Bruener. "Cultural Correlates of Warfare Among the Asmat of South-West New Guinea." Tese de pós-doutorado. Universidade de Yale, 1967.

Flannery, Tim. *Throwim Way Leg: Tree-Kangaroos, Possums, and Penis Gourds — On the Track of Unknown Mammals in Wildest New Guinea*. New York: Atlantic Monthly Press, 1998.

Gardner, Robert. *Making Dead Birds: Chronicle of a Film*. Cambridge, MA: Peabody Museum Press, 2007.

Gerbrands, Adrian A., ed. *The Asmat of New Guinea: The Journal of Michael Clark Rockefeller.* Nova York: Museu de Arte Primitiva, 1967.

Girard, Rene. *Violence and the Sacred.* Baltimore, MD: Johns Hopkins University Press, 1977.

Goldman, Laurence R. *The Anthropology of Cannibalism.* Westport, CT: Bergin and Garvey, 1999.

Heider, Karl. *Grand Valley Dani: Peaceful Warriors.* Belmont, CA: Wadsworth Group, 1997.

Hemming, John. *Red Gold: The Conquest of the Brazilian Indians, 1500-1760.* Cambridge, MA: Harvard University Press, 1978.

Jones, Howard Palfrey. *The Possible Dream.* Nova York: Harcourt Brace Jovanovich, 1971.

Kapuscinski, Ryszard. *The Other.* Londres: Verso, 2008.

Knauft, Bruce M. *South Coast New Guinea Cultures: History, Comparison, Dialectic.* Cambridge: Cambridge University Press, 1993.

Leahy, Michael J. *Explorations into Highland New Guinea, 1930-1935.* Tuscaloosa: University of Alabama Press, 1991.

Lijphard, Arend. *The Trauma of Decolonization.* New Haven, CT: Yale University Press, 1966.

Loebl, Suzanne. *America's Medicis: The Rockefellers and Their Astonishing Cultural Legacy.* Nova York: HarperCollins, 2010.

Machlin, Milt. *The Search for Michael Rockefeller.* Nova York: Akadine Press, 2000.

Malinowski, Bronislaw. *A Diary in the Strict Sense of the Term.* Stanford, CA: Stanford University Press, 1967.

Matthiessen, Peter. *Under the Mountain Wall: A Chronicle of Two Seasons in Stone Age New Guinea.* Nova York: Penguin Books, 1996.

May, R. J. *Between Two Nations: The Indonesia - Papua New Guinea Border and West Papuan Nationalism.* Bathhurst, Austrália: Robert Brown and Associates PTY Ltd., 1986.

Monte, Frank. *The Spying Game: My Extraordinary Life as a Private Investigator.* Sidney, Austrália: Vapula Press, 2003.

Morgan, Mary Rockefeller. *Beginning with the End.* Nova York: Vantage Point, 2012.

COLHEITA SELVAGEM

Obeyesekere, Gananath. *The Man-Eating Myth and Human Sacrifice in the South Seas.* Berkeley: University of California Press, 2005.

Persico, Joseph. *The Imperial Rockefeller: A Biography of Nelson A. Rockefeller.* Nova York: Washington Square Press/Pocket Books, 1983.

Price, Sally. *Primitive Art in Civilized Places,* 2ª ed. Chicago: University of Chicago Press, 1989.

Sale, Kirkpatrick. *The Conquest of Paradise: Christopher Columbus and the Columbian Legacy.* Nova York: Knopf, 1990.

Sanday, Peggy Reeves. *Divine Hunger: Cannibalism as a Cultural System.* Cambridge: Cambridge University Press, 1986.

Saulnier, Tony. *The Headhunters of Papua.* Nova York: Crown, 1963.

Schieffelin, Edward L. e Robert Crittenden. *Like People You See in a Dream: First Contact in Six Papuan Societies.* Stanford, CA: Stanford University Press, 1991.

Schneebaum, Tobias. *Keep the River on Your Right.* Nova York: Grove Press, 1969.

_____. *Secret Places: My Life in New York and New Guinea.* Madison: University of Wisconsin Press, 2000.

_____. *Where the Spirits Dwell: An Odyssey in the Jungle of New Guinea.* Nova York: Grove Press, 1988.

Singh, Bilveer. *Papua: Geopolitics and the Quest for Nationhood.* Piscataway, Nova Jersey: Transaction, 2008.

Smidt, Dirk. *Asmat Art: Woodcarvings of Southwest New Guinea.* Amsterdã, Holanda: Periplus, 1993.

Souter, Gavin. *New Guinea: The Last Unknown.* Sydney, Austrália: Angus and Robertson, 1963.

Wallace, Scott. *The Unconquered: In Search of the Amazon's Last Uncontacted Tribes,* Crown, 2011.

Zubrinich, Kerry. "Cosmology and Colonisation: History and Culture of the Asmat of Irian Jaya." Tese de pós-doutorado, Universidade Charles Sturt, 1997.

Índice

Agats, Asmat (cidade)
chegada de Hoffman a, 57–59,
166–73
chegada de Rockefeller a, 60
descrição física de, 24
japoneses em, durante Segunda
Guerra Mundial, 70
origem do nome, 76
Ainum (motorista de táxi), 57–8, 220
Aitur (Otsjanep), 203
Ajam (vilarejo Asmat), 81–82
Ajim (Otsjanep)
desaparecimento de Rockefeller
e,16–19, 202
descrição de, 16–17, 182
morte de Rockefeller e, 204–06,
208
morte de, 212, 295–96
papel de liderança de, 286
Akaiagap (Otsjanep), 206
Akaisimit (Otsjanep), 206
Akon (Otsjanep), 134, 286

Amanamkai (vilarejo), 158–59,
161–63
Amates (guia). *Ver* Owun, Amates
(guia de Biwar Laut)
American Anthropologist, 21
Archbold, Richard, 112
Armas, germes e aço (Diamond), 120
armas, temor dos asmats pelas,
120–21
Asmat (lugar). *Ver também* Papua
Ocidental
descrição física de, 23–24, 28–30,
260–61
lenda dos crocodilos, 15, 25, 292
Nelson Rockefeller em, 196–97
observações de Elisofon, 193, 199
viagem de Hoffman a, 53–66
asmat (povo)
campanha de pacificação, 76–80
canções, 43, 50, 280–81
canoas usadas pelo, 41–42, 166,
175–77

crânio ancestral do, *19*

crenças espirituais, 49–50, 75–78, 120–21, 131–32, 144–45, 170

cultura do, 15–19

dieta do, 61, 259, 297

epidemia de cólera (1962), 289–92

estatísticas sobre violência, 76

estilo de vida, 13

exploração europeia inicial e, 69–70

festival de máscaras *jipae*, 170

guerras rituais, 41–52, 67–74, 82–83

língua, 44, 49, 75, 78, 82

linhagem, 72–73

medo de armas, 120–21

mitologia, 44–48, 271–72

moeda do, 61–62

morte ritual, 17–19

mudança cultural do (década de 1950), 161–63 (*Ver também* Igreja Católica; Indonésia; Holanda)

natureza coletiva do, 145, 165

órgãos sexuais como símbolos, 72

papisj (partilha de esposas), 48, 77–78

piercings, 47, 136, 280

poligamia entre, 138

problemas contemporâneos, 272

saudações, 30, 64, 137

senso de tempo, 181

significado das estacas *bisj* para o, 72–73, 124, 127, 130

submissão do, 48, 147

tabaco e ferramentas utilizados como moeda de troca, 120

trapaças utilizadas pelo, 51, 242

Asmat: The Journal of Michael C. Rockefeller, The (Museu de Arte Primitiva), 248

Associated Press, 195, 231

Atahualpa (imperador inca), 120

Atembut (vilarejo asmat), 91

Atsj (vilarejo asmat), 63–65, 78, 89, 92, 95

Atuka (vilarejo mimikan), 74

Austrália

busca por Rockefeller e, 194–97

criação da República Indonésia e, 102

Hides and O'Malley, 94

reivindicação indonésia da Nova Guiné e, 102

Baiyun (vilarejo asmat), 68Bakyer (*jeu*), 268. *Ver também* Otsjanep (vilarejo asmat)

Basim (vilarejo asmat), 68

Beginning at the End: A Memoir of Twin Loss and Healing (Rockefeller), 251

Ber (Pirien), 146, 282, 286, 297, 299–300

Bere (Otsjanep), 203, 205

Bese (Otsjanep), 182, 206, 283

Betjew (vilarejo asmat), 136
Biak (ilha), 183–85
Bif (Pirien), 297, 299
Biggart, Homer, 186
"Bimpu Bis", 29
Birojipts, Everisus, 68, 143–44
bivaques (palhoças), 85
Biwar Laut (vilarejo asmat)
   conhecimento sobre a morte de
     Rockefeller, 207
   informações biográficas de Ama-
     tes, 62–64
   separação de Omadesep, 44, 86,
     91–92
Biwiripitsj (mito asmat), 44–48, 136,
   141
bofun digul (povo), 288
Bornéu, criação da República da
   Indonésia e, 102–03
Bot, Theo, 183, 189, 195, 208
Broekhuijse, Jan, 192
Bumes (Otsjanep), 205
caça às cabeças
   "insígnias", 41
   ataques, 71–74
   conexão entre canibalismo e, 44–
     45 (*Ver também* canibalismo)
   conhecimento de Gardner sobre,
     187
   conversão católica dos asmats e,
     138–39
   governo indonésio e, 295
   por mulheres, 74

   posição dos oficiais holandeses
     sobre (início dos anos 1960),
     104, 119, 251–52
   significado cultural para os as-
     mats, 17–18

caçadores de crocodilos chineses
   indonésios em Otsjanep, 79–80,
   240–41
cal (usada nas batalhas), 69–71
canções (Asmat), 43, 50, 280–81
canibalismo. *Ver também* mito de
   criação asmat de caça às cabeças e, 44–48
   "papo canibal", 242
   canoas, 41–42
   conversão católica dos asmats e,
     138–39
   reação europeia ao, 48–49
Carstenz, Jan, 69
Centro de Estudos Cinematográficos de Harvard, 111
Chinasapitch (Per), 158–59, 176, 246
Cole, pastor Vince, 167–173
Columbus, Christopher, 93
Companhia Holandesa das Índias
   Orientais, 69–70
comportamento matrimonial dos
   asmats, 48–49, 77–78
Conferência das Ordens Religiosas
   Holandesas, 230
Conferência dos Bispos Holandeses,
   230

Cook, James, 34, 69–70
crânio (Asmat), 19
crânio ancestral (Asmat), *19*
crenças espirituais dos asmats, 75–78
crianças, assassinatos para vingar as, 75–76

D'Harnoncourt, Rene, 32–33
Damen (vilarejo asmat), 81
dani (povo), 111–12, 114–16, 131
De Brouwer, padre, 207
de Bruyn, Victor, 111
de Iongh, Rudy, 235–36
Dead Birds (filme), 25
Desep (*jeu*), 51. *Ver também* Oma-desep (vilarejo asmat)
Desoipitsj (mito asmat), 44–48
Diamond, Jared, 120
Dias (policial), 92
Divine Hunger (Sanday), 243
Dombai (Otsjanep), 41, 43, 52, 82
Dombai (pai de Ber, Otsjanep)
como *kapala perang*, 287
conflito Pirien-Otsjanep e, 146–47, 268, 295–96
desaparecimento de Rockefeller e, 19
filha de Faniptas como oferta de paz para, 122
fotografado por Rockefeller, 282
morte de Rockefeller e, 205–06
morte de, 216

Pirimapun (pista de pouso), suprimentos entregues por, 182, 205–06
Dresser, Ken, 118, 181, 184–85, 191

Eendracht (barco de patrulha holandês), 89, 178, 191
Eibrink Jansen, F. R. J.
assassinatos chineses investigados por, 80
desaparecimento de Rockefeller, 183, 195–96, 208, 228–36
encontro com Rockefeller, 118
Eisenhower, Dwight D., 101
Ekob (Otsjanep), 203
Elisofon, Eliot, 114, 116, 186, 193
Emene (vilarejo asmat), 67
epidemia de cólera (Asmat, 1962), 289–92
Erem (Otsjanep), 206
estacas *bisj*
compradas por Rockefeller, 122–34
entalhadas por Chinasapitch, 158
identificadas em fotografias, 282–85
no Museu de Arte Primitiva, 247
opiniões de Gerbrands sobre, 152
significado, 72–73, 124, 127, 130
etoro (povo), 94–95
Ewer (vilarejo/aeroporto), 58
Eyde, David, 45, 123–24, 158, 161

Family of Man, The (Museu de Arte Moderna, Nova York), 36

Faniptas (Omadesep)
conflito de Wagin e, 51, 67–68, 71
estacas *bisj* compradas por Rocke-feller de, 127, 130
filha de, oferecida a Dombai, 122
fotografado por Rockefeller, 282

Faratsjam (Otsjanep), 97, 134

ferramentas empregadas pelos as-mats, 76–77, 82–83, 119–20

festival de máscaras *jipae*, 170

Filo (irmão do guia, de Biwar Laut), 62, 65, 85, 135, 137, 211–12

Fin (Otsjanep)
desaparecimento de Rockefeller e, 15–19, 182, 202
Dombai traído por, 268
morte de, 212
morte de Rockefeller e, 205–06, 208, 219, 223
papel de liderança de, 286

Fom (Otsjanep), 182, 206, 280

Foretsjbai (Otsjanep), 286

Frota Norte-Americana no Pacífico, 194

Fumeripitsj (mito asmat), 271

gabagaba (caule de palmeira-sagu), 135, 181–82

Gabriel (assistente de van Kessel), 200–04, 208, 231, 290

Gaisseau (cineasta francês), 153

Gardner, Robert, 111–14, 154, 186–87, 192

Gerbrands, Adrian "Adri"
em Asmat, 111, 114, 120, 123–24, 127–28, 130, 132–33
opinião sobre as estacas *bisj*, 152
planos para a segunda expedição de Rockefeller e, 158

Givin (Omadesep), 129

Goldwater, Robert
carta a Van Kessel, 152
como diretor do Museu de Arte Primitiva, 12, 39
encontro de Rockefeller e (setembro de 1961), 154
planos para a segunda expedição de Rockefeller e, 151
primeira expedição de Rockefeller e, 111, 117, 122

Greene, Betty, 191

Harun (guia), 61

Hastings, Peter, 190, 192

Heider, Karl, 109–10, 113, 116–17

Hekman, W., 231

Hides, Jack, 94–95

Hoffman, Carl
em Omadesep, 140–45
em Otsjanep, 145–50, 211–24, 284–86
em Pirien, 280–84, 287–88, 292–303
história de Kokai contada a, 87–88

informações biográficas, 25–26,
53–56, 275–77
pesquisas, 27–28, 56–57, 239–43,
252
primeira viagem a Asmat, 21–30,
53–66, 135–40, 165–73
segunda viagem a Asmat e vida
entre os asmats, 259–77
segunda viagem a Asmat, 239,
255–57
Holanda
ataque de Lapré a Otsjanep,
89–99
controle sobre a Nova Guiné
holandesa, 25–27, 56–57, 60,
69–77, 118 (*Ver também* Papua
Ocidental)
criação da República da Indonésia e, 101–04 *busca por
Rockefeller e, 189–97
governo holandês e a busca por
Rockefeller, 183–85
Jansen e, 80
posição oficial sobre a caça às cabeças e o canibalismo (início
da década de 1960), 104, 119,
251–52
Hollandia
atualmente Jayapura, Indonésia,
57
como capital colonial holandesa
em Papua, 70

Idzerda, Rudolf, 184
Igreja Católica. *Ver também nomes
individuais dos missionários*
conversão católica dos asmats,
138–39
opiniões de Van Kessel, 225–27
Ordem do Sagrado Coração, 70,
79, 81, 241
povo dani, 111–12
suposta omissão em relação ao
canibalismo, 225–27, 249
Indonésia
busca por Rockefeller e, 193–97
controlada pela Papua Ocidental,
57, 65, 167–69, 295
criação da República da Indonésia, 101–04
luta pela independência (1958),
90–91
Partido Comunista Indonésio
(PCI), 102–03
Plano Luns (Acordo de Nova
York), 105, 162–63, 183, 227, 236
Ipi (Otsjanep), 97, 134
Irian Ocidental (colônia holandesa
na Nova Guiné), 102

Jackson, William, 248
Jane (Otsjanep), 182, 206, 283, 286
Japão
expansão pelo Pacífico (1958), 90
ocupação de Agats (Segunda
Guerra Mundial), 70

Jayapura, Indonésia, 57
jeu (casa dos homens), 76
   descrição da construção e das cerimônias, 268–77
   destruição pelo governo indonésio, 295
   descrição, 16, 59, 86
Jisar (*jeu*), 268, 270–71. *Ver também* Pirien (vilarejo asmat)
Jisar
   celebração Omadesep (2012), *135, 140–45*
   visita de Rockefeller a, 122–124
John (bofun digul), 287–89, 292
Joku, Hennah, 166, 211, 214–15
Jones, William Palfrey, 101–02, 104
Jow (vilarejo), 202, 206–07
jursis (dentes caninos), 51

Kabupaten (distritos administrativos), 168
Kajerpis (*jeu*) 268. *Ver também* Otsjanep (vilarejo asmat)
Kakar (Otsjanep), 206
Kennedy, John F., 105, 186, 190
kepala perang (líderes de guerra)
   definição, 268
   homens assassinados por Lapré identificados como, 286–87
Knight, Dick, 196
Koiari (povo), 120
Kokai (Otsjanep), 41, 43, 52, 82
Kokai (Pirien)

   conflito de Wagin e, 82, 87–88, 220–24
   primeiro encontro entre Hoffman e, 212, 220–24
   segunda viagem de Hoffman a Asmat e, 253–57, 259–70, 274–77, 279–84, 286–93, 298–99
Korowai (povo), 250
Kramer, Hilton, 36

Lapré, Max
   ataque a Otsjanep, 89–99
   caça às cabeças em Asmat escondida de, 121–22
   compra de estacas *bisj* por Rockefeller e, 132
   conflito de Wagin e, 142, 145–49
   eventos políticos na época do ataque, 101–04
   informações biográficas, 89–91
   morte de Rockefeller como vingança contra o ataque de, 240–41
   vítimas de, identificadas como *kepala perang*, 286–87
Lapré, William, 90
larva de sagu, 297
Leo (adolescente de Sjuru), 158
   acidente com o catamarã, 175–78
Life (revista), 114
língua asmat
   aprendida pelos missionários, 75, 78, 82

complexidade da, 49
tradições orais da, 44
Lockheed P-2 Neptunes, 183
Luns, Joseph, 105, 162, 183, 189, 232, 248

Machlin, Milt, 249
Manu (assistente de Amates), 62, 211, 216, 219
mar de Arafura
descrição física do, 12, 22–23, 59
escaler, 21
Marco (Pirien), 297–98, 302
Maria (esposa de Kokai), 266, 280
Massacre Silvestre, 82–83
Matthiessen, Peter, 113–14, 116, 252
Mbuji (Omadesep), 205
Mead, Margaret, 111
Merauke (Papua Ocidental), 70, 192
merdeka (liberdade), 101
Milbank, Tweed, Hope & Hadley, 248
moeda de Asmat, 61–62
Monte, Frank, 250
Morgan, Mary Rockefeller. *Ver* Rockefeller, Mary (irmã)
Museu Americano de História Natural, 112
Museu de Arte Moderna (Nova York), 32, 34–36
Museu de Arte Primitiva
coleção de arte primitiva de Nelson Rockefeller, 12, 26
coleção de Michael Rockefeller no, 246–47

inauguração e exposições, 32–39, 111
papel de Michael Rockefeller, 111, 117
Museu Metropolitano de Arte (Nova York)
ala Michael C. Rockefeller, 139, 246
canoa asmat exibida no, 176
estacas *bisj* no, 127
fotografias de Rockefeller no, 255
Museu Nacional de Etnologia da Holanda, 111
Museu Peabody (Universidade de Harvard), 113

Nações Unidas
Assembleia-Geral, 102
Comissão na Indonésia, 102
família Rockefeller e, 105
Plano Luns (Acordo de Nova York), 105, 162–63, 183, 189, 227
New York Times, 31–32, 186, 195, 250
Nijoff, Cor, 207–08
Nova Guiné holandesa, 25, 57, 69, 118

O'Malley, Jim, 94
Obeyesekere, Gananath, 242
Omadesep (vilarejo asmat). *Ver também nomes individuais de residentes e líderes*
ataque de Lapré, 145–50
batalhas, 67–69, 82–83

celebração do novo *jeu* (2012), 141–45

conflito de Wagin, 41–52, 67, 72, 83, 87, 89–99, 142, 149, 282–83

conhecimento sobre a morte de Rockefeller, 203

Hoffman em, 140–45

origem de, 86–87

separação de Biwar Laut, 44, 86, 91–92, 136

visitas iniciais de Rockefeller, 124–25, 127, 130–34

Ordem do Sagrado Coração, 70, 79, 81, 241

Osom (Otsjanep), 97, 146, 286

compra de estacas *bisj* por Rockefeller e, 134

Otsjanep (*jeu*), 268–69. *Ver também* Otsjanep (vilarejo asmat)

Otsjanep (vilarejo asmat). *Ver também nomes individuais de residentes e líderes*

ataque de Lapré, 89–99, 101–05, 145–50

batalhas em, 67–69, 82–83

busca por Rockefeller e, 200–02

caçadores chineses indonésios e, 79–80, 240–41

conflito de Wagin, 41–52, 67, 72, 83, 87, 89–99, 142, 149, 282–83

conflito Pirien-Otsjanep, 146–47, 267–68, 295–96

Hoffman em, 145–50, 261–77

jeus (casas dos homens), 16

Pirimapun (pista de pouso) suprimentos entregues por, 181–82, 205

planos para a segunda expedição de Rockefeller, 153

questionado por Hoffman, 211–24

rumores sobre a morte de Rockefeller, 203–09

visitas iniciais de Rockefeller a, 124, 130–34

Owun, Amates (guia Biwar Laut)

informações biográficas, 63–64

informações sobre a morte de Rockefeller, 149–50

Otsjanep questionado por, 211–24

primeira viagem de Hoffman a Asmat com, 28–29, 61–65, 85–88, 135–38, 140, 142, 144, 146–50

segunda viagem de Hoffman a Asmat com, 243–44, 300–01

tradução das canções de Marco, 302–03

Owus (vilarejo), 137

Pakai (Otsjanep), 41, 43–44, 52, 82

palmeira-sagu

coleta de, 71

gabagaba (caule de palmeira-sagu), 135, 181–82

na dieta asmat, 61, 64–65

papisj (partilha de esposas), 48, 77–78

Papua Ocidental. *Ver também* Asmat (lugar); Indonésia; Holanda como Nova Guiné holandesa, 22, 57, 119

controle indonésio da, 57, 65, 226–28

criação da República da Indonésia e, 101–04

exploradores em (década de 1930), 94

Hollandia como capital colonial holandesa em, 70

Plano Luns (Acordo de Nova York), 105, 162–63, 183, 227

Pep (Otsjanep), 286

busca de vingança contra Lapré por, 296

desaparecimento de Rockefeller e, 15–19

morte de Rockefeller e, 204–06, 208, 213–14, 218–19, 223

morte de, 212

Per (vilarejo asmat), 158

Persico, Joseph, 31, 35

Petrus (Otsjanep), 284–85

Pip (Otsjanep), 41, 43, 48–49, 52, 67–68

Pirien (*jeu*), 249. *Ver também* Pirien (vilarejo asmat)

Pirien (vilarejo asmat). *Ver também nomes individuais de residentes e líderes*

conflito Pirien-Otsjanep, 146–47, 267–69, 295–97

descrição de, 85–87

Pirimapun (pista de pouso), 118–19, 122, 181–82, 193

Pizarro, Francisco, 120

Plano Luns (Acordo de Nova York), 105, 163, 183, 189–90, 227

Platteel, P. J., 183, 189–90, 195, 208, 225, 229

Polik (dani), 115

Putnam, Sam, 12, 109–11, 113, 117, 124, 126, 133, 154

Reeser, L. E. H., 191

rio Banduw, descrição do, 63

rio Betsj, descrição do, 22, 176–77

rio Ewta, 82, 95–99

rio Famborep, descrição do, 62

rio Sepik (Nova Guiné australiana), 117

Rockefeller, Abby Aldrich (avó), 34, 110

Rockefeller, Ann (irmã), 185

Rockefeller, John D., Jr. (avô), 34–35

Rockefeller, John D., Sr. (bisavô), 31

Rockefeller, Margareta "Happy" Murphy, 154, 185

Rockefeller, Mary (irmã)

Beginning at the End: A Memoir of Twin Loss e Healing, 251

busca pelo irmão, 27–28, 185–87, 189–97

e a coleção de arte do pai, 110

Rockefeller, Mary Todhunter Clark
(mãe), 35, 185, 250–51
Rockefeller, Michael
busca por, 185–87
caracterização de, 116, 127–28
causa oficial da morte, 199, 248–
50
estacas *bisj* compradas por, 130,
287
eventos acerca do desaparecimento e latas de gasolina usadas
por, 11–14, 199–200
eventos acerca do desaparecimento, 11–19, 25, 27–28, 143,
175–80, 203–09, 231–32
eventos políticos na época do
desaparecimento de, 104–05
fotografias feitas por, 282–86, 297
informações biográficas, 12–13,
109–14
informações sobre canibalismo,
139–40, 151–52, 160
legado familiar de, 12–13, 26–27,
31 (*Ver também nomes individuais de membros da família*)
no vale Baliem, 114–17, 131
Otsjanep questionado por Hoffman, 211–24
papel do Museu de Arte Primitiva, 32, 39, 110–11, 122
planos de filmagem de, 111–14
relato de Kokai sobre o desaparecimento de, 87–88

relatórios de Van Kessel e Von
Peij sobre, 225–36
restos mortais/bens pessoais de,
218–24, 234–36, 245
retorno a Nova York, 159
rotas de viagem de, 61, 109–10,
117–34
segunda expedição de, 151–63
Rockefeller, Nelson (pai)
busca pelo filho, 183–87, 189–97,
225
casamento com Happy, 154
coleção de arte primitiva de, 12,
26, 32–39, 111 (*Ver também
Museu de Arte Primitiva*)
como vice-presidente, 249
entrevistas, 38
informação à família sobre a
morte do filho, 246–53
informações biográficas, 12,
31–32
Rockefeller, Rodman (irmão), 185
Rockefeller, Steven (irmão), 185
Rostow, Walt, 105

Safan (mundo espiritual asmat), 42,
51, 72, 78, 132, 143
Saket (Otsjanep), 219
Samut (Otsjanep), 97, 134, 286
Sanday, Peggy Reeves, 45, 243–44
Sandburg, Carl, 36
Sanpai (Atsj), 152
Sauer (Pirien), 271, 286, 300–01

Savage, Charlie, 120
Sawa-Erma (vilarejos gêmeos), 167, 169–73
Schneebaum, Tobias, 38, 56, 93, 119, 140, 277
Search for Michael Rockefeller, The (Machlin), 249
Simon (adolescente de Sjuru), 158, 175–78
Sjuru (vilarejo asmat), 60, 62, 73, 75–76
Sky Above, the Mud Below, The (filme), 153
Sloane, Sir Hans, 34
Smit, padre Jan, 269
Snellius (barco de patrulha holandês), 191, 196
Souter, Gavin, 69
Sowada, Alphonse, 167, 228, 241, 243, 293
Spender, Percy, 103
Spying Game, The (Monte), 250
Strawbridge, Mary. *Ver* Rockefeller, Mary (irmã)
Su (Otsjanep), 41, 43, 52, 82
Sukarno (presidente indonésio), 101–05

tabaco, uso pelos asmats de, 76, 80–82, 120
Tapep (Otsjanep), 146, 213–14, 218
Tasman (barco de patrulha holandês), 185, 191, 201–02

Tatamailau, 239
Tatsji (Omadesep), 130–31, 205, 207–08, 282
Tecnologia
    empregada por Hoffman, 21–22, 24
    explicada pelas crenças espirituais asmats, 77
    necessidade de Rockefeller por um rádio, 157
Tillemans, Herman, 225, 227–33
Timika, Nova Guiné, 57–58
tradição oral em Asmat, 44
Tregana, companhia aérea, 53
Trenkenschuh, Frank, 119
Tuan
    definição, 162
    Tuan Tanah, 245

Universidade da Pensilvânia, 243
Universidade de Harvard, 13, 109–113
Usain, Beatus (Biwar Laut), 221–22, 253

vale de Baliem, 114–17, 131
Van de Waal, Wim
    busca por Rockefeller e, 181–85, 196
    entrevista com, 103
    informações biográficas, 56–57
    investigação de, 247–48

planos para a segunda expedição
de Rockefeller e, 156–57
primeira viagem de Rockefeller
a Asmat e, 118–20, 122
sobre a suposta canibalização de
Rockefeller, 230–35
Van de Wouw, Anton, 227, 230–31,
233–34, 236, 247–48, 261, 290,
295–96
Van Kessel, padre Cornelius
busca por Rockefeller, 200–02
casas de, 181
desaparecimento de Rockefeller
e, 184
Lapré e, 91–93, 95, 97
Massacre Silvestre e, 82–83
planos de Rockefeller para uma
segunda expedição e, 151–53,
157–58
relatório sobre a morte de Rockefeller, 203–04, 207–08, 211–12,
223, 225–36, 244
Rockefeller e, 122–23, 175
táticas empregadas por, 78–82
Van Oers, Ben, 185
Van Roijen, Jan Herman, 189, 231–32
vingança, padrão asmat de, 75
Von Peij, padre Hubertus
busca por Rockefeller, 200–02
conhecimento sobre o canibalismo, 152
desaparecimento de Rockefeller,
175–76, 184

entrevista com, 56
incidente Amanamkai e, 162
informações biográficas, 81–82
planos de Rockefeller para a segunda expedição e, 163
relatório sobre a morte de Rockefeller, 219, 225–36, 244
rumores sobre Rockefeller ter
sido canibalizado, 204–07

Wagin (vilarejo), 67
Wamena (cidade), 112,114
Warkai (vilarejo), 131
Wasan (Otsjanep), 206
Wassing, René
acidente com o catamarã, 11–14,
175–80, 233
busca por Rockefeller, 193, 196
primeira expedição com Rockefeller, 118, 122–24, 130–33
resgate de, 183–85
segunda expedição com Rockefeller, 154, 156–59, 162
Wawar (Otsjanep), 41, 43, 52, 82
Whitlam, Gough, 249
Wilem (guia em Asmat), 21, 28,
85–86
informações biográficas, 137
Otsjanep questionado por, 211–
20
primeira viagem com Hoffman,
61–62, 136–37, 146

segunda viagem com Hoffman, 239, 255–57, 259, 261–63, 299–301

Wotim (Otsjanep), 203

Yotnakparian, Harry, 110

Zegwaard, Gerard
Cole e, 167
conhecimento sobre canibalismo, 120–21, 139

informações biográficas, 70–71
planos de Rockefeller para a segunda expedição e, 163
rituais asmats registrados por, 45, 74, 76, 78, 81–82
sobre a suposta canibalização de Rockefeller, 229

Este livro foi composto na tipografia Palatino
LT Std, em corpo 11/16,5, e impresso em
papel off-white no Sistema Cameron da
Divisão Gráfica da Distribuidora Record.